総説
カバラー

ユダヤ神秘主義の
真相と歴史

山本伸一

原書房

総説カバラー　ユダヤ神秘主義の真相と歴史

はじめに

文字で書き表すことのできない秘密の教えが、太古の時代から伝えられてきた。カバリストたちはそう信じている。たとえば、エデンの園で神がアダムにささやいた世界創造の秘密があって、アダムはそれを口伝えで後世に語り継いだのだと言う者がいる。また、モーセがシナイ山で神と面々相対して授かった啓示には、二枚の石版に刻まれた律法のほかに秘密の口伝が含まれていたと信じる者もいる。あるいは、預言者エゼキエルが天空に見た神の玉座の幻視を追体験できる技法が密かに伝えられていると主張する者もいる。たとえ数々の書物が書き著され、誰もがそれを手に取ることができたとしても、カバラーを神秘主義と呼べるのは、隠された知恵の伝承の存在が大きな意味を持っているからである。

カバラーの歴史を遡り、その思想をひもとくと、そこかしこに古来の無垢なる教え、脈々と伝わる秘密の存在がほのめかされている。今や遥かな時を経て、すでに知恵の門は閉ざされてしまい、後戻りすることはできないように見える。しかし、カバリストの手にはその門を開くための鍵が握られていて、そこをくぐればアダムの言葉もモーセの啓示もエゼキエルの幻視も、我がもののように手に取ることができる。カバリストはその門の向こうから戻ってきて、言葉にできない知恵があることを認めながらも、あえてそれを書きつづってきた。それは彼らが秘密の鍵を握っていればこそ独占できる仕事だと考えられた。

だが、カバラーの歴史と思想を論じるとき、私たちはこうした考え方をそのまま受け入れることはできない。本書で扱うのは、厳密な文献研究によってたどることのできるカバラーの歴史と思想である。体験から生まれる想像力は神秘家の領分で発揮されるものであって、私たちが何の心構えも持たずに彼らといっしょになって思いめぐらせるものではない。だから、本書では便宜的に秘密の教えや神秘思想という言葉を繰り返すが、それらが指すことがらは、残された文献の読解と分析によってわかるものに限られる。カバリストが授かったと主張する神や天使や預言者の啓示は、あくまで人間が作り出した言葉として論じられるべきである。

「カバラー」(*qabbalah*) はヘブライ語で「受容」あるいは「受け取ること」を意味する。カバリストはその教えを天からの啓示として受け取る。それはひとりひとりの神秘家と神との関係によって可能となるという。その一方で、師から弟子への相伝の系譜が強調されることもある。モーセが受け取った天啓が口伝の教えとして代々継承されたように、カバリストも律法の秘教的解釈を弟子に伝える。カバラーという言葉は、宗教的天才の独創的な教説や解釈よりも、天の啓示や伝統の連鎖から秘密を受け取るという意味を連想させる。ほとんどのカバリストはそうした知恵の連続性を信じている。実際に、ときおり現れる革新的な神秘家を除いては、独創的というより保守的で、カバラーがユダヤ教の本質を継承していることを決して疑わない。

それに対して、神秘思想を学術的に論じる作法というものがある。たしかに神秘家の言葉を理解するためには、迷宮のような秘教の世界に深く立ち入っていくことも必要かもしれない。神秘家がいかに考え、何を見ようとしたのかは、彼らの語り口と身振りを知り抜くことでしかわからない場合も多いからである。秘教の世界に足を踏み入れ、その世界を成り立たせている法則についての理解が進むほど、一見意味を持たない象徴の言葉がいたるところでつながりはじめる。それは心地よい体験でもある。しかし、どんなにその世界に魅了されようとも、必ずそこから戻ってきて、彼らの思想的な営みをテクストによってつづられた歴史のなかに位置づけ直さなければならない。内在的な理解を追求する前に、まずテクストに向き合う姿勢と作法が、私たちを迷宮から連れ戻してくれるアリアドネーの糸である。

神秘思想に向かい合う作法を心に留めたならば、まずカバラーの一体性や連続性を疑うところからはじめよう。本書は、カバラーが決して太古の秘教ではないという立場を取っている。カバラーはあくまでも中世に展開した多様なユダヤ思想の一側面である。では、ひとつの枠組みに収まる体系的な思想と見なすことはできるだろうか。たとえば確固たる聖典があり、しかるべき解釈が宗教的な権威に委ねられている、カバラーはそのような思想だろうか。答えは否である。よく見てみると、カバラーと呼ばれる現象のなかには、実にさまざまなタイプの考え方が混在し、地域や時代によってその様相を変えていく。何世紀にもわたっていくつもの伝承が絡まり合って伝わってきたのは確かだが、決して一枚岩の体系的な神学ではない。多彩な要素のなかには密接な影響関係が見られることも多いし、いたるところでカバリストたちが意外なつながりを作ることもある。それでも、神秘主義を論じるために欠かせないのは、同一性よりも多様性に注目することである。

本書はカバラーに関して学術的な視点から日本語で書き起こされた初めての著作である。外国語の優れた研究書は、すでにいくつも翻訳されている。なかでもこの分野における権威的な研究者、ゲルショム・ショーレムの翻訳書は、古典的な位置を占めている。最近ではピンハス・ギラーの入門書も出版された。こうした翻訳書を読めば、日本語でもかなり正確な知識を得ることができる。本書に新しい視点が求められるとすれば、これら既刊の翻訳書に欠けた部分を補うことだろう。私が目指すのは、カバラーの歴史の全体像を描き出し、カバラーの脱神秘化を図ることである。

エルサレムのヘブライ大学（Hebrew University of Jerusalem）で教えたショーレムは、ユダヤ神秘主義の研究分野を打ち立てた人物である。彼の研究はカバラーに関するそれまでの学術的な蓄積を大きく凌ぐものだった。古代の神秘思想にはじまるショーレムの歴史記述は、中世のカバラーから一七〜一八世紀のシャブタイ派やハシディズムの展開に及んだ。

ところが、ショーレムは近現代のカバラーについて論じることがなかった。特に二〇世紀のエルサレムでは、第三の黄金時代とも呼べるほど多くの個性的なカバリストが活躍していた。実際にショーレムの蔵書には、つい目と鼻の先で同じ空気を吸っていたカバリストたちの膨大な著作が並んでいた。書き込みを見ればどれだけ熱心に読んだかがわかるし、そもそもユダヤ人の時代精神を体現したようなショーレムが同時代の動きを知らなかったはずがない。それにもかかわらず、彼はカバラーの歴史記述を一八世紀のハシディズムで止めてしまった。その理由を説明することは本書の目的を超えることになるため、あえて立ち入ることは避けておく。しかし、現在では徐々に近現代のカバラーに関する研究が増えてきているため、本書ではそうした成果を組み入れて、一九~二〇世紀のカバラーの展開も素描したい。

ギラーのほうは米国にあるアメリカン・ジューイッシュ大学（American Jewish University）で教鞭を執るラビである。邦訳された近刊書は信頼の置ける資料だが、ギラーのカバラーに対する宗教的なロマンティシズムが色濃く表れていることは否めない。彼は神秘主義を人間の内面性の問題と捉え、それなしにはカバラーを理解することはできないと言う。しかも、ショーレムにはじまる歴史的な展開に重点を置いた研究が、内面的なカバラーの理解を阻んでいるとまで主張する。これは必ずしもギラーだけの見解ではなく、神秘主義の内面性やカバラーのユダヤ性を過度に強調する研究者は少なくない。『光輝《ゾーハル》の書』への愛がない者にカバラーは理解できないと平然と言い放つ研究者さえいる。

それに対して、私はユダヤ教の内側から見たカバラーだけがすべてではないという立場を取る。キリスト教カバラーも、非ユダヤ人が実践するカバラーも、大学でのカバラー研究も、ニューエイジのカバリストも、知の営みとしておもしろければ紹介したい。カバラーが普遍的な神秘だなどと言うつもりも、学術的な研究だけが本当の姿を記述できると主張するつもりもない。むしろカバラーの根は、ユダヤ教という土壌から育ってきたという事実は動かしがたい。しかし、そこから外側に向かって広がっていく現象もまたカバラーという大きな知的伝統の一部であると考える。

私には入門書を書くことが求められているのかもしれないが、あえて射程を広げて、多くの読者にとって専門的と思われるような領域にまで踏み込んでいきたい。それは本書を、大学で宗教や思想を学ぶ人々にとっても読み応えのあるものにしたいからである。そのときわかりづらいと感じることがあるとすれば、それはカバラーの独特の世界観よりも、むしろ耳慣れないユダヤ教の習慣や制度のせいだろう。しかし、ユダヤ思想の分野では、すでにかなりの数の優れた入門書が出版されていることを踏まえて、私はそこに書かれている内容を繰り返すよりも、まだ書かれていないことに紙幅を割くことを選びたい。とはいえ、できるだけ読者の助けとなるように巻末に用語解説を用意した。また参考文献一覧に、カバラーについて日本語で読める良質の入門書や研究書も併記した。そうした資料が、これからカバラーの世界に足を踏み入れる読者の役に立てばと願っている。

《凡例》

・ヘブライ語とアラム語については、できるだけ現代語の原音に近いカタカナ表記を採用すると同時に、必要と思われるものにはラテン・アルファベット表記もつける。「アレフ」は表記せず、「アイン」を、とすることで区別する。ダゲシュの有無は「ベイト」で*b*と*v*、「カフ」で*k*と*kh*、「ペー」で*p*と*f*のように区別する。「ヴァヴ」は*v*、「ヘット」は*h*を用いる。「テット」と「タヴ」は区別せず*t*を用いる。ラテン・アルファベットでは母音の長短を表記しない。

・聖書に現れる固有名詞は、原則として『新共同訳聖書』（日本聖書協会）を基準に表記する。ただし、それ以外のヘブライ語の固有名詞は現代語に近いカタカナで表記する。その際、たとえば「イサク」は「イツハク」、「ヤコブ」は「ヤアコヴ」「モーセ」は「モシェ」のようになる。

・ヘブライ語聖書、ラビ・ユダヤ教文献、カバラー文献は、ことわりのない限り、ヘブライ語やアラム語原文からの私訳である。引用箇所は、聖書の創世記一章一節なら「創世記1・1」のように表記する。タルムードや『光輝の書』などは、慣例に従って一枚のフォリオの表裏を一頁とし、表となる見開きの左頁をa、裏となる右頁をbとする。

・年表記は西暦を用い、厳密な年数がはっきりしないときは「頃」や「?」を用いる。生年が不明のときには没年だけを記し、生没年が知られていない場合は世紀で表記する。

・書籍については、初版出版年が明らかなときには原題とともに併記する。出版されていない場合には原題のみを記す。また、出版技術が浸透する前に書かれた文書については、出版年がわかっていても誤解を避けるために表記しない。

第一部　カバラーの歴史

ヘンリー・モアのエゼキエルの幻視。17世紀、英国のケンブリッジではモアのような新プラトン主義者がカバラーに関心を持った。

第1章　古代ユダヤ神秘思想

ユダヤ教の神秘思想はいつ生まれたか？

カバラーが歴史の舞台に現れるずっと前から、ユダヤ教のなかには神の秘密にまつわるさまざまな教えがあったと考えられている。たとえば、聖書のなかで明言されることのない、神の形状や天の位階、世界創造に関する教えなどである。人間はどのように天に昇ることができるのか。天使は何を教えてくれるのか。神はどのような姿をしているのか。天地創造にこめられた神の真意とは何だったのか。そして、誰がそれを知ることができるのか。そうした問いに対する答えは、万人に開かれた知恵ではなく、学びを極めたごく一握りの祭司やラビたちが口伝えに守っていたと思われる。古代ユダヤ神秘思想と総称されるこのような教えは、体系的な文書として書き留められることもなく、また十分な資料が残されていないために、はっきりとした輪郭を描きだすことができない。この種の秘教は一般の人々が容易に近づきうるものではなく、その教えに従って神の真髄に触れることができる者は限られているとされた。つまり、宗教的なエリートが関わる秘教だった。

だからといって、こうした神秘的な傾向を特別視する必要があるわけではない。聖書の正典化が進み、タルムードがまとめられる四～六世紀までは、多くの教えが口頭によって伝わっていた。しかも、戒律や祈禱のような日々の生活に関わることがらが人々に共有されることはあっても、神殿祭儀をつかさどるのは祭司であり、緻密な法的議論を交わすのはパリサイ派の賢者やラビだった。古代においては、ごく限られた人々だけが宗教の知的な領域に携わっていた。そう考えるならば、神の名の正しい発音や創世記に書かれていないもうひとつの世界創造を知っていたのが、特別な家柄に生まれた人々、あるいは伝承の学習に通じた人々だったとしても、まったく不思議ではない。

それでも、いくつかの古代文献は、明らかに主流の宗教的権威とは毛並みの違うグループが存在したことを証言している。そうしたグループは既存の体制と距離を置いた人々からなり、禁欲的な宗教生活を送っていたと考えられる。たとえば、哲学者フィロン（紀元前二〇年頃～紀元後五〇年頃）によると、アレクサンドリアを中心にテラペウタイ（*Therapeutai*）と呼ばれる修道者が活動していた。テラペウタイとは「神に仕える者たち」という意味である。彼らは学習と観想の集団生活を送り、聖書に書かれていることが真理の象徴的な表現にすぎず、さらに深い意味が隠されていると信じていたようである。歴史家フラヴィウス・ヨセフス（三七～一〇〇年頃）は、エルサレムを離れて砂漠に暮らすエッセネ派という隠棲者のグループに言及している。彼らは魔術や天使に関する聖書外の伝承を伝えていた。また二〇世紀最大の考古学的発見に、ヨルダン川西岸地区、クムランの荒野で見つかった死海文書がある。死海文書を書いたクムラン教団がエッセネ派であったかどうかは議論の余地があるが、彼らも同じように聖書の内容とは異なる独特の秘教的な伝承を共有していたことは確かである。ただし、カバラーとの関連を考えるとき、テラペウタイやエッセネ派のようなグループがカバリストたちに言及されることはなく、そこに歴史的な関係を見出すことは不可能である。

その一方で、古代ユダヤ神秘思想のなかには、カバラーに直接的な影響を及ぼしたことが明らかなものがある。メルカヴァー神秘主義と『形成の書《イェツィラー》』である。両者の性格は互いにかなり異なっている。そして、いずれも文献学的に起源や編纂史を特定するのが難しい。一人の筆者が書いたものでもなければ、一貫性のある書物として書きはじめられたものでもない。それでも、フィロンやヨセフスが言及するグループと違ってカバラーとの濃密な関係がうかがえるのは、カバリストたちが事後的にそこから多くのモチーフを取り入れた形跡が確認できるからである。現代のユダヤ思想研究では、思想の特徴を考慮して、メルカヴァー神秘主義と『形成の書』をカバラーと同じ枠組みに収めることはない。しかしカバリストの目から見れば、彼らの伝統はメルカヴァー神秘主義や『形成の書』のような古代の秘教から脈々と受け継がれてきたものだった。カバラーの黎明期を論じる前に、ここではまずこれら二つの神秘思想の内容をおおまかに説明しよう。

メルカヴァー神秘主義——神の玉座と宮殿の幻視

人間が神という超越的な存在を想像するとき、神はそこにはいない。自然や歴史やテクストに痕跡を見出すことはできても、神は必ず不在を前提にしている。神秘主義という現象は、まず人間が自ら思い描いたはずの神が目の前に存在しないという逆説的な事態があり、そして神と人間のあいだに超え難い断絶があるという感覚を乗り越えようとするときに生まれる。別の言い方をするならば、いわゆる神秘家とは、突然の啓示によって神が断絶を超えてこちらへ近づいてきたと主張する人々であり、あるいは瞑想や発声の技法、日々の禁欲と祈りなどを通してこちらから断絶を乗り越えることができると信じた人々である。そのさきに世界の成り立ちについての秘密が明かされ、神との究極的な交流もありうるという。聖書にも、古くからこのような突出した意識を持った人物が描かれている。預言者《ネヴィイーム》(*neviim*)と呼ばれる人々である。

カバラーの歴史をひもとく前に、私たちは古い時代のユダヤ思想のなかに預言者が重要な位置を占めていたことを確認しなくてはならない。なぜなら、カバラー以前に存在したユダヤの秘教伝統のなかで、神の言葉を授かる預言《ネヴーアー》(*nevuah*)は神秘体験の同義語であり、聖書の預言者が神秘家の原像となるからである。預言者として描かれる最初の人物はモーセである。ラビ・ユダヤ教のテクストでは、ふつうモーセは「我らのラビ」という言葉を冠して呼ばれる。だがこれはユダヤ教がエルサレムの神殿を失い、ラビという賢者を中心とする宗教へと権威の移行に成功したあとのことで、もともと聖書のモーセは神の言葉をイスラエルの民に伝える神秘家だった。つまり、モーセは神の言葉を学び伝える賢者の父祖であると同時に、燃える芝から神の声を聞き、シナイ山で神と対面して律法を授かる預言者にほかならない。モーセは体験という点からも知恵という点からも、神秘家の理想像である。

ユダヤ神秘思想の源流にさかのぼろうとするとき、私たちはもう一人の預言者を忘れるわけにはいかない。エゼキエルである。紀元前六世紀、新バビロニア王国のネブカドネザル二世は中東全域を支配下に治めつつあった。紀元前五八六年、この暴君はソロモンが建立したエルサレムの神殿を略奪し、ユダ王国のユダヤ人をバビロニアへと連行した。このとき、祭司の神殿祭儀を中心に発達したユダヤ教が一時断絶して、ユダヤ人は故郷を追われた。バビロン捕囚と呼ばれるこの事件のなかで囚われの身となった人々のなかに、エゼキエルがいた。数年後、彼は捕囚地を流れるケバル川の河畔で天空に神の玉座を見た。それは光り輝く四つの生き物で、顔や翼、それに車輪までついていた。「生き物の頭上の蒼穹の上には、サファイアにも似た玉座の形があり、玉座の形の上には、人間に似たひとつの形がその上にあった。[…]これこそが主の栄光の形であった」(エゼキエル書1・26、28)。その「玉座《キッセー》」(*kisse*)に座った人間のような姿は神の顕現であった。この乗り物をのちの人々はヘブライ語で「メルカヴァー」(*Merkavah*)と名付けた。それはおもに古代の軍用二輪馬車を指すが、神秘主義文献ではエゼキエルが目撃した「玉座」、あるいは輿のような乗り物を連想させる。

エゼキエルの幻視が何かしらの秘教伝統にのっとったものだったのか、個人の体験として生じた神の顕現だったのか、あるいは文学的な創作だったのか、残念ながら私たちにはわからない。この頃エルサレムの神殿はすでに失われていたが、エゼキエルが祭司の家系に生まれたことを考えれば、もっとも神聖な領域に近づくための手段を知っていたかもしれない。もしそうだとすれば、エルサレムで神殿祭儀がおこなわれていた時代にさかのぼって、神の啓示を受けるための技法があったことになる。あるいは、預言者イザヤが見た幻視との類似性を考えると、天啓を描写する共通の形式があったのかもしれない。このあとにイザヤ書に描かれる天使セラフィームは、たしかにエゼキエルが目撃した生き物と同じような異形である。その下には神の「玉座」が見える。「ウジヤ王が没した年、主が高き玉座につき、そのお方の衣の裾が宮殿いっぱいに広がっているのを目にした」(イザヤ書6・1)。

このような推測よりも重要なのは、エゼキエルの幻視体験が後世のユダヤ神秘家に大きなインスピレーションを与えたという事実である。創世記の冒頭で語られる神の世界創造の奥義は、「創造の御業《マアセー・ベレシート》」(*Ma`aseh Bereshit*)と呼ばれる。古代ユダヤ神秘思想からカバラーに至るまで、この原初の創造がもっとも頻繁に語られたテーマである。そして「創造の御業」と並んで神を知るための知恵と見なされてきたのが、玉座の幻視に関わる知識、つまり「玉座の御業《マアセー・メルカヴァー》」(*Ma`aseh Merkavah*)である。神秘家は視覚と聴覚を研ぎ澄ませて、神そのものへ向かうことが求められる。エゼキエルの体験は、神秘家が到達すべき理想的な意識状態として理解された。

エゼキエルの幻視体験を文学的なモチーフとしながら、おそらくは紀元一世紀頃から、天の宮殿の遍歴や神の玉座との遭遇がいくつも書かれるようになったと考えられている。これはユダヤ人がヘレニズム文化に親しみ、その後ローマ軍によってエルサレムを追われた時代と重なる。私たちの手元には書物と呼べるようなまとまった形式ではなく、多くは断片的な文書として残されている。タルムードやミドラシュ文学、死海文書にもその痕跡がある。これがメルカヴァー神秘主義と総称される文書群である。文献学的な証拠から知り得るのは、現存するこの種の文書が、最古のものでも三世紀、ほとんどが六世紀以降に中東地域、特にバビロニアで書かれたということである。これはタルムードが編集された時代や場所に重なる。つまりラビ・ユダヤ教の形成期にメルカヴァー神秘主義が生まれたのである。

もともと捕囚民として連れてこられたバビロニアのユダヤ人は、ダビデの末裔とも言われる「捕囚の長《レーシュ・ガルータ》」(*Resh Galuta*)のもとで自治を拡大していった。タルムードが現在の形に編纂され、五〇〇年頃からスーラやプンペディータ(現在のイラク中央部)に学塾《イェシヴァー》が置かれ、「ガオン」(*Gaon*)と呼ばれる学頭のもとに多くのラビが集うようになる。遠く離れたユダヤ人共同体からも、タルムードの議論や実際の法的な問題についての質問が寄せられた。

一〇世紀にはサアディア・ガオン(八九一?〜九四一?)がイスラーム教のムウタズィラ派の合理主義神学を導入し、中世ユダヤ哲学の道を開いた。これはカライ派が一世を風靡した時代にも重なる。カライ派のユダヤ人は理性によって聖書が解釈できるとしたが、タルムードの権威を否定したため、サアディアはこれを厳しく非難した。サアディアにしてもカライ派にしても、そのアプローチは天の宮殿や神の玉座をめぐる神秘思想とかけ離れている。まだカバラーが生まれる以前、こうした合理主義思想と並存する形で天の遍歴と神の幻視の記録が書き継がれていったことは強調しておくべきだろう。

　神の玉座や天の宮殿の描写が思弁的な議論に発展することはなく、視覚や聴覚に訴える記述が大半を占める。たとえば、神は宮殿の玉座から世界の森羅万象をつかさどる美しい王に喩えられる。この王に謁見することが許されるのは、しかるべき戒律を守り、完全無欠の精神を備えた神秘家だけである。神秘家は仲間と連れ立って空を昇り、天上に広がる七層の宮殿を旅する。ときには脱落者が出ることもある。そしてとうとう最上階にたどり着くと、恍惚のなかでおびただしい数の天使の合唱に加わる。「聖なるかな、聖なるかな、聖なるかな、万軍の主よ！」と歌い上げる天使の大音声とともに、彼の眼前には光に包まれた荘厳な神の玉座が顕現する。もちろん神の姿を目の当たりにすることなど凡百の人間にできるはずもなく、戒律をかたく守った神秘家にだけ許されると強調される。天上への旅は秘密の知恵にたどり着くための、ある種の通過儀礼のシンボルと言えるかもしれない。天上の遍歴を経て、はじめて神を体感することができるのである。

　そもそも、天が七つの層を形作っているという考え方は、タルムードにも現れる。それらは地上に近い方から順に、ヴィロン、ラキーア、シェハキーム、ゼブル、マオーン、マコーン、アラボートと呼ばれる（バビロニア・タルムード、ハギガー篇12b）。それぞれの層には、天体や神殿や天使が割り当てられており、最後のアラボートには「王である生ける神」が鎮座するという。タルムードのこの箇所で、神秘家の遍歴が問題になることはないが、メルカヴァー神秘主義と共通の伝承が源泉になっていることはたしかである。ちなみにイスラーム教のクルアーンにも、開祖ムハンマドが大天使ジブリールに導かれて、夜の天に昇っていく話がある。あるハディース（ムハンマドの言行録）には、ブーラクと呼ばれる天馬に乗り、七つの天を経めぐって最上階の神の家にたどりついたと書かれている。そこでは七万の天使が祈りを唱えていると言われ、メルカヴァー神秘主義の描写との類似性が見られる。

　文献学的な視点からメルカヴァー神秘主義を見てみよう。すでに述べたように、古い文書は断片的で作品と呼べるほどまとまったものではない。だが、メルカヴァー神秘主義に属すると考えられる写本を比較すると、四つの中核となる形式が存在することが知られている。「大宮殿《ヘーハロート・ラバティ》」(*Hekhalot Rabbati*)、「小宮殿《ヘーハロート・ズタルティ》」(*Hekhalot Zutarti*)、「神の身体《シウール・コーマー》」(*Shiʿur Qomah*)、「第三エノク書」(*Sefer Ḥanokh ha-Shlishi*) である。とはいえ、同じ分類でも写本ごとに相当の違いが見られることもあり、テクストの枠組みがはっきり決まっているわけではない。これはミシュナやタルムードを編集したラビたちの方向性とは異なっている。ミシュナやタルムードはもともと口伝であり、ラビたちの議論の経緯はかなり細かく記憶されていた。特にタルムードが成立したあとは、文書化されて明確な枠組みを保ったまま、ラビ・ユダヤ教の基礎をなすテクストとして現在まで伝わっている。それに対して、メルカヴァー神秘主義の文書は一元的に編纂された痕跡がない。宗教的な権威が積極的に正典化を推し進めようとしなかったか、あるいはタルムードのような中心的なテクストとは別の範疇に入ると判断された可能性がある。

それでも、メルカヴァー神秘主義のモチーフが、わずかではあるがタルムードのなかに現れるのは興味深い。タルムード期のラビたちは、決してこの種の秘教的なモチーフを否定したわけではない。むしろ、「律法の秘密《スィトレー・トーラー》」（*Sitre Torah*）の伝統が存在したことが暗に示されることもある。ミシュナのハギガー篇2・1では、律法の秘密は安易に論じてはならない教えと見なされている。「創造の御業」や「玉座の御業」という言葉が出てくることを考えると、間違いなく秘密の教えは存在したはずである。

さらに踏みこむならば、そうした秘教がラビたちの知識の外にあったわけではなく、むしろ神殿崩壊後のラビ・ユダヤ教に受け入れられていたことは強調しておかなくてはならないだろう。ユダヤ教はしばしば現実主義的な法の宗教であると言われるが、それが神秘主義と矛盾することはない。むしろユダヤ法の本質は、ただ決まりを定めて守ることではなく、そこに隠された神の意志にまで踏み込むことにある。この考え方はカバラーでも重要な位置を占めることになる。

天の宮殿の旅人として登場する神秘家は、例外なく古代のラビである。つまり、ミシュナで宗教的な規範について意見を述べていた賢者が、メルカヴァー神秘主義では異能の神秘家として描き直されているというわけである。そしてここで見逃すことができないのが、聖書に現れるユダヤ民族の父祖や預言者、あるいは神殿の大祭司ではなく、そのあとの時代に力をもったラビ・ユダヤ教の賢者たちが主人公になったという事実である。「玉座の御業」を扱うテクストでは、ラビ・アキヴァ、ラビ・ネフニヤ・ベン・ハカナー、ラビ・イシュマエルらが中心的な役割を果たす。彼らは一～二世紀に活躍したラビたちである。こうしたことから、メルカヴァー神秘主義に携わった人々は、あくまでラビ・ユダヤ教の伝統に属していたことがわかる。

　神の玉座と天の宮殿のモチーフは、その後もかなり長い期間にわたって書き伝えられた。バビロニアでは一〇世紀になっても、依然としてこのタイプの文書を著す人々がいた。いつの頃か、幻視と体験の描写を含む文献は、中東地域から西欧にもたらされ、一二～一三世紀になると、メルカヴァー神秘主義のモチーフは新たな展開を見せた。ラインラント地方ではドイツ・ハシディズムのラビたちがメルカヴァー神秘主義の文献を読んでいたことが知られている。そして「玉座の御業」に通じたドイツのラビが、一二世紀後半、フランス南部で生まれたカバラーに影響を与えた。哲学者マイモニデス（一一三五～一二〇四）はメルカヴァー神秘主義の拡散に気づいていた可能性がある。彼は律法の秘密を論じる危険性を憂い、それを隠すことが美徳であると明言している。『迷える者の手引き《モーレー・ネヴーヒーム》』（*Moreh Nevukhim*）の第三章を「創造の御業」と「玉座の御業」の議論に割いていることからも、それが当時の人々の心を摑んでいたことがうかがえる。天の宮殿と神の玉座はカバラーのなかで幻視体験の典型的なモチーフとして発展し、一六世紀に興ったツファットのカバラー、一七世紀のシャブタイ派、一八世紀のハシディズムの思想にまでその間接的な影響を見ることができる。カバラーにおける神秘体験を考えるとき、メルカヴァー神秘主義が想像力の源泉となっていたことは間違いない。

『形成の書』：ヘブライ語の文字と数字の秘密

ユダヤ教の本質をユダヤ教の内部の視点から説明するとき、その語り手がどのような役割を担っているかによって、取り上げるポイントは違ってくるだろう。唯一の神への信仰が揺るぎないとすれば、問題はその次に何が続くかということである。エルサレムで神殿祭儀が確立した時代の祭司は、犠牲による神とのつながりを優先しただろう。神殿が崩壊したあとのユダヤ教を導いたラビは、モーセにはじまる口伝律法に基づく法的な議論の伝統を挙げるに違いない。イスラーム哲学に影響を受けた中世の哲学者は、戒律、慣習、祈禱よりも、合理的な知の枠組みのなかで神と啓示を理解する重要性を強調するはずである。こうしたいくつかの傾向のなかでも、神秘家ほど創造という歴史の根源にこだわった人々はいなかった。ユダヤ教の神秘家は、カバラーが生まれるよりもずっと前から、天地創造に深い秘密が隠されていると信じてきた。祭司もラビも哲学者も当然このことを認めるが、神秘家は誰よりも創造論に多くの思索を尽くしてきた。

創造をめぐる神秘思想を謎めいた言葉で書きつづった非常に古い文書がある。それは『形成の書《イェツィラー》』(*Sefer Yetzirah*) と呼ばれ、神がアブラハムに語ったと伝えられている。一部の写本がアブラハムの契約で締めくくられているためだが、そのような伝説を言葉通りに受け取ることはできない。とはいえ、『形成の書』にどこか古代的な雰囲気が漂っているのもたしかである。空気や水や火といった自然の構成要素、天体やヘブライ文字と神の性質の結びつきが、驚くほどシンプルな言葉でつづられている。まるでその背後にある膨大な教えをあえて隠しながら、そのエッセンスだけを書き留めたような文体である。聖書からの引用は極端に少なく、祈りや戒律といったラビ・ユダヤ教が関心を示す論点はまったく含まれていない。そして、メルカヴァー神秘主義の文献ではラビが神秘家として描かれたが、『形成の書』にはラビはおろか、末尾のアブラハム以外の人物は一切現れない。創造の舞台で繰り広げられるのは、神と人間の物語ではなく、抽象概念と自然要素の化学反応である。

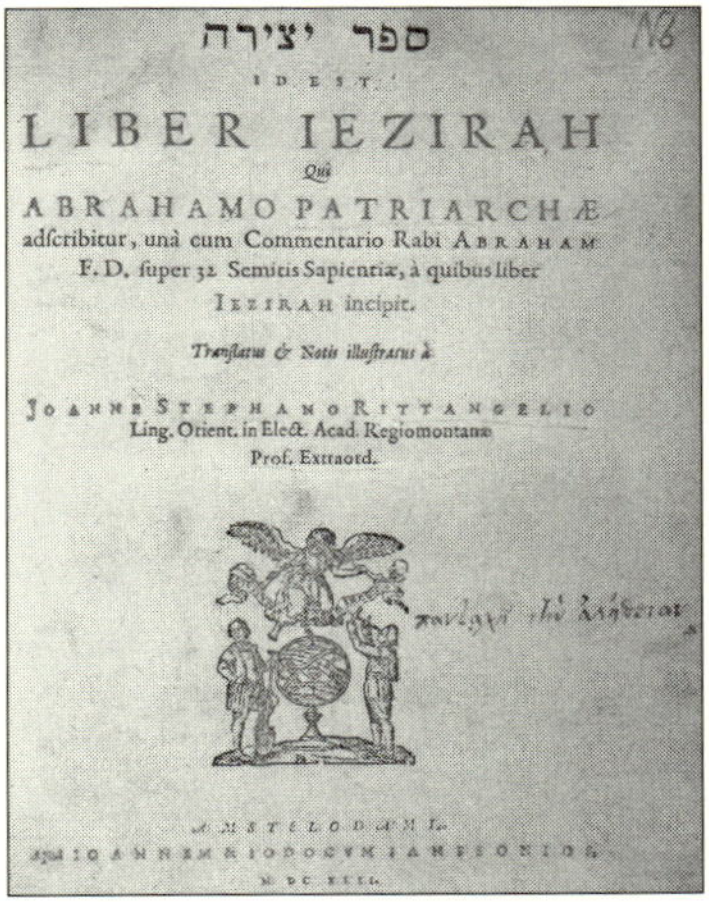
ספר יצירה
ID EST
LIBER IEZIRAH
Qui
ABRAHAMO PATRIARCHÆ
adſcribitur, unà cum Commentario Rabi ABRAHAM
F.D. ſuper 32 Semitis Sapientiæ, à quibus liber
IEZIRAH incipit.
Tranſlatus & Notis illuſtratus à
JOANNE STEPHANO RITTANGELIO
Ling. Orient. in Elect. Acad. Regiomontanæ
Prof. Extraord.

『形成の書』のラテン語訳の表紙。1642 年、アムステルダム。

中心となるテーマは、神による世界の形成、つまり「創造の御業」である。ただし創造のプロセスは、創世記の記述とまったく異なっている。聖書には神が六日間かけて空や大地や生き物を創った様子が壮大な筆致で描かれているが、『形成の書』では抽象性の高い概念が目立つ。たとえば、世界は三二本の知恵の道によって創造されたという。三二本の道は、一〇個のセフィラーと二二個のヘブライ語のアルファベットからなる。カバラーではのちにセフィラー（セフィロートの単数形）がダイナミックな神の力を表すようになるが、ここでは一から一〇までの数字を指し、それによって世界の要素、構造、範囲を説明している。ちなみにセフィラー（*SePhiRah*）というヘブライ語の語根 *SPR* は、数字《ミスパル》（*miSPaR*）に由来すると考えられる。数字を世界の構成要素とする発想には、古代ギリシアのピタゴラス主義的な世界観がうかがえる。また人間が目にする物体や存在は、文字という神の本質から形成されたと考えられており、こちらはエンペドクレスやプラトンの元素論を想起させる。

『形成の書』には謎が多い。著者が知られていないだけでなく、著作年代も研究者のあいだで見解が分かれている。ラビ・ユダヤ教よりも古代ギリシア思想の特色が色濃く表れていることから、ヘレニズム哲学が栄えた時代に書かれたとする見方が強い。ミシュナがまとめられたのと同じ時代、つまり二世紀に著された極めて古い文書がもとになっているという意見もある。その一方でタルムードの編纂よりもずっとあとの九世紀の作品とする研究もある。同じモチーフを用いてさまざまな文書が作成されたメルカヴァー神秘主義に比べて、『形成の書』の創作性は薄く、写本のテクストそのものは流動的でも内容や構成が大きく変わることはない。書物

ラビ・ユダヤ教の形成期

10年頃	タンナイームの時代がはじまる
70年	第一次ユダヤ戦争のなか、ローマ軍によりエルサレム神殿が破壊される
	ヤヴネに学問の中心ができ、ラビ・ユダヤ教の形成期がはじまる
	メルカヴァー神秘主義の基本となるモチーフが生まれる
2世紀	『形成の書』の原型ができたとされる上限年代
200年頃	ミシュナのテクストが確定する
220年頃	アモライームの時代がはじまる
350～400年	エルサレム・タルムードが編纂される
500年頃	バビロニア・タルムードが編纂される

と呼ぶには短いテクストで、分量はまちまちである。二〇〇〇語に満たないものから、長い写本でもせいぜい二八〇〇語程度である。そのため、メルカヴァー神秘主義のテクストと同様に、宗教的な権威によって文書を確定されることがなかったと考えられる。

『形成の書』の現存する最古の写本は、エジプトのフスタートにあるイブン・エズラ・シナゴーグから発見されたゲニザ写本から見つかっており、一〇世紀に書かれたものとされている。この時代はファーティマ朝が北アフリカからレヴァントやアラビア半島にまで勢力を伸ばした時代に当たる。さらに同じ時代、エジプトやイスラエルの地で活躍した哲学者サアディア・ガオンが、『形成の書』をユダヤ・アラビア語に翻訳して注釈をつけている。この事実を見ると、『形成の書』が神秘思想の文書としてではなく、ギリシア・イスラーム哲学の影響を受けたユダヤ人哲学者のあいだで重視されていたことがわかる。ユダヤ文化が黄金期を迎えたイスラーム王朝下のスペインにも、その証拠を見出すことができる。たとえば、ユダ・ハレヴィ（一〇七五?～一一四一?）はアラビア語の哲学書『クザーリーの書』（*Kitāb al-Khazarī*）で、『形成の書』のかなりの部分について議論を展開している。また同じくスペインのユダヤ人で、詩人として名高いシュロモ・イブン・ガビロール（一〇二一?～一〇五六?）には、『形成の書』に着想を得て書いたと言われる作品がある。

『形成の書』の影響はイスラーム世界のユダヤ人だけにとどまらない。イタリアでシャブタイ・ドノロ（九一三～九八二）が著した注解には、新プラトン主義の影響がうかがえる。また一二世紀、キリスト教圏であったカタルーニャ地方で、当時のもっとも有名なラビの一人、ユダ・ベン・バルズィライ（一一～一二世紀）も『形成の書』の注解を書いたことで知られている。ほかにもドイツ・ハシディズムの中心人物、ヴォルムスのエルアザル・ベン・ユダが注解を書いている。カバリストの手に渡る前、『形成の書』はすでにヨーロッパでも数々の思想家の心をつかんでいたのである。

おそらくこの頃から『形成の書』には呪術書としてのイメージがつきまとうようになった。『形成の書』には、被造物が存在の根本において文字で成り立っているという考え方がいたるところに出てくる。つまり、ものは文字によってはじめてものとなり、ものの本質が文字だという信念がはっきりと打ち出されているのである。文字と言葉の力を通して対象物に作用を及ぼすことができるという発想は、まぎれもなく呪術の原理である。実際に中世のフランスやドイツでは、『形成の書』を呪術の指南書として使うラビがいたとも言われている。

そして、古くはタルムードにこのことをほのめかす奇妙な話がある。ラビ・ハニーナとラビ・オシャヤは安息日を迎える前に、いつも決まって仔牛を食べていたという短い逸話である。この二人のラビは、このとき『形成の書』を用いて仔牛を作り出していた（バビロニア・タルムード、サンヘドリン篇67b）。ハニーナとオシャヤが三〜四世紀のラビであることを考えると、二〜九世紀とする著作年代のなかに収まるが、これが今日私たちの手元にある文書と同じだったかどうかはわからない。

とはいえ、やはりこうした一致はラビたちの想像力をかきたてた。ユダ・ベン・バルズィライは注解のなかで、仔牛を作るための『形成の書』と現存する『形成の書』を同一視している。バルズィライが言うには、ハニーナとオシャヤはこの書物の秘義を学んで、生き物を作り出す術を修得した。しかし、残念ながら二人のラビが仔牛を食べようとすると、学んだことをすべて忘れてしまったという。土から作ったゴーレムと呼ばれる人形に命を吹き込むとき『形成の書』が用いられたという伝承も、ここから出てきたと考えられる。

その一方で、『形成の書』は多くのカバリストの想像力の源泉であった。『形成の書』の著者は神の内部構造や律法の秘密に関心を示すことはない。だが中世のカバリストは、そこに書かれたヘブライ文字をめぐる解釈やセフィロートの教義こそが隠された創造の原理であると考えた。彼らは『形成の書』をカバラーの伝統に連なる文書とみなし、独立した注解を書くこともあれば、著作のなかで取り上げることもあった。その数はおよそ五〇にものぼる。

盲目のラビ・イツハク、ジローナのラビ・アズリエル、ナフマニデス、アブラハム・アブーラフィア、ヨセフ・ジカティラといった、スペインのカバリストはとりわけ『形成の書』を重視した。モロッコのユダ・ベン・ニスィーム・イブン・マルカによるユダヤ・アラビア語の注解も残されている。一六世紀にはモシェ・コルドヴェロやイツハク・ルーリアら、ツファットのカバリストもこの書物に神聖な秘密を見出した。一八世紀になっても、リトアニアにあるタルムード研究の中心的な学塾でヴィルナのガオンが『形成の書』注解を著している。

第2章　カバラーの黎明期

新しい神秘主義が芽生えた思想的土壌

メルカヴァー神秘主義や『形成の書《イェツィラー》』が、カバリストたちに大きなインスピレーションを与えたことは間違いない。天の宮殿や神の玉座の幻視、ヘブライ文字をめぐる秘教的な解釈は、その後のカバラーの展開に不可欠な要素になる。だが、カバリストが多彩な象徴表現を用いながら語るさまざまな概念は、古代ユダヤ神秘思想のなかで議論されていなかったものが大半を占める。たとえば、神の内部構造、両性具有の唯一神、律法の価値の極端な相対化、世界創造や終末の意味、霊魂の生まれ変わり、人間に内在するメシアの霊魂、世界の価値観を左右する時代の周期性。こうした問題を主要なテーマとして扱ったのはカバリストである。その違いに注目すれば、カバラーではメルカヴァー神秘主義や『形成の書』の思想よりも、はるかに多くのことがらに関心が向けられたと言えるだろう。古代ユダヤ神秘思想から滋養を得て新しい神秘主義が花開こうとしていた時代、つまりカバラーが生まれた時代は、ユダヤ思想史の大きな転換点だった。

カバラーという言葉は秘密の教えを受け取ることを意味する。それは天の啓示や師の教えを受け継ぐことも暗示している。それ以前のラビ文学において、カバラーは「継承」または「伝承」を意味するごく一般的な言葉にすぎなかった。ところが一〇世紀になると、秘教的な伝統という意味を含む用例が初めて見られるようになる。とはいえ、この段階でもまだ目に見える現象として記述できるほどではない。のちのカバリストたちが秘教の源泉として言及する一群の人々が現れるのが一二世紀である。そして一三世紀はじめには、「伝承」や「秘密」という一般名詞から、特定の秘教を指す言葉として用いられるようになった。

このように大雑把な概要を示してみせることはできても、カバラーがいつどのように生まれたのか、その起源を厳密に特定することは難しい。それには二つの理由がある。第一に、カバラーが一人の創始者にさかのぼる思想ではないからである。アダムがエデンの園で神から伝えられた知恵を書き留めたわけでもなければ、モーセが神に授かった口伝をまとめたわけでもない。さらに、今日私たちが歴史を振り返ってカバラーと呼ぶ現象は、もともと確固とした思想や実践の枠組みとして意識されていたわけではなかったというのも一因である。言い換えるならば、初期のカバリストに、ひとつの名称で呼ばれ数百年も続く新しい思想を構築しているという自覚や確信はなかった。こうした理由から、カバラーの起源はどうしても曖昧にならざるをえない。

それでも、従来の神学や律法解釈を一段掘り下げたところに秘密の教えがあり、それが実在するラビたちによって説かれ、しかも時を経て師から弟子へと伝えられていったと推測することはできる。その過程で彼らの宗教的な思想や慣習を書き残した文書が、一二世紀後半のフランス南部、そして一三世紀にスペイン北部において文書の形で顕在化する。特にスペインにおいては、記録の量が増大しただけではなく、特有の概念に基づいた神学が練りあげられていく。

初期のカバラーの歴史を詳しく追って行く前に、もう一つ同じ時代に各地のユダヤ人共同体で敬虔主義が広がっていた事実にも簡単に触れておかなければならない。ここでいう敬虔主義とは、ユダヤ教の戒律にのっとった生活を通して、宗教的精神の涵養を目指す生き方のことを指す。ユダヤ教ではそうした生き方を選んだ人を「敬虔な人《ハスィード》」(*hasid*)と呼ぶ。この種の現象はユダヤ史を広く見渡せば決して珍しいことではない。古代のエッセネ派やクムラン教団から一八世紀にポーランドやウクライナで興ったハシディズムにいたるまで、禁欲や高貴な精神性を重んじる敬虔主義はいくらでもある。カバリストにも同じ方向性を持つ人物は何人もいた。それでも、カバラーが形をなしつつあるこの時代、現在のスペイン、フランス、ドイツ、エジプトにカバラーとは別の文脈で、宗教生活の先鋭化が起こったことは興味深い。戒律を形式的に守るだけでなく、それを人間の精神的な営為と結びつけることは、カバリストにとっても神の秘密に近づくための基本的な姿勢だった。それを共有するような現象が、同時多発的に起こっていたのである。

まずその現象は、スペインのイスラーム教圏で栄えた中世ユダヤ哲学のなかに見出すことができる。中世ユダヤ哲学は、ユダヤ教の固有性よりも、理性を中心にして神と人間の関係を考える合理性や普遍性に重きを置いた思想である。アリストテレスやプラトンといったギリシア哲学をイスラーム教の思想家が継承し、一部のユダヤ人思想家がその一角を占めていた。一一世紀のスペインで著されたバフヤ・イブン・パクーダ（一〇五〇?～一一二〇?）の『心の義務《ホーヴォート・ハレヴァヴォート》』（*Hovot ha-Levavot*）は、今日でもよく知られた中世ユダヤ哲学の傑作である。この哲学書は神と人間との関係を論じながら、義人が神にどこまで近づくことができるかという神秘主義の本質に関わる問いにまで踏み込んでいる。新プラトン主義の傾向は明らかだが、イスラーム教のスーフィズムに影響を受けているとも言われる。だが、その内容はユダヤ教に固有の信仰と戒律を重視している点で、普遍性を目指す同時代のユダヤ哲学のなかでも際立っている。『心の義務』はもともとユダヤ・アラビア語で書かれた書物だが、一二世紀後半にヘブライ語に翻訳され、さらに多くの読者を得た。翻訳者のシュムエル・イブン・ティボーン（一一五〇?～一二三〇?）は、初期のカバリストたちが活躍したラングドック地方のラビだった。カバラーに与えたインパクトについてはわかっていないが、戒律の精神的な意味を探究したという点で、『心の義務』はカバラーとよく似た部分がある。

さらに時を同じくして、一二～一三世紀のラインラント地方を中心に秘教的な要素の強い敬虔主義が興った。ユダヤ史ではドイツ・ハシディズムと呼ばれ、比較的小さなグループのなかで禁欲的な実践が行われていたことが特徴的である。義人ユダこと、レーゲンスブルクのユダ・ベン・シュムエル（一一五〇～一二一七）の『敬虔な者たち《ハシディーム》の書』（*Sefer Hasidim*）、およびヴォルムスのエルアザル・ベン・ユダ（一一七六?～一二三八）の『治癒者《ロケアハ》の書』（*Sefer ha-Rokeah*）は、後代までその名が知られることになる。これらの著作は、ドイツ・ハシディズムのラビたちが日々勤しんでいた祈禱やおびただしい数の慣習の倫理的な意味づけを知るうえで貴重な資料である。そして何よりも、明らかにメルカヴァー神秘主義に影響を受けた神の玉座の幻視が語られることも見逃せない。天上に展開する神の玉座や異形の生き物について、彼らは詳細な描写を書き残した。

　ドイツ・ハシディズムは、中東で生まれたメルカヴァー神秘主義のモチーフがフランス南部のカバラーに伝わる中継点だったと考えられている。前述のエルアザル・ベン・ユダが著したもう一つの著作、『玉座の宮殿《ヘーハロート・キセー》』（*Hekhalot Kise*）は、明らかにメルカヴァー神秘主義の産物である。実際に、ドイツ・ハシディズムのラビたちはフランス南部のカバリストとやり取りをしており、このときに何らかの秘密の技法が伝わったことは間違いない。

　それに加えて、エジプトにもある種の禁欲的な敬虔主義が興った。これは一一世紀頃からはじまって、一五世紀まで続いたと考えられている。なかでも哲学者マイモニデスの息子、フスタートのアブラハム・ベン・モシェ・ベン・マイモン（一一八六～一二三七）は有名である。彼の『主の僕の務めの書』（*Kitāb Kifāyah al-ʿĀbidīn*）というユダヤ・アラビア語の著作は、当時のスーフィズムの禁欲的な特徴と多くの共通点を持っていると言われている。しかし、こうした流れがカバラーとつながっていた証拠はない。

一方で父のマイモニデス自身は特別な禁欲主義を説くことはなかったが、カバラーにいくらかの痕跡を残している。マイモニデスはタルムードのラビがほのめかす「律法の秘密《スィトレー・トーラー》」がアリストテレス哲学を通してこそ理解できると考えていた。『ミシュネー・トーラー』（*Mishneh Torah*）では、「創造の御業《マアセー・ベレシート》」と「玉座の御業《マアセー・メルカヴァー》」が、それぞれ自然に関する知恵と神に関する知恵に読み替えられている。しかも口伝律法が容易に明かされてはならないとするマイモニデスの態度は、ある種の神秘主義に裏打ちされている。

あからさまに反論することはないものの、一部のカバリストは自分たちだけが継承しているはずの古来の秘密を哲学的に解釈されることを嫌った。また、預言カバラーのさきがけとなったアブラハム・アブーラフィアへの影響も重要である。あとで詳しく説明するが、アブーラフィアはマイモニデスの『迷える者の手引き』からアリストテレス哲学の「能動知性」を学び、それを預言の理論に作り変えた。

ここに列挙したような敬虔主義は、それぞれのあいだでどれほどの影響関係があったかよくわかっていない。だが、ハラハー（ユダヤ教の規範）の詳細を学び、それを社会的な問題へと適用するラビ・ユダヤ教の実際的な学問伝統とは異なり、ユダヤ教の戒律や祈りに精神的な生き方の意味を投影するところでは多くの共通点を持っている。同時期にこのような傾向が広がっていったことを考えると、この時代にカバラーが芽生えたのは、必然の出来事だったのかもしれない。あるいは、こうした敬虔主義は結果的に大きな流れへと成長することはなかったが、カバラーも当初は同じような現象の一つにすぎなかったと考えることもできる。それでも、カバラーはその「伝承」という意味が示すとおり、中世ユダヤ哲学やドイツ・ハシディズムが衰退したあとに、ひとつの思想の連続体として徐々に実体を帯びていくのである。

フランス南部の秘教の学塾

カバラーは一二世紀半ばにフランス南部のプロヴァンス地方やラングドック地方に現れた。まずこの事実は、ユダヤ教の学問の中心地の移動という大きな文脈のなかで捉えられなければならない。バビロン捕囚のあと、ユダヤ人はおもに中東で学問を発展させてきた。タルムードが編纂されたのも、イスラーム哲学に触れたのもバビロニアだった。ところが、一〇世紀、アッバース朝の衰退とイベリア半島における後ウマイヤ朝の繁栄は、イスラーム文化圏のユダヤ人の中心地にも劇的な変化をもたらした。バビロニアの学塾《イェシヴァー》の権威が徐々に衰えはじめ、それに代わってさまざまな土地にタルムードや哲学を学ぶ拠点ができた。

そのひとつがシュパイヤー、ヴォルムス、マインツといったドイツのユダヤ人共同体である。初期のフランク王国ではユダヤ商人が厚遇されたため、すでにそれ以前の九世紀前半から多くのユダヤ人が居住していたが、学問的な発展が目覚しかったのは一〇世紀後半である。のちに「離散の光、我らの師」と呼ばれるゲルショム・ベン・ユダ（九六〇？～一〇二八）は、ヨーロッパ各地から多くの弟子を集め、メッツやマインツの学塾の基盤を築いた。その後、フランス北部にも学問の中心が形成される。ラシと略称されるトロワのシュロモ・イツハキー（一〇四〇～一一〇五）は、ゲルショム・ベン・ユダの孫弟子にあたる。ラシは律法とタルムードの網羅的な注解を残しただけでなく、多くの弟子を育てたことでも有名である。その確固たる権威は、現在でもタルムードの本文をラシ学派の注解が補っていることからもわかる。

聖地奪還を旗印に掲げた第一回十字軍（一〇九六～一〇九八）が、エルサレム王国

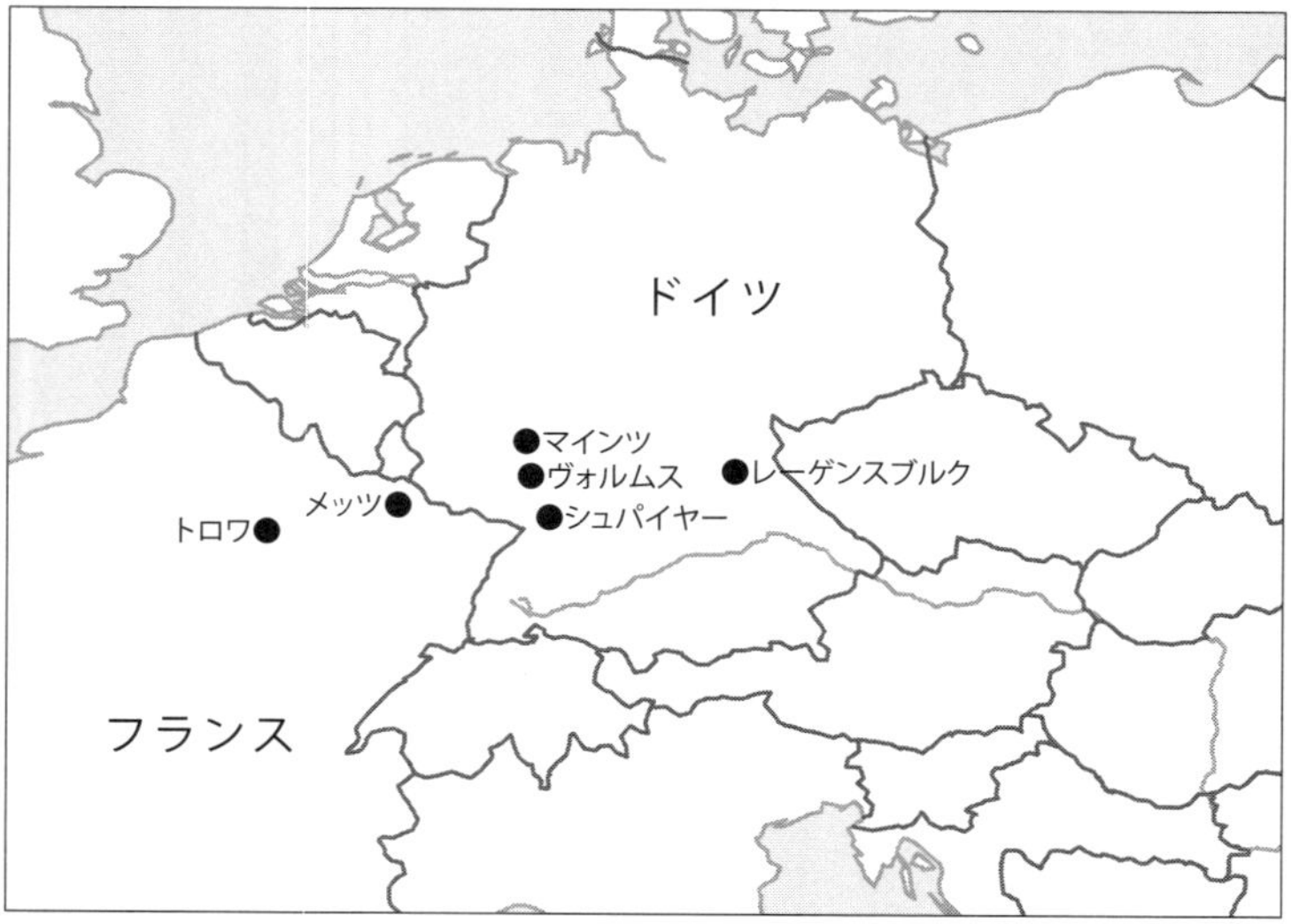

建国の目的を遂げるために、パレスチナでムスリムを虐殺したことは有名である。だがそれ以前にこの遠征が引き金となって、ドイツとフランスの共同体でユダヤ人迫害が苛烈を極めたことも付け加えておかねばならない。このとき、多くの死者と強制改宗者が出たという。第二回、第三回の十字軍派遣でも反ユダヤ主義の感情が強まり、一二世紀末まで長い迫害の時代が続いた。そのため、およそ一〇〇年のあいだにこの土地のラビ・ユダヤ教の学問的伝統は壊滅的な打撃を受け、一部のユダヤ人は同じアシュケナズィー系のユダヤ人が住む東欧に逃れた。

それに対して、フランス南部のキリスト教圏では、それほど大きな被害が見られず、むしろユダヤ人の社会的地位は安定し、学問も盛んだった。彼らはスペインの同胞と緊密なつながりを持っていた。当時、イベリア半島では支配圏を奪還しようとするキリスト教勢力がレコンキスタ(失地回復運動)を進めつつあったが、北部のキリスト教圏でも南部のイスラーム教圏でも、ユダヤ人は学問的にも経済的にも繁栄を謳歌していた。その影響でフランス南部はタルムードや聖書解釈だけでなく哲学も学ばれていた。レコンキスタによってユダヤ人がイベリア半島に居住できなくなったのは一四九〇年代、その後プロヴァンス地方から追放されたのは一五〇一年である。つまり、イベリア半島から南仏にかけては、一五世紀末までユダヤ人が残っていたことになる。

一二世紀の中頃、フランス南部で『果実の房《エシュコル》の書』(*Sefer Eshkol*)というハラハーに関する一冊の書物が著された。バビロニアのゲオニームの言葉、特にシムオン・カッヤラ(九世紀頃)

の作品とされる『大いなる規範《ハラホート・グドロート》』（*Halakhot Gedolot*）を扱った作品である。すでに衰退の一途をたどっていたバビロニアのハラハーの伝統が、遠く離れた土地で依然として権威を持っていたことがわかる。著者はラングドック地方を代表するラビ、ナルボンヌのアブラハム・ベン・イツハク（一一一〇?〜一一七九）だった。彼はナルボンヌのラビ法廷で長官を務め、タルムードの注解を書いた。カバラーの歴史で最初に個人の名前が挙がるのが、このハラハーの権威、アブラハム・ベン・イツハクである。彼は律法とタルムードのカバラー的な解釈に携わったと考えられている。残念ながら、そのほとんどが後代の証言から確かめられるだけで、資料の量も少なく、彼のカバラーを再構築できるほどのものではない。それでも、このラビによって営まれた学塾が、その後一世紀にわたってカバラーの歴史の黎明期を飾る賢者たちを輩出し続けたことは、ユダヤ教の神秘主義の重大な側面を象徴的に物語っている。それは神秘が規範と不可分だという原則である。

アブラハム・ベン・イツハクの学塾を継いだのは、義理の息子、ポスキエールのアブラハム・ベン・ダヴィド（一一二五?〜一一九八）と「禁欲者《ナズィール》」（*nazir*）と呼ばれたリュネルのヤアコヴ・ベン・サウル（一二世紀）だった。アブラハム・ベン・イツハクと同じように、第二世代を担ったこの二人も、カバラーだけでなく、聖書やタルムードの研究でも名高い。特にアブラハム・ベン・ダヴィドは旧来のラビ・ユダヤ教の精神を体現したようなラビで、哲学者マイモニデスの『ミシュネー・トーラー』を厳しく批判したことで有名である。聖書やタルムードの一言一句に聖なる権威を認めるアブラハム・ベン・ダヴィドにしてみれば、マイモニデスが『ミシュネー・トーラー』で行ったハラハーの簡素化や体系化は、たとえそれがユダヤ人の正しい生き方に資するとしても、許されないことだった。つまり、どのようなハラハーも根拠を明確にしながら、伝統にのっとって論じられなければならないという厳格な態度を取っていたのである。

アブラハム・ベン・ダヴィドは義父であるアブラハム・ベン・イツハクから秘教を学んだ。それと同時に、彼は聖霊の啓示も受けていた。「我々の学塾にはすでに聖霊が現れていた。[…]それは神の秘密によって私に明らかにされた。神は自らを畏れる者にこそ臨みたまう」という証言が残っている。このラビは聖霊だけでなく、預言者エリヤの啓示を通して秘密の教えを学んだとも言われている。さらに彼の神学には、セフィロート体系の萌芽的な発想が見られる。それは『形成の書《イェツィラー》』の静的なセフィロートよりも、カバラーに特有の有機的な神の関係性を説くセフィロート理解である。それを考えれば、『形成の書』だけでなく、なんらかの形で彼が同時代に書かれた『清明の書《バヒール》』の神学を学んでいた可能性もある。

アブラハム・ベン・ダヴィドのような古来の教えを墨守するラビが、律法の秘密の解釈を聖霊から学んだと言い切るところに、カバラー理解の鍵がある。キリスト教の神秘家が神と自己の関係に心を砕いたのに対して、カバリストにとっての神秘は、ハラハーの解釈やユダヤ人共同体の問題と切り離せない知恵だった。突如として一人の神秘家に訪れた啓示が、共同体という社会的な制度や古くから伝わる民族の知恵に新たな意味を与える。それは個人の創意工夫ではなく、むしろ歴史を見渡してきた神に由来する天啓と捉えられる。神秘体験は個人に起こったとしても、民族や歴史というはるかに大きな文脈のなかで解釈されるのである。このような規範と神秘の補完関係が、その後のカバラーの展開の基礎になることは強調しておきたい。

初代のアブラハム・ベン・イツハクと二代目のアブラハム・ベン・ダヴィドは、カバラーに関してまとまった書物を残していない。それでも、彼らが秘密の教えを扱っていたことは、三代目の盲目のラビ・イツハク（一一六〇？〜一二三五）の伝聞的な証言から明らかになる。アラム語で盲目を意味する「大いなる光《サギ・ナホール》」（*saggi nahor*）と呼ばれたイツハクは、カバラーの教義に通じているだけでなく、人間の能力を超えた不思議な力をもっていたと伝えられる。彼は目が見えなくても、人間を取り巻く気《アヴィール》（*avir*）を感じ取り、その気を読み取って人の生死を予言することができた。また、ある人の霊魂が前世をもつか、あるいは新たにこの世界に生まれてきたかを言い当てることもできたという。その能力は、タルムードに出てくる有名な呪術師ラビ・ハニーナ・ベン・ドーサ（一世紀）をもしのいでいたとされる。霊魂をめぐるカバリストの超越的な能力は、特に一五世紀にツファットのカバラーで際立って強調されるが、盲目のイツハクはその先駆けだった。実際に、彼は先代のアブラハム・ベン・イツハクやアブラハム・ベン・ダヴィドと違って、ハラハーに関する体系的な著作を残しておらず、神秘家としての傾向がかなりはっきりと出ている。

カバラーは決して一子相伝の教えではなく、盲目のラビ・イツハクと同時代に同じ学塾から何人かのカバリストが出ている。しかし、一三～一四世紀のカバラーに及ぼした影響から判断すれば、盲目のイツハクは間違いなくフランスを代表する神秘家だったと言える。しかも『形成の書』の注解を書いたり、『清明の書』を引用したりするところを見ても、この時代の多くのカバリストと知の源泉を共有していたことは明らかである。

　盲目のイツハクのカバラーは極めて形而上学的である。たとえば、彼は「純粋な思考《マフシャバー・テホーラー》」（*mahshavah tehorah*）という言葉で原初の知性について説明する。それは神の領域に属する知性を指している。ゆえに人間のような被造物にとっては、「思考の不在《アスィーファト・マフシャバー》」（*asifat mahshavah*）、つまり思惟の及ばない究極的な思考でもある。その一方で、人間の思惟は「純粋な思考」に向かって吸い込まれもするし、それを吸収することもできる。つまり、思惟が及ばないことは断絶を意味するのではない。さらに彼は、超越的な神の思考の上に、「無限《エイン・ソーフ》」（*Ein Sof*）という認識不可能な万物の淵源があると唱えた。人間の祈りが届く神に比べると、「無限」は終わりのない存在としか記述しようのない神の極限である。この「無限」という概念は、その後スペインでもっとも神聖な存在として論じられることになる。盲目のイツハクがこうした教えを伝えるために、スペインに赴いた可能性も指摘されている。

『清明の書』とカバラー文学の源流

カバラーがフランス南部に現れたことを歴史的な現象として捉えてみよう。この事実は、十字軍による迫害が起こる以前、ラビ・ユダヤ教の学問の中心地がバビロニアからドイツやフランスに移ったことと密接に関係している。バビロニアのラビの権威が衰退して、タルムード研究の拠点が大きく西に移るとともに、秘教の伝統も中東からヨーロッパへ伝播したはずである。この伝承経路は謎に包まれている。しかし、地中海の東方地域、いわゆるレヴァントとフランス南部のナルボンヌやマルセイユやアルルのユダヤ人に交流があったことはわかっている。こうした知的交流のなかで、バビロニア起源の神の玉座や宮殿に関する伝承が西欧にもたらされたと考えられる。タルムードのなかに「玉座の御業」に関する記述があることを思い出せば、聖典の権威のなかに紛れ込む形で、この伝承が中東からドイツやフランスへもたらされたと推定することもできる。

秘教の伝播と深く関係していると思われる一つの記録がある。その記録によると、九一七年頃にバビロニアからもたらされたある秘密の教えが、イタリアのルッカを経由してドイツのマインツに伝わったという。記録を残したラビはその教えの内容にまでは触れていないが、実際にはこのような伝播が一度ならず起こったと思われる。バビロニアを中心に東西にまたがるユダヤ人商人の交易圏を考えれば、それに伴う知の広がりは十分にありうるだろう。

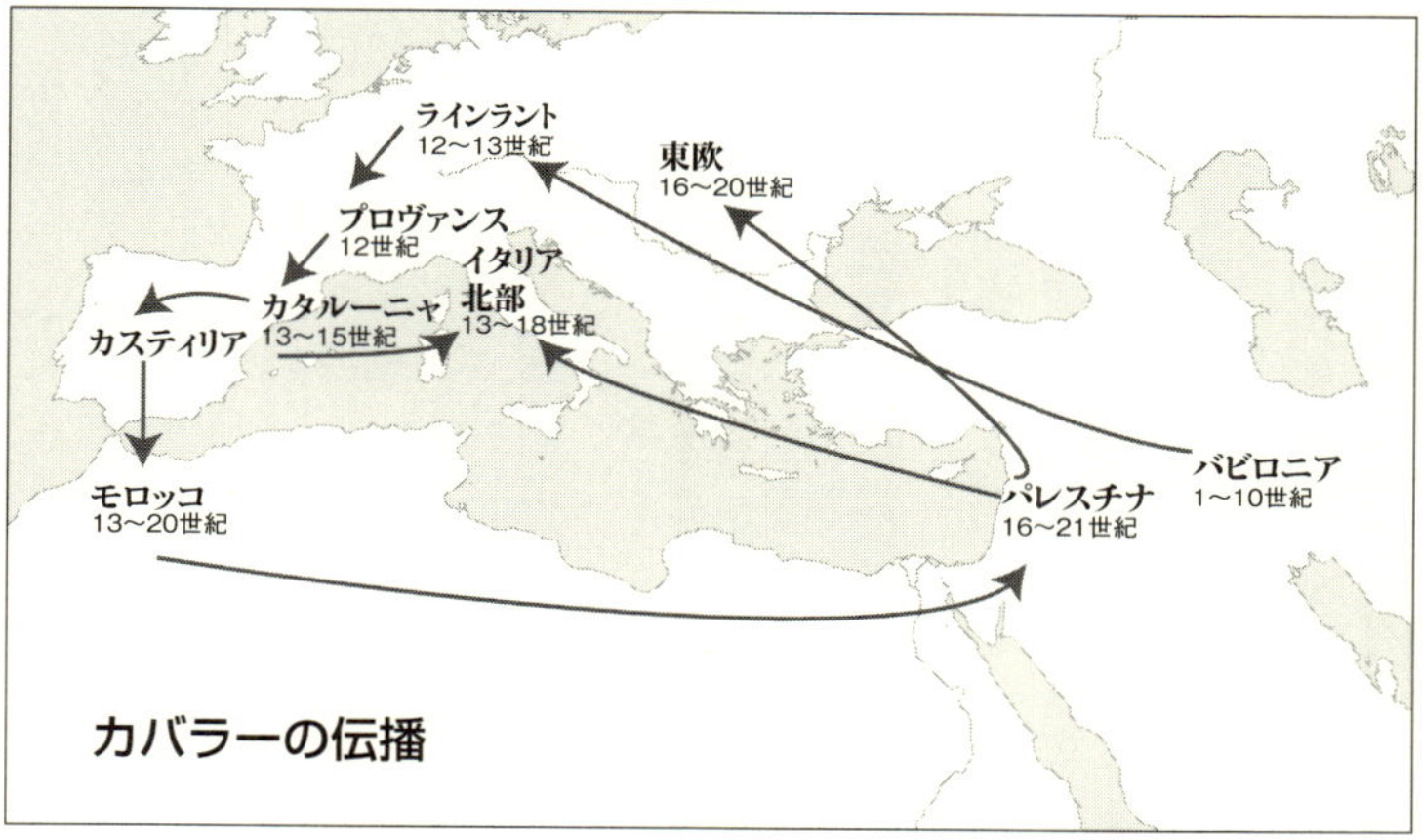

カバラーの伝播

こうした出来事がまとまった形で実を結んだのが『清明《バヒール》の書』（*Sefer ha-Bahir*）である。今日の研究者たちがもっとも古いカバラー文献と考える文書である。『清明の書』の起源はよくわかっていないが、ゲルショム・ショーレムは、バビロニアの秘教伝承がドイツ・ハシディズムを経由して、この文書に何らかの影響を与えた可能性を指摘した。起源を探求するために残された糸口は、バビロニアで書かれた『大いなる秘密《ラザ・ラッバー》』（*Raza Rabba*）である。このアラム語の書物は内容がわかっていない。つまり、失われた書物である。だが、九〜一一世紀の中東でラビやカライ派が何度も言及しているため、実在したことは確かである。その呪術的な内容には、五〜八世紀のバビロニアの護符の特徴が含まれている。一方で、ドイツ・ハシディズムの書物にしばしば『大いなる秘密の書《ハソード・ハガドール》』（*Sefer ha-Sod ha-Gadol*）というヘブライ語の文書が引用される。このヘブライ語の『大いなる秘密の書』は『清明の書』にも並行箇所が現れることが確認されている。つまり、もしそれが失われたアラム語の『大いなる秘密』をヘブライ語に訳したものであるとすれば、『清明の書』の少なくとも一部はバビロニアに由来することになる。ショーレムの推測は、メルカヴァー神秘主義文献がバビロニアから西欧にもたらされた可能性を裏付けている。もしこうした伝承経路が実際に存在したなら、カバラーの起源はタルムード研究の中心地の移動という大きな知の潮流の一端にあったことになる。カバリストが秘教の淵源をはるかな太古に求めるのも理由のないことではないかもしれない。

すでに述べたように、一方でアブラハム・ベン・イツハクにはじまる親子三代の思想がカバラーの原型を構成し、他方で『清明の書』がまとめられた。しかし、新しく興りつつあった神秘思想は、必ずしもすべてのラビに認められていたわけではなかった。ナルボンヌのメイール・ベン・シムオン（一三世紀後半）は『戒律による戦い《ミルヘメット・ミツヴァー》の書』（*Sefer Milkhemet Mitzvah*）のなかで、カバリストと思われる人々の欺瞞を糾弾している。そこに興味深い一節がある。「異端の言葉を語る者［…］のために一冊の本が書かれたと聞いた。光など見出すこともできないのに、彼らはそれを『清明』と呼んでいる」。ここで皮肉を込めて指摘されている文書が、『清明の書』であることはまず間違いない。「異端の言葉を語る者」というのは、明らかに『清明の書』を読むカバリストのことを指しており、カバラーの歴史の発端に暗い影を落としている。

『清明の書』はメイール・ベン・シムオンの言うとおり、不確かさがつきまとう。タルムードに登場するラビ・ネフニヤ・ベン・ハカナー（一〜二世紀）が『清明の書』を書いたとされるが、もちろんそれほど古い時代にさかのぼる根拠はない。むしろ、信憑を得るためにラビ・ユダヤ教の古代性と正統性を利用したと考えたほうが妥当だろう。盲目のイツハクが引用していることから、彼が著者ではないかと考えられたこともあったが、その仮説は否定されている。『清明の書』は当時の多くのユダヤ神秘主義文献と同じように、一二世紀後半から一三世紀に成立した匿名の偽書である。

『清明の書』はミドラシュという聖書注解の形式をとっている。冒頭では『今は空に清明《バヒール》なる光が見えない』（ヨブ記37・21）という聖句の秘密が、ネフニヤ・ベン・ハカナーによって明らかにされる。そのため、ナフマニデスは引用の際には「ラビ・ネフニヤ・ベン・ハカナーのミドラシュ」と呼んだ。ところが、『清明の書』のなかにネフニヤ・ベン・ハカナーが現れることはほとんどない。中心となるのはラビ・アモライとラビ・ラフマイなる架空の賢者である。そこに次々とミシュナ時代のラビが加わりながら、対話のなかで聖書に潜む秘密の意味を語り合う。初期のカバラー文献には、聖書の解釈や神の内的構造を神学書のように記述するというスタイルも一般的だが、一三世紀末に書かれ同じくミドラシュに分類される『光輝《ゾーハル》の書』と同じように、『清明の書』も対話形式で展開する。

そこで用いられるシンボルは、それまでの古代ユダヤ神秘主義には見られないものだった。『形成の書』ではセフィロートが言葉や数字の要素を表象しているに過ぎなかったが、『清明の書』においては単なる要素というよりも、ダイナミックな神の力を表象するようになる。同じセフィロートという言葉を使いながらも、その内実は大きく変化している。主な関心は天地創造に隠された秘密、神の内部構造と両性具有の人身形態論、ヘブライ文字をめぐる議論、祈禱や戒律の奥義である。しかし、体系的に書かれたものではなく、登場するラビたちの難解な議論はまとまりがなく、しばしば不意に打ち切られることさえある。『光輝の書』のような物語性もないため、読者はいたるところで不明瞭な展開に躓くことになる。後戻りして読み直したところで、論理的なつながりは見つからないままである。こうした言葉足らずの議論は、プロヴァンスのカバラーのひとつの特徴であり、正確に理解しようとすると、少しあとの時代のスペインのカバリストたちによる記録や注解からアプローチせざるをえない。

『清明の書』がカバラーの歴史に及ぼした影響は大きい。もっとも古い注解は、一四世紀前半に書かれたメイール・イブン・サフラ（一三世紀後半〜一四世紀前半）のものである。スペインで活動したこのカバリストの注解は、一六〜一七世紀のツファットでも知られていた。シュロモ・アルカベツのように、それを厳しく批判するカバリストもいたが、ダヴィド・ハビロやメイール・ポペルスは、新たに注解を書く際に、イブン・サフラのものを下敷きにしている。『清明の書』は一七世紀以降、何度も印刷出版されていることからも、カバラーの聖典としての重要性をうかがうことができる。シャブタイ派のカバラーやハシディズムのカバラーで重要な位置を占めることはないが、ツファットの伝統を継承する人々にとって、『清明の書』はカバラーの古典であった。

さてここで、『清明の書』にグノーシス主義の傾向が受け継がれ、その残響がカバラー全体に浸透しているという学説を紹介しておこう。この学説はカバラー研究がはじまって以来、広く受け入れられてきた。グノーシス主義は至高神に対して悪を創造した神が存在するとし、原初の絶対的な善と対照させながらこうした地上の悪や物質性を強調する。おそらくは紀元一世紀頃に現れ、三~四世紀に地中海沿岸部を中心に宗教の枠組みを超えて流行した思想である。オリゲネスやエレナイオスといった二~三世紀に活躍した教父たちは、論駁書を著してキリスト教に入り込みつつあるこの異教を厳しく非難した。グノーシス主義にはこうした異端的なイメージが強いため、かつてはユダヤ教のほうからも歴史的な関係を否定する傾向にあった。しかし現在では、グノーシス主義はユダヤ教の内部から生まれたと考えられている。

それにしても、一二世紀後半にまとめられた『清明の書』にグノーシス主義との歴史的な関係を見出し、それがカバラー全体に波及したと考えることはできるのだろうか。キリスト教にグノーシス主義が入りこむ前、ユダヤ教のグノーシス主義が存在した。『清明の書』との関連性を強調したゲルショム・ショーレムは、まずそのユダヤ教のグノーシス主義がメルカヴァー神秘主義のなかに組み入れられたと想定した。タルムードを見る限り、ラビ・ユダヤ教はグノーシス主義的な考え方を異端として否定している。それに対して、メルカヴァー神秘主義ではグノーシス主義文献と同じように、ラビが神の名に精通した呪術師として描かれる。あるいは、グノーシス主義でプレーローマ（神の全体性）を満たしていると言われるアイオーン（複数の神的様態）が、神の玉座とその下に広がる宮殿の関係によく似ている。ショーレムは次にバビロニアやシリアに由来するメルカヴァー神秘主義文献が、ドイツ・ハシディズムを通過して『清明の書』の一部に用いられたという伝承経路を実証的に示してみせた。根源的な至高の神と地上に留まる運命にある神、臨在《シェヒナー》のセフィラーの対比は、まさにグノーシス主義的な発想が受け継がれていたことを物語っているという。ショーレムは、グノーシス主義に内在する神話が古代ユダヤ神秘主義に活力を与え、それがカバラーに受け継がれていると考えた。たとえば、カバラーにおいて神の左側、つまり「反対領域《スィトラー・アフラー》」（*sitra ahra*）が悪の原型と見なされるのは、グノーシス主義の痕跡であるという。

カバラーとグノーシス主義の親近性を主張することは、ショーレム以降の定説となった。たしかに一部のカバラーの教義を説明する際に、その類似性を捉えて「グノーシス的」とする説明は非常に的を射ているように思える。しかし、最初期のユダヤ教のグノーシス主義とも、ユスティノスやエレナイオスら古代の教父が批判するグノーシス主義とも、歴史的な関連を論証することは難しい。ショーレムが活躍していたころ、グノーシス主義研究の成果がさまざまな領域に波及していたことは確かだが、このような連想は行き過ぎた拡大解釈だったかもしれない。『清明の書』にプレーローマやアイオーンに相当するような言葉は現れても、同一の思想体系と見なすにはあまりに異なる点が多い。そして何よりも、カバラーの基本的な概念を見渡しても、必ずしも善悪二元論の神学がすべてを説明しているとは言えない。つまり、グノーシス的なものだけではカバラー全体を説明することはできない。直接的な影響関係を示す証拠が発見されたとしても、カバラーとグノーシス主義を一直線に論じることは控えなければならないだろう。

最後に、カバラーの黎明期に時と場所を同じくして現れた、もうひとつの秘教に触れておきたい。アブラハム・ベン・イツハクの学塾がどのようにして秘教を取り入れたのか、そして『清明の書』が最終的に誰によって編纂されたのかわかっていないように、この時代の人々の交流や思想の伝達には不明瞭なところが多い。その漠然とした状況を象徴するかのような、イユーン派と呼ばれる神秘家のグループが存在した。イユーン派のなかで活動していた個人についてはわからないことが多いが、初期のカバラーと同じように、フランス南部からスペインのカタルーニャ地方でいくつかの文書が書かれたことはたしかである。メルカヴァー神秘主義や『清明の書』のモチーフを採用しながら、新プラトン主義的な発想に基づき、天使や悪魔、神の身体について論じている。物語的なミドラシュというよりも、思弁的な傾向が強いのが特徴で、『思索《イユーン》の書』（*Sefer ha-ʿIyyun*）や『結合《イフード》の書』（*Sefer ha-Yihud*）などの写本が残されている。そこでは、『形成の書』で語られる三二本の知恵の道、神聖四文字、四二文字の神名とともに、セフィロートが独自の視点から解釈されている。このイユーン派は長く続かず、その後のユダヤ神秘主義はカバラーの系譜へと集約されていくことになる。

スペインの黄金期

八世紀末、フランク王国のカール大帝によってキリスト教勢力からなるスペイン辺境領が置かれた。イベリア半島南部を支配するイスラーム教勢力の北進を妨げるためだった。スペイン辺境伯は一二～一三世紀になると次第にまとまりはじめ、領地拡大に乗り出した。この頃、北東部のカタルーニャ地方の覇権を握ったのが、カタルーニャ君主国とアラゴン王国からなるアラゴン連合王国である。ピレネー山脈と地中海沿岸に接したこの地域から、イスラーム教勢力駆逐へ向けたレコンキスタが進んでいった。すでに後ウマイヤ朝が滅亡し、イベリア半島南部では分裂と弱体化が顕著だった時代である。一方で北部のキリスト教勢力は勢いを増し、南フランス、地中海のシチリア島やサルディーニャ島、イタリア本土にまで支配圏を拡大していた。

カバラーがフランスからスペインに伝わったのはこの頃で、しかも学塾はスペイン北部のキリスト教圏に集中していた。一二四〇年頃になると、カタルーニャ地方で新たな世代のカバリストたちが活躍するようになる。当時もっともユダヤ人が多く住んでいたのはバルセロナだった。この時代を生きた詩人、ユダ・アルハリズィー（一一六五～一二三四）は、バルセロナのユダヤ人たちを「高貴な人々の住む共同体」と称えている。バルセロナに次いでユダヤ人の多かったジローナのラビたちはカバリストとして有名である。フランス南部の学塾がカタルーニャから多くの人々を受け入れていたことを考えれば、一二四〇年頃、ジローナで彼らが筆を執

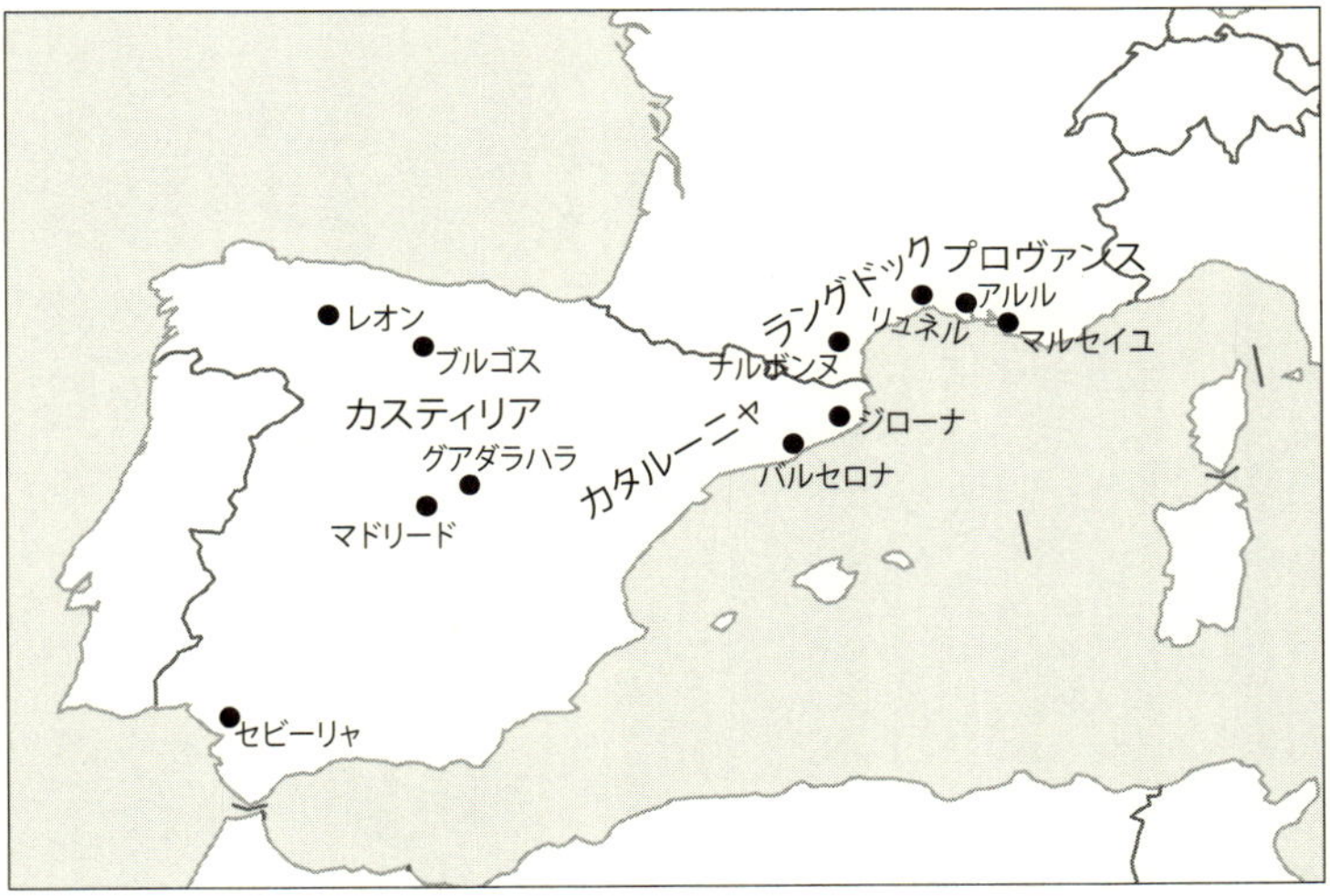

りはじめたことに不思議はない。もっとも有名なラビはナフマニデス（一一九四～一二七〇）である。ほかにもエズラ・ベン・シュロモ（一二三八または一二四五没）、アズリエル・ベン・メナヘム（一一六〇?～一二三八?）、ヤアコヴ・ベン・シェシェット（一二～一三世紀）といった、盲目のイツハクのカバラーを学んだ者がいた。

　このようにカバラーが最初の広がりを見せたのは、哲学が盛んなイスラーム教圏ではなく、北部のキリスト教圏だった。地理的に近接しているにもかかわらず、スペインのカバラーがイスラーム教の影響を受けたと考えられる痕跡は非常に少ない。当時イスラーム勢力が支配していたイベリア半島南部を出自に持つカバリストも知られていない。ユダヤ人哲学者はイスラーム哲学から多くを吸収し、おもにアラビア語で著作した。その一方で、カバラーの著作は基本的にヘブライ語やアラム語で書かれた。これは哲学が当時の普遍的な思考方法に基づく学問と考えられたのに対して、カバラーが純粋にユダヤ教の伝統に根ざした聖なる教えであると考えられていたからにほかならない。カバラーは歴史的現象としては新しいものであったが、それに携わる者たちは聖書やタルムードからの連続性を強く意識していたことがうかがえる。

一三世紀前半にカタルーニャで書かれたカバラー文献は、それまでよりも個々のカバリストの特徴がより明確に表れるようになった。たとえば、エズラ・ベン・シュロモの雅歌注解とアガダー注解、アズリエル・ベン・メナヘムやナフマニデスの『形成の書』注解、ヤアコヴ・ベン・シェシェットの『正しき言葉を伝える者《メシーヴ・デヴァリーム・ネホーヒーム》』（*Meshiv Devarim Nekhohim*）などからは、はっきりとカバリストの個人の思想が特定できる。そうは言っても、彼らが秘密の知恵を饒舌に語ったわけではない。ある事柄について、十分に言葉を尽くした説明が付けられないという点では、秘教に対するスタンスはフランスのカバリストに似ている。たとえば、ナフマニデスは『律法注解』のなかで、基本的には字義通りの解釈に重きを置く。ときおりカバラー的な説明を加えるところでも、聖句に真実の意味があることをほのめかし、言葉少なに通り過ぎるかのようである。こうなると、ナフマニデスの弟子たちの記録に頼らなければ、彼が具体的にどのようなことを説いたのかはわからない。

一三世紀後半になると、カバラーの作品が書かれる場所がカタルーニャから見て西に位置するカスティリアに移っていく。私たちがこの伝承経路をたどるときに道標となるのが、ナフマニデスの教えである。ナフマニデスはハラハーの知見に秀で、キリスト教徒との教理論争において功績を残したラビとして知られている。したがって一般的には、ユダヤ教の伝統とアイデンティティに重きを置く保守的な賢者のイメージが強い。ナフマニデスが自らのカバラー的な解釈を広めるのを禁じていたこともあって、カバリストとしての彼の側面は、『律法注解』のごく一部と『形成の書』注解からしかわからない。それでも、どうやら弟子たちは口伝えで師の秘教を論じていたと思われる。

カスティリアのカバラーの特徴は、神秘家たちが書物として読まれることを意識しながら体系的にカバラーを書き残したことである。そうした著作のなかに、ナフマニデスのカバラーを理解しようとするものがいくつも現れるようになった。たとえば、シェム・トーヴ・イブン・ガオン（一二八七〜一三三〇）が書いた『優れた御名の王冠《ケテル・シェム・トーヴ》』（*Keter Shem Tov*）は、ナフマニデスの『律法注解』を注解したものである。アッコのイツハク・ベン・シュムエルやメイール・イブン・サフラも明らかにナフマニデスのカバラーを知っていた。彼らの共通点は、ナフマニデスの弟子、シュロモ・イブン・アドレート（一二三五〜一三一〇）の学塾で学んだ、つまりナフマニデスの孫弟子だったということである。イブン・アドレート自身はハラハーの問題に回答するレスポンサやアガダー注解のなかでわずかにカバラー的な解釈をしてみせるくらいで、それをナフマニデスと関連づけることはない。おそらくは、師であるナフマニデスの指示を守り、カバラーについて多くを語ることを避けていたのだろう。ところが、カスティリアにおけるカバラー文学の発展期にあって、イブン・アドレートの弟子たちは口伝を文字として書き残すことにためらいを感じなかった。むしろ、私たちはナフマニデス自身の著作では語られていないことを、この時代の孫弟子たちの言葉から知ることができる。

彼らのほかにも、カスティリアには個性的なカバリストが何人もいた。たとえば、イツハク・イブン・ラティーフ（一二一〇〜一二八〇）は新プラトン主義の思想家としても有名である。アル・ファラービー（八七二?〜九五〇?）をヘブライ語に翻訳して引用し、イブン・ガビロールの著作を典拠にしながら、それをカバラーと融合させた。イブン・ラティーフの『天国の門《シャアル・ハシャマイム》』（*Sha'ar ha-Shammaim*）は聖書の哲学的な比喩や戒律の解釈が新プラトン主義的な用語を用いて書かれている。そこにはマイモニデスの『迷える者の手引き』の影響もはっきりと確認できる。それでもイブン・ラティーフはカバラーを哲学より優れた方法と見なしていた。

一方で、トドロス・アブーラフィア（一二二五?〜一二九八）のようにカスティリア王国の宮廷に仕える学者もいた。カバリストはユダヤ人共同体でも為政者の宮廷でも要職に就かないのがふつうなので、このようなケースは珍しい。彼はカスティリア王国のアルフォンソ一〇世（一二二一〜一二八四）からセビーリャなどに土地を与えられるほど重用された。天文学に強い関心を持っていたアルフォンソ王はユダヤ人の占星術師を雇い入れたことでも知られている。彼がユダヤ人の徴税人を逮捕する命令を出そうとしたとき、それを思いとどまらせたのはトドロス・アブーラフィアだった。同じトレド出身のイブン・ラティーフと交流があったことも知られている。

こうした個性的な思想家の重要性もさることながら、カスティリアのカバラーがどの時代よりも重視されるのは、カバラー文学の白眉、『光輝の書』が書かれたからにほかならない。また、『光輝の書』をはじめとするカスティリアのカバラーが、セフィロート体系のダイナミズムを通して神を理解し、戒律や祈禱によって神の調和を回復させることを説いたのに対して、預言カバラーという傾向の異なる神秘思想を説く者が現れたのもこの土地である。神を直接的に体験する技法を書きつづったアブラハム・アブーラフィアは、大半のカバリストから完全に独立した道を歩むが、それさえもスペインのカバラーの多彩な状況を物語っていると言える。ここからは『光輝の書』とアブーラフィアのカバラーを見ていこう。

カバラーの聖典『光輝の書』

『光輝の書《ゾーハル》』（*Sefer ha-Zohar*）はカバラー的な方法で聖書を注解したミドラシュであり、スタイルとしてはユダヤ文学の伝統を踏襲している。無味乾燥な論述は見られず、読む者をひきつけるのはその語り口と世界観である。中心人物はミシュナに登場するラビ、シムオン・バル・

『光輝の書』のマントヴァ版（1558 年）。ゾーハルは 13 世紀に書かれ、16 世紀にイタリアで書物になった。

ヨハイ（一〜二世紀）である。それゆえ、古くは「シムオン・バル・ヨハイのミドラシュ」とも呼ばれた。『光輝の書』では、シムオン・バル・ヨハイの学塾に弟子が集い合い、あるいは舞台となったガリラヤ地方を旅しながら、ときに饒舌に、ときに生き生きと律法の秘密を論じ合う。ラビたちの集まりは「聖なる同胞《ハヴラヤ・カディーシャ》」（*havraya qaddisha*）と呼ばれ、語りのなかで徐々に真の理解が明らかになっていく。議論の幅は広く、ユダヤ人の歴史、戒律や祝禱の秘教的な意義だけでなく、天使論や霊魂論も重要なテーマである。通常の聖書注解やミドラシュ文学と違うのは、聖書の表面的な意味を掘り下げて、新しい解釈の発見に価値を見出すところである。

『光輝の書』の世界観は冒頭の創造論によく表れている。書名が「知恵ある者たちは蒼穹の光輝《ゾーハル》のごとく輝き、多くの人々を善へと導く者たちは星々のごとく永遠である」（ダニエル書12・3）という聖句に由来しているように、神の世界創造も光の躍動に満ちている。当時のいかなるカバラー文学よりも、読者を意識した筆致である。セフィロートはさまざまなシンボルによって表現され、神の内部構造とダイナミズムが明らかにされていく。そして、シムオン・バル・ヨハイの学頭としての威厳もさることながら、意表をつく解釈や秘密が明かされるときの感動が、読む者を彼らと同じ秘教の共同体に引き込む。

また、著者は凡庸な神の理解に挑戦状を叩きつけ、あえてきわどい疑問を問うてみせる。エデンの園から追放されたのはアダムとエヴァではなく、実は神のほうではないか。神は男であると同時に女なのではないか。そしてその内部では分裂が起きているのではないか。こういった秘密の解釈に取りかかるとき、『光輝の書』では「開く」という言葉を用いて新しい聖句を導入する。それは「語りはじめる」という意味であり、まさに律法の新たな意味の地平を切り開くことにほかならない。その意味が明かされたとき、同席するラビたちはときに喜び合い、ときに感涙にむせびさえする。

ガリラヤ地方を遍歴するラビたちが旅路に出会う人々も魅力的である。ロバに乗ったみすぼらしい身なりの老人は、はじめ禅問答のような意味のわからない問いで、学識豊かなラビたちを煩わせる。しかし彼らは次第にこの老人が聖書解釈に通じ、しかも霊魂転生の秘密を知っていることに気づく。また別の場面では、年端もいかぬ子どもがハラハーに通じたラビたちを相手に食後の祝禱のカバラー的な意味を解釈してみせる。この不思議な子どもは、服の匂いで彼らがその日、「聞け、イスラエルよ」の祈りを唱えていないことまで見破ってしまう。トゥルバドゥールが歌う騎士道物語のような喩え話もある。塔のなかに閉じ込められている乙女は、長い間泣き暮らしたために目が見えない。塔の外の男は時折姿を見せる乙女をなんとか助け出そうとする。乙女は容易にたどり着けない律法の秘密を意味し、男はそれを探求するカバリストの喩えである。こうした数々の象徴に彩られた物語が、『光輝の書』の文学的な性質を豊かなものにしているのである。

『光輝の書』の著者はシムオン・バル・ヨハイだと主張する人々がいた。だが、実際には『光輝の書』を書いたのはカスティリアに住むカバリストたちだった。モシェ・デ・レオン（一二四〇

〜一三〇五）がその筆頭とされるが、他にも複数のカバリストが関わった可能性が高い。カバラー研究の権威、ユダ・リーベスは、ヨセフ・ベン・シャローム・アシュケナズィー、ヨセフ・ジカティラ、トドロス・アブーラフィアなど数名を候補として挙げている。一説にはマドリードからほど近い小さな町、グアダラハラで書かれたのではないかと言われている。

デ・レオンはシムオン・バル・ヨハイが書いたアラム語の古い写本を発見して、それを書き写したと主張していたようだが、文献学的な証拠から一三世紀のカスティリア地方で書かれたことは間違いない。そのアラム語は文法的な誤りが多く、非常にぎこちない擬古文である。当時すでにアラム語が話されなくなって久しかった。パレスチナとスペインでは地理的にもかけ離れている。タルムードに劣らず古い文書であるように見せかけるため、意図的に古語が使われ、物語のなかにパレスチナの地名が織り込まれたのである。

『光輝の書』の古代性はかなり早い段階から疑われていた。一三〇五年、放浪のカバリスト、アッコのイツハク・ベン・シュムエルが『光輝の書』の存在を知ってカスティリアにやってきたという記録が残されている。彼はデ・レオンに会って、実際にその古い写本を見せてもらう約束を取り付けた。だが、約束の日を前にしてデ・レオンはこの世を去った。その後、イツハクはデ・レオンの未亡人から『光輝の書』がまったくの創作だったことを打ち明けられたという。この話にはイツハクの疑惑の眼差しが見え隠れしているため、実際にデ・レオンの妻が亡き夫の嘘を暴露したかどうかまではわからない。それでもこのエピソードを読めば、当時から古代性について疑いの目が向けられていたことがうかがい知れる。
それでは『光輝の書』はどのようにして生まれたのだろうか。今日私たちは『光輝の書』を全三巻、約二五〇〇ページにのぼる普及版で手にすることができる。この完成した書物を見ると、はじめからテクストが確定していたように見えるかもしれない。しかし実のところ、ゾーハル文学と総称される複数の文書が書かれた時期と、それが『光輝の書』という書物として出版された時期には二五〇年以上の差があり、最初からまとまった印刷本が登場したわけではない。

そもそもモシェ・デ・レオンたちは一冊の書物を書こうとしたわけではなく、律法の朗読箇所《パラシャー》（*parashah*）を基準にしていくつものカバラー的な注解を書いたと考えられている。これが一二八〇年代のことであり、その段階で書かれたものがのちに主要部分を形成することになる。一方で、このモチーフに触発されて新しい作品を生み出すカバリストもいた。こうした続編ともパスティーシュとも呼べる作品は、主要部分とは異なる特徴を備えている。「秘匿の書《スィフラ・デツェニウータ》」（*Sifra de-Tzeni`uta*）、「大きな集会《イドラー・ラッバー》」（*Idra Rabba*）、「小さな集会《イドラー・ズーター》」（*Idra Zuta*）がそれである。さらに一三世紀末から一四世紀はじめに、「光輝の修復《ティクネイ・ゾーハル》」（*Tiqqunei Zohar*）と「忠実なる羊飼い《ラアヤー・メヘムナー》」（*Ra`aya Mehemna*）が書かれた。「光輝の修復」は創世記の冒頭、「はじめに《ベレシート》」という言葉をめぐる解釈であり、七〇章にわたって創造の秘密が謎めいた言葉で語られる。そして、忠実なる羊飼いとはモーセのことで、シムオン・バル・ヨハイらがタルムードのラビたちとともに集いあって戒律の秘密について議論を交わす。また「新しい光輝《ゾーハル・ハダシュ》」（*Zohar Hadash*）は、律法に加えて、ルツ記、哀歌、雅歌を注解している。そこに含まれる「隠されたミドラシュ」（*Midrash ha-Ne'elam*）は主要部分よりも前に書かれた。デ・レオンらによる主要部分とそれに続いて書き加えられた文書をひとまとめにして、研究者はゾーハル文学と総称している。カバリストたちは当初ゾーハル文学を写本の形で読んでいた。

書物としての『光輝の書』が生まれたのは、それからずっとあと、一六世紀にイタリア北部のマントヴァとクレモナで印刷されたときである。出版は一五五八年から一五六〇年にかけて行われた。一六世紀のイタリアといえば、イベリア半島追放後のカバラーの中心地のひとつであった。当時まだばらばらだった写本が律法の朗読箇所の順にまとめられ、編集者と印刷所の仕事によって現在のような枠組みができあがり、『光輝の書』は書物の体裁を取るようになった。その際、当時カバラーの一大中心地だったツファットから伝わった写本が、主要なテクストとして用いられた。『光輝の書』の成立は、ツファットのカバラーと無縁ではない。校訂者イマヌエル・ベン・ガブリエルは、テクストがようやく確定したときのことをこう振り返っている。「ツファットからもたらされたもうひとつの古い写本を見つけたことで、（正しいテクストについての）私たちの見解はやっとまとまったのである」。

ゾーハル文学のなかには、このとき出版された『光輝の書』に含まれなかったものもある。「光輝の修復」は『光輝の書』よりも一年早く出版された。また、「新しい光輝」は『光輝の

『光輝の書』とゾーハル文学

1280年頃	『光輝の書』の主要部分が書かれる 「秘匿の書」やイドロート文学が書かれる
14世紀はじめ	「光輝の修復」や「忠実なる羊飼い」が書かれる
14～15世紀	スペインで『光輝の書』の引用や注釈が多く見られる
1300年頃	メナヘム・レカナティがイタリアで『光輝の書』を引用する
1556年頃	イツハク・ルーリアがエジプトで『光輝の書』を手にする
1557年	マントヴァで『光輝の修復』が出版される
1558年	クレモナで『光輝の書』（全1巻）が出版される
1558～1560年	マントヴァで『光輝の書』（全3巻）が出版される
1567年	モシェ・コルドヴェロの注解、『気高き光』がツファットで完成する
1570年	シムオン・イブン・ラヴィがトリポリで注解、『純粋な黄金』を著す
1597年	「新しい光輝」と「光輝の修復」を含む『光輝の書』がサロニカで出版される
17世紀	モシェ・ザクートが『光輝の書』を編纂し（ヴェネツィア、1663年）、注解書『主の聖所』を著す
1677～1678年	クリスチャン・クノール・フォン・ローゼンロートの『覆いを剝がれたカバラー』が出版される
1882年	ヴィルナのガオンの注解、『光の金剛の書』が出版される
1932年	エルンスト・ミュラーによる抄訳、『ゾーハル：カバラーの聖典』が出版される
1934年	ソンシーノ出版から英訳（全5巻）が出版される
1945～1953年	ユダ・アシュラグの注解とヘブライ語訳、『階梯の注解』（全21巻）が出版される
1949年	イェシャヤ・ティシュビーらにより『光輝の書』の注解とヘブライ語訳、『ゾーハルの教え』（全2巻）が出版される
2003年～	ダニエル・マットによる注解と英訳が刊行中（全12巻）

書』には含まれておらず、一六世紀にモロッコのカバリストがツファットにもたらし、それが一五九七年にサロニカで一冊の書物としてまとめられた。

その後は写本だけでなく印刷本も流布し、いたるところで注解が書かれるようになった。ツファットではモシェ・コルドヴェロが『気高き光《オール・ヤカル》』（*Or Yaqar*）という大部の注釈を書いた。カイロ周辺で修行していたイツハク・ルーリアも『光輝の書』を読んで、のちにツファットで独自のカバラーを生み出した。一六世紀後半、『光輝の書』が聖典としての名声を確かなものにしていった背景にはツファットのカバラーの広がりがある。一方、トリポリ（現在のリビアの首都）では、シムオン・イブン・ラヴィが『純粋な黄金《ケテム・パズ》』（*Ketem Paz*）を著した。これはツファットの影響を受けなかった唯一の注解書である。その背景には、北アフリカのカバラーがツファットから独立した展開をたどったという事実があるが、それについてはあとで触れることにしよう。

『光輝の書』の影響はこれだけにとどまらない。あとで詳しく述べるシャブタイ派のカバラーでも、不可欠な役割を果たすことになる。メシアを自称したシャブタイ・ツヴィは宝石で装飾を施した『光輝の書』を所有し、信者との集まりでそれを読ませたという。『光輝の書』の普及がシャブタイ派の拡散につながったのではないかという説もある。シャブタイ派から派生したドンメ教団やフランク派でも『光輝の書』が聖なる書物として読まれていた事実は、その重要性を物語っている。また、近現代の主流派にも注解に情熱を傾けたラビがいた。リトアニアのラビ、ヴィルナのガオンの『光の金剛の書《ヤヘル・オール》』（*Sefer Yahel Or*, 1882）やユダ・アシュラグの『階梯の注解《ペルーシュ・ハスーラム》』（*Perush ha-Sullam*, 1945-53）は有名である。

放浪の神秘家、アブラハム・アブーラフィア

『光輝の書』が書かれたのと同じ時代、スペインの主流派とはかなり傾向の異なるカバリストが現れた。アブラハム・アブーラフィア（一二四〇～一二九一？）という名の神秘家である。アブーラフィアは、当時すでにキリスト教勢力が支配圏を握っていたアラゴン王国のサラゴサで生まれ、ユダヤ思想の爛熟期のなかで研鑽を積んだ。ブルゴスのモシェ・ベン・シムオンやヨセフ・ジカティラのようなこの時代を代表するカバリストを教えたことでも知られる。

アブーラフィアは放浪の神秘家だった。彼は父親が世を去って二年が経った一二六〇年、故郷スペインを離れてガリラヤ地方のアッコへ向かった。旅の動機はいささか奇妙である。イスラエルの地のどこかにサンバティオンという幻の川が流れているという言い伝えがあり、その川を探しに出たのである。サンバティオン川といえば、多くのミドラシュ文学に伝わる伝説の川である。平日は大きな岩石が転がりながら流れていき、安息日《シャバット》にだけその流れが止まるという。安息日には向こう岸に渡ることもできるが、この日ユダヤ人は旅をしないのがならわしである。つまり、たとえ発見できたとしても戒律を破る危険を冒さなければ、この川を渡ること

はできない。さらに別の伝承では、世界が終わりに近づくと、東方からメシア率いる失われた十支族の軍勢がこの川を渡ってやってくると言われる。紀元前七二二年、アッシリア帝国の侵略に遭って連行された北イスラエル王国の十支族のことである。消息のわからなくなっていた彼らの末裔がメシアとともにやってきて、はるか昔に生き別れた同胞ユダヤ人を解放するというのである。サンバティオン川と失われた十支族の噂は、中世をつうじて頻繁に囁かれた。

　旅の目的から察するに、若き日のアブーラフィアが何かしらの終末思想を抱いていたことは想像に難くない。当時、モンゴル帝国が西アジア一帯を統治下に治めており、ユダヤ人のあいだではモンゴル人こそが失われた十支族なのではないかという憶測も飛び交っていた。イスラエルの地に及んだ動乱がスペインにいたアブーラフィアの心をとらえたことも十分にあり得るだろう。だが、アブーラフィアは地中海沿岸のアッコにたどりついてからも、南下してエルサレムに行くことはなかった。十字軍とモンゴル軍がもたらしたイスラエルの地の荒廃を目の当たりにして、そのような場所で贖いが実現できるはずはないと考えたのかもしれない。

　その後、アブーラフィアはギリシアを経て、ローマ近郊のカプアでアリストテレス主義の哲学を学んだ。とりわけ、マイモニデスの『迷える者の手引き』を熱心に読んだ。本格的にカバラーに没頭するのは、一二七〇年頃、スペインのカタルーニャ地方に戻ってからである。アブーラフィアは、マイモニデスの哲学から汲み取った神の「能動知性《セヘル・ハポーエル》」（*sekhel ha-po`el*）に関する理論でカバラーの神秘体験を説明した。マイモニデスは神秘体験を強調することはなかったが、アブーラフィアは神から降りてくる「能動知性」を通して人間は神と交感することができると考えた。この神秘的な一体感こそが、聖書の時代から預言と呼ばれてきた心身状態である。そして、神の知性に満たされた預言者の意識が、アブーラフィアの心のなかで救済の思想と結びついた。サンバティオン川を探して旅をしていたころと違うのは、彼のなかでメシアの自覚が芽生えたことである。

当時、カバラーといえばセフィロート体系を軸にした神学が圧倒的な主流だった。ユダヤ人が戒律を守り、祈りを捧げることで、神の世界の失われた調和を取り戻す。そのためには、神秘家は律法に隠された奥義を知り、セフィロートの象徴に通じることが求められる。これがスペインのカバラーの黄金期を特徴付ける考え方だった。神の世界を操作するこうした技法は一般的にテウルギアと呼ばれる。それに対して、アブーラフィアは神の世界に関心を向けるテウルギアよりも、神から流れくる知性の受容体としての人間に秘められた可能性を重視した。その可能性とは人々を救済へと導く力である。これがアブーラフィアの預言カバラーだった。

アブーラフィアはバルセロナで啓示を受け、メシアの自覚にたどり着いた。そして、自らをユダヤ人の王と認めさせるために、一二八〇年、教皇ニコラス三世（一二二五～一二八〇）に面会しようとイタリアへ戻った。教皇が王位の承認を与えるのが当時のヨーロッパの慣習だったとはいえ、一人のユダヤ人がそのようなことを企てれば厳しい罰を受けても不思議ではない。実際に教皇はこのユダヤ人の神秘家を火刑に処すよう命じた。ただ彼が面会を求めていると聞いたからだけではなく、やはり何かしらの不穏な報告があったからだろう。ところが、ある伝説によると、アブーラフィアが城門をくぐったその瞬間に教皇は頓死したという。

その革新的な発想のために、アブーラフィアの晩年は多難だった。一二八〇年から一二九一年まで、アブーラフィアはシチリア島で弟子を育て多くの著作を残したが、彼がメシアを名乗っていることに疑いを抱く人々もいた。彼らはスペインの著名なカバリスト、シュロモ・イブン・アドレートに真偽の判断を仰いだ。イブン・アドレートはアブーラフィアがメシアであるはずはないと明言し、シチリア島のユダヤ人を惑わす詐欺師だと断じた。その影響で、スペインではアブーラフィアの教えが禁止されたほどである。それに対して、アブーラフィアのほうはイブン・アドレートへの書簡のなかで、セフィロート体系を中心にすえるスペインのカバラーのありかたを批判している。彼の主張によれば、セフィロートによって神の複数の性質を強調することは、キリスト教の三位一体にも劣るという。アブーラフィアは神秘体験を重視する自らの技法を預言カバラーと呼んで、主流派との差異化を図った。もちろんセフィロートにも言及するが、彼の場合それは瞑想のための一つの手段にすぎない。アブーラフィアの関心は神の世界よりも、預言によってメシアになりうる人間そのものに向けられていた。

とはいえ、そのメシア観と体験主義に危うさが見え隠れしているのもたしかである。アブーラフィアは預言という至高の体験に到達することに比べれば、ユダヤ教の戒律や儀礼は本質的ではないと考えたところがある。この考え方は、神秘と規範が不可分であるとする当時の主

初期カバラーの展開

12世紀後半 フランス南部のプロヴァンス地方やラングドック地方	アブラハム・ベン・イツハク、アブラハム・ベン・ダヴィド、盲目のイツハクの学塾が栄える 「無限」の概念が生まれる ドイツ・ハシディズムが伝わる 『清明の書』が書かれる イユーン派のテクストが書かれる
13世紀前半 スペイン北部のカタルーニャ地方	プロヴァンスから盲目のイツハクの教えが伝わる ナフマニデス、エズラ・ベン・シュロモ、アズリエル・ベン・メナヘムらが活躍 モロッコにカバラーが伝わる
13世紀後半 スペイン北部のカスティリア地方	カタルーニャからナフマニデスの教えが伝わる イタリアにカバラーが伝わる モシェ・デ・レオン、ヨセフ・ジカティラ、トドロス・アブーラフィア、ヤアコヴ・ベン・シェシェットらが活躍 アブラハム・アブーラフィアが預言カバラーの著作をはじめる 『光輝の書』の主要なテクストが書かれる

流の立場からは大きく脇へ逸れていた。規範よりも体験を優先する傾向は、キリスト教カバラー、あるいはシャブタイ派やハシディズムのカバラーにも見られる。またヨハネス・ロイヒリンなど、ルネサンスのキリスト教徒のカバリストたちがアブーラフィアの翻訳を好んで用いたという。ほかにも、一八世紀には東欧の伝統的なカバリストだけでなく、ハシディズムの神秘家たちにも読まれたことが知られている。

　さらにアブーラフィアのカバラーには、生き方においても個人主義的な特徴が表れている。フランスやスペインのカバリストとは違って、彼は神秘体験に到達するためには社会から遠ざかることが重要であると考えた。『光輝の書』に出てくるラビたちが「聖なる同胞」と呼ばれる集いのなかで律法の秘密を学び合っていたのは、著者たちが実際にそうした神秘家の共同体を形作っていたからである。それに対して、アブーラフィアの理想は外界からの雑念を排除し、神のみに精神を集中させることだった。彼が終生漂泊の旅を続けたのは、人間の共同体への帰属を捨て、神に心身を捧げるためだったのだろう。その隠棲的な生き方を物語るかのように、アブーラフィアは晩年をコミーノ島というほとんど無人の小島で過ごしたとされる。マルタ島から船で渡ることはできるが、一年のほとんどを地中海の太陽が激しく照りつける、荒涼とした孤島である。彼の正確な没年は知られていない。

第3章　スペイン追放によるカバラーの多様化

カバラーの拡散と多様化

一三九一年、イベリア半島でキリスト教徒による反ユダヤ主義が激化したことで、ユダヤ人の人口流出がはじまった。ユダヤ史を見渡せば、反ユダヤ主義の高まりは決して珍しい現象ではなく、彼らはつねに為政者と異教徒によって運命を翻弄されてきた。スペインでもしばしばユダヤ人に対する嫌悪が表明されることはあったが、一三九一年にセビーリャから拡大していったこの暴動は、かつてない激しさを見せた。暴徒化した群衆に殺害される者、強制改宗によってユダヤ教を捨てる者が相次いだ。強制改宗者はコンベルソ（*converso*）、あるいは蔑称でマラーノ（*marrano*）と呼ばれた。その後、一部にはスペインを逃れてユダヤ教に戻る者もいたため、かつて強制改宗の道を選んだというだけで単純に非難することもできなかった。こうして、強制改宗は当時のユダヤ法でもっとも扱いにくい問題のひとつになっていった。

一五世紀になっても、ユダヤ人への迫害は続いた。敵意に満ちた宗教裁判やキリスト教徒の子どもを儀式のために殺害したという「血の中傷」の記録は枚挙にいとまがない。圧力に屈してキリスト教に改宗したコンベルソさえも疑いをかけられた。この苛烈な状況が影響したのだろうか、スペインでは徐々にメシアニズムが人々の心をとらえ、終末論がカバラー文学のなかに現れるようになった。そこではキリスト教は悪魔の権化として想像され、その悪魔を制圧して贖いをもたらすカバリストの姿が描かれた例もある。

一方で、イスラーム教の諸王朝が群雄割拠していたイベリア半島南部は、キリスト教勢力によって一三世紀にほとんどが征服されていたが、最終的にカスティリア王国がグラナダを攻め、一四九二年、最後に残ったナスル朝が滅亡した。こうしてイスラーム教勢力がイベリア半島の支配権を失った。ウマイヤ朝がイベリア半島に覇権を広げようとしたのが七一一年だったので、キリスト教勢力との攻防は八世紀近くも続いたことになる。レコンキスタの終結と時を同じくして、イザベラ女王とフェルナンド王の名でユダヤ人のスペイン追放が命じられた。キリスト教に改宗してその地に残った者を除いては、ほとんどのムスリムとユダヤ人が故郷を後にした。追放ユダヤ人の総数は五〇万人に上ったとも言われている。

ユダヤ人は同胞を頼りに、安住の地を探し求めた。アムステルダムを中心とするオランダ、オスマン帝国のパレスチナ、バルカン半島、イタリア北部、モロッコを経由した北アフリカなど、その行く先は実にさまざまだった。この人口の移動とともに、カバラーは各地で独自の展開を遂げることになる。これから見ていくカバラーの新たな展開では、とりわけイベリア半島出身のユダヤ人が逃れていった土地に着目する。カバリストがもっとも重要な役割を果たしたのはパレスチナのツファットである。それに加えて、北アフリカやイタリア北部で起こった独自の展開も見逃せない。さらにイタリアで盛んになったキリスト教カバラーにまで視野を広げてみよう。

ツファットで迎えた第二の黄金時代

一六世紀、新たにカバラーの中心地となったのはパレスチナである。イベリア半島を追われたユダヤ人は、異教徒に寛容な場所を目指した。そのひとつが領土拡大に勤しんだスレイマン一世(一四九四〜一五六六)の治めるオスマン帝国であった。とりわけ北部のガリラヤ地方は、新しい入植政策のおかげでユダヤ人には住みやすい土地だった。

だが理由はそれだけではない。イタリアやモロッコからも多くのカバリストが集まったのは、ここがミシュナとエルサレム・タルムードの発祥の地で、さらには『光輝の書《ゾーハル》』の舞台だったからである。『光輝の書』の権威はそれほど確実なものになっていた。なかでもツファットでは、多くの名だたるカバリストが修道的な生活を送った。この小さな町は、現在のイスラエルの国土でもっとも標高の高い丘陵地に位置している。文字通り、当時はカバラーの総本山と言えるほどの名声を築いた。今日でも狭く入り組んだ街路にカバリストの名を冠した古いシナゴーグがいくつも建ち並び、当時の面影を残している。

その基礎を作ったのは、幼少時代に家族とともにスペインを逃れて各地を転々としたすえ、一五三〇年以降にツファットに落ち着いたカバリストたちである。なかでも有名なのは、ユダヤ法の一大集成、『整えられた食卓《シュルハン・アルーフ》』（*Shulkhan Arukh*, 1565）を編纂したヨセフ・カロ（一四八八〜一五七五）である。彼は自らの体験した天啓を日記の形式でつづった。それはのちに『正しい言葉を語る者《マギード・メイシャリーム》』（*Sefer Maggid Mesharim*, 1646-49）というタイトルで出版されることになる。そして、カロの弟子、モシェ・コルドヴェロ（一五二二〜一五七〇）は多くの体系的な著作を残した。なかでもカバラー神学の金字塔『柘榴の園《パルデス・リモニーム》』（*Pardes Rimmonim*, 1591）や『光輝の書』の膨大な注釈『気高き光《オール・ヤカル》』がよく知られている。コルドヴェロの出自はわかっていないが、コルドバから移住してきた家系に関わりがあると考えられている。コルドヴェロの弟子、エリヤフ・デ・ヴィダス（一五一八〜一五九二）もイベリア半島からイスラエルの地に移住した家庭に生まれた。今日でも超正統派の人々に学ばれているデ・ヴィダスの著作、『知恵のはじめ《レシート・ホフマー》』（*Reshit Hokhmah*, 1578）はカバラー倫理文学の重要文献である。

イベリア半島出身でないカバリストもいる。安息日の歌、「さあ行こう《レハー》、我が友よ《ドディー》」（*Lekhah Dodi*）を作ったシュロモ・アルカベツ（一五〇五?〜一五七六?）は、ツファットと同様にカバラーが盛んだったサロニカの生まれである。今日も歌われ続けるこの歌は、安息日を迎えるための儀式には欠かせないもので、そのモチーフは両性具有の神の「聖なる結合」である。カロの弟子、モシェ・アルシヒ（一五〇八〜一五九三）もオスマン帝国で生まれ育った。アルシヒは聖書についての多くの注解を残したカバリストである。

この時代に書かれたものを見渡すと、カバラーがユダヤ人の生活と密接に関連づけられていることがわかる。そもそもカバラーにとってユダヤ教の戒律はもっとも根本的な問題だが、ツファットではそこに倫理的な意味づけがなされた。つまり、カバリストだけが律法の秘密の解釈を探究するのではなく、多くのユダヤ人がカバラーの世界観のなかで善悪を理解し、生活のなかで戒律を守ることが大切だとされた。このようにして、カバラーが人々の生活のさまざまな部分に浸透するようになった。さらに、神秘家の個人の記録、注解文学、詩作がさかんに行われるようになったのもこの頃である。そのいくつかは、時を経て今日ではすでに由緒正しい習慣としてユダヤ文化に根付いている。

一五六九年、ツファットが修道の町として有名になっていたころ、カイロから一人のカバリストがやってきた。この人物は間もなく、周囲の神秘家の敬意を一身に浴びることになった。「獅子《ハアリ》」（*ha-Ari*）と呼ばれたイツハク・ルーリア（一五三四〜一五七二）である。ルーリアはエルサレムに生まれたが、幼い頃に父親を亡くし、カイロの叔父のもとで教育を受けた。一二歳の頃に『光輝の書』を手に入れ、禁欲と勉学に没頭する。ナイル川のほとりに庵を結んで、七年間誰とも口をきかずに瞑想の日々を送ったという伝説がある。ルーリアは預言者エリヤに啓示を授かることもあれば、天の学塾で古代のラビと律法の秘密を学ぶこともあったという。

ツファットにあるイツハク・ルーリアの名を冠したシナゴーグ。律法の巻物を納めた聖櫃。

彼についてのこうした伝説的な言行録は、聖人としての威光を高めただけでなく、カバリストの聖人譚というジャンルの先駆けになった。

ルーリアがツファットに移り住むと、多くの弟子が彼のもとに集い、年長のカバリストも教えを乞いに来たほどだった。その教説は創造論から霊魂転生論まで多岐にわたったが、何よりもスペインの古典的なカバラーが時代に適さないという主張が根底にあった。ユダヤ人の贖いが近づきつつある時代には、律法の本当の秘密が明らかにされなければならない。それは終末の予感を色濃く漂わせる教えだった。しかし、不思議なことにルーリアはまとまった著作を残さないまま、三年ほどでこの世を去った。三八歳の若さだった。あまりにも早い死は弟子に秘密を語りすぎたがゆえの神罰だと言う者もいれば、ルーリアはメシアとしてユダヤ人を救うはずだったのに、機が熟していなかったと嘆く者もいた。

いずれにしても、ルーリアの教えを文書としてまとめたのは、彼の弟子や孫弟子たちである。

カバリストの墓（ツファット）。左上がイツハク・ルーリア、右上がシュロモ・アルカベツ、左下がモシェ・コルドヴェロ、右下がトラーニのモシェ・ベン・ヨセフ。

彼らの思想体系は総じてルーリア派と呼ばれ、すでに広く知られていたコルドヴェロのカバラーに並ぶ新しい教えとして流布していった。なかでも重要な人物は、ハイム・ヴィタル（一五四三〜一六二〇）である。はじめモシェ・アルシヒにカバラーの手ほどきを受けたヴィタルは、ルーリアのもっとも重要な弟子となり、師にまつわる聖人譚、神学、創造論、霊魂転生論など、あらゆるジャンルの書物を書いた。その量は膨大で、議論は緻密を極める。特に大部の『生命の樹《エッツ・ハイム》の書』（*Sefer 'Etz Ḥayyim*）はよく知られている。ヴィタルは自分独りが師の本当の教えを継承していると自負し、一二人の兄弟弟子に師の教えを自分以外から学んではならないと誓いを立てさせたほどである。ヴィタルは優れたカバリストであると同時に、メシアの霊魂さえも我が身に宿っていると信じていた。彼はいたるところで自らのメシア性をほのめかし、多くの教えはそのことを証明するために書かれた。その後カバリストのあいだで出回ったルーリアの教えは、ヴィタルが病床に臥せっているときに、賄賂を受け取った弟のモシェ・ヴィタルが隙を見て書き写させたものだと言われている。

モロッコ南部のドラア地方からツファットに移住したヨセフ・イブン・タブール（一六一六没）も、ルーリアの教えに触れた一人である。イブン・タブールはルーリアの死後、ツファットでカバラーを教えたのち、エジプトのアレクサンドリアに移って、そこで多くの弟子を集めた。その一方で、ルーリア派のカバラーがヨーロッパへ拡大したのは、イスラエル・サルーク（一六～一七世紀）の働きによるところが大きい。サルークが直接ルーリアのところで学んだかどうかははっきりしていないが、彼はイタリア、ドイツ、東欧をめぐるあいだに、哲学的な解釈を加えたルーリア派のカバラーを広めた。この時代のヨーロッパのカバリストとして有名なファノのメナヘム・アザルヤ（一五四八～一六二〇）とヘレーラのアブラハム・コーヘン（一五七〇？～一六三五）は、二人ともサルークに学び、今日ではルーリア派を代表するカバリストと見られている。

一六世紀の終わり頃には、ツファットは三二のシナゴーグを擁するユダヤ人の町になっていた。カバラーを教える学塾《イェシヴァー》も多く営まれていたことだろう。その一方で産業的な発展は乏しか

った。ツファットのユダヤ人を支えるために、喜捨を募る使者がヨーロッパやエジプトの裕福なユダヤ人共同体のもとに向かったという記録がいくつも残されていることからもそれがわかる。経済的な基盤が整っていなければ、当然ながら社会は衰退する。一七世紀になると、ツファットを含めたガリラヤ地方全域でユダヤ人が減少し、カバラーを学ぶ場所も数えるほどになってしまった。

その後、カバラーはエルサレムで継承されていくことになる。オスマン帝国支配下のエルサレムでは、ユダヤ人は貧しい生活を送っていたが、それでもカバラーを含めてラビ・ユダヤ教の伝統が枯渇することはなかった。エルサレムには今もルーリア派の実践を伝える学塾が残されている。カバラーの歴史を語るとき、ツファットのあと、一八世紀に興ったハシディズムがその流れを継いだかのように書かれることがある。しかし、そうした結び付け方は必ずしも正しくない。ハシディズムがカバラーの教義なしに起こりえなかったことは確かだが、エルサレムにルーリア派の純然たる伝統が続いていたことは強調しておく必要があるだろう。

北アフリカのカバラー

北アフリカにおけるユダヤ人の歴史は、ギリシア・ローマ時代にまでさかのぼる。地中海を臨むアレクサンドリアやカイロに近いフスタートのユダヤ人共同体は特に歴史が古い。後ウマイヤ朝がイベリア半島を支配すると、他宗教に寛容な文化が多くのユダヤ人を呼び寄せた。マグリブと呼ばれるアフリカ大陸の北西部沿岸モロッコのユダヤ人共同体も、イスラーム教徒とともに長く共存してきた。特にファーティマ朝の統治はユダヤ人に経済的な繁栄をもたらした。彼らはズィンミーと呼ばれる庇護民として比較的平安な暮らしを送っていた。ところが、一二～一三世紀にはムワッヒド朝による迫害が起こり、一六世紀にオスマン帝国が北アフリカを統治するまでは不安定な時代が続いた。イベリア半島からの追放が起こったのはこの時代に重なる。そうしたなか、モロッコではスペイン由来のカバラーが学ばれた。

モロッコで活動したことが確認される最初のカバリストは、ユダ・ベン・ニスィーム・イブン・マルカ（一三世紀）である。イブン・マルカの思想は当時イスラーム文化圏で流行したユダヤ哲学と占星術の融合を色濃く映し出している。また、イスマーイール派の新プラトン主義的な傾向が関係している可能性も指摘されている。それに加えて、ユダヤ・アラビア語で書かれた哲学的な著作、『追放された者への慰め』(*Uns al-Gharib*) のなかの『形成の書《イェツィラー》』注解からは、明らかにスペインのカバラーの影響がうかがえる。イブン・マルカは必ずしもカバラーを哲学より優れた思想と捉えておらず、むしろ神学的な表現方法のひとつとして採用しているにすぎない。それでもスペインの黎明期において、すでにカバラー的な概念が海を越えて広がりつつあったという事実は見逃せない。他にも『光輝の書』の古代性に疑いの目を向けたアッコのイツハク・ベン・シュムエル(一三〜一四世紀)、『形成の書』注解を書いたヨセフ・ベン・シャローム・アシュケナズィー(一四世紀)のように、各地を旅して晩年をモロッコで過ごしたカバリストが知られている。このようなラビたちが、当時まだフランス南部やスペイン北部がカバラーの中心地だった時代に、北アフリカのユダヤ人共同体へ秘教の伝統をもたらした。『光輝の書』がまとまった形で伝わったのもこの頃だと思われる。

スペインのユダヤ人を襲った迫害によって、対岸のモロッコやアルジェリアには多くの人々が移り住んだ。もちろんそうした人々のなかにはカバリストもいた。そして一部はこの地に留まり、スペインの伝統を守り続けた。一三九一年の追放でアルジェリアに逃れたシムオン・ベン・ツェマハ・ドゥーラン(一三六一〜一四四四)や一四九二年の追放でモロッコにたどり着いたアブラハム・サバ(一四四〇〜一五〇八)、モシェ・アルシュカル(一四六六〜一五四二)、シムオン・イブン・ラヴィ(一五八五年没)、ユダ・ハヤット(一五〜一六世紀)などは、スペインのカバラーを伝えた第一世代である。彼らの多くが、放浪の途中で盗賊や海賊に捕らえられ、身代金を支払ってもらい、ようやく解放されるという悲惨な体験をしている。当時のカバリストの著作には、こうしたスペイン追放後の状況がつづられていることもある。この頃の北アフリカのカバラーは、スペインの伝統を色濃く受け継いでいる。モロッコではフェズだけでなく、南部のドラア地方や大西洋沿岸部のスース地方にも、何人ものカバリストが活動していた。

一六世紀、フェズやモロッコ南部のドラア地方から数名のカバリストが一部ツファットに移住し、故郷に伝わるゾーハル文学をもたらした。そのなかには、ツファットのカバリストがそれまで知らなかった文書もあり、それはのちに『新しい光輝《ゾーハル・ハダシュ》』として出版された。一六世紀後半には流れが変わって、ツファットのカバラーがモロッコに伝わるようになった。一七世紀のモロッコには、直接スペインに由来するカバラーを学ぶラビがいなくなったと言われるほど世代交代が進んだ。ルーリア派をはじめとするツファットのカバラーを経ずには、『光輝の書』を学ぶことができなかったという。

この時代、イスラエルの地とモロッコのあいだで頻繁に交流があったことを示す数々の記録が残されている。なかでもシャブタイ派に関するものは興味深い。一六六六年に自称メシアのシャブタイ・ツヴィがイスラーム教に改宗したことで一応の収束を見たメシア待望論が、メクネスで再燃した。ヨセフ・ベン・ツールという男が預言者を名乗ると、シャブタイ・ツヴィがメシアとして再臨すると宣言した。ベン・ツールは「我らが主にして王、シャブタイ・ツヴィは［…］救世主であり、ラビ・ナタン・ビニヤミン［ガザのナタン］は真の預言者である」という天の声を聞き、自らがヨセフの子のメシアであるという啓示まで受けた。また時期を同じくして、ガザのナタンの父親、エリシャ・ハイム・アシュケナズィーがメクネスにやってきた。その後、多くのシャブタイ派の文書がモロッコで回覧されたことから、カバラーの写本の出版を生業としていたナタンの父親がシャブタイ派のメシア論をもたらしたとも考えられている。ナタンの父は一六七三年にメクネスで没している。

　その後も二〇世紀にいたるまでモロッコからは何人ものカバリストが出た。著名な律法注解『生命の光《オール・ハイム》』（*Or ha-Hayyim*）の著者、ハイム・イブン・アタル（一六九六～一七四三）はエルサレムに学塾を開いた。ヨーロッパにまでその名を知られ、ハシディズムのレッベからも尊敬を集めた。また、奇跡を起こすカバリストとして知られたババ・サリ（一八八九～一九八四）の祖父、ヤアコヴ・アブーハツェイラー（一八〇五～一八八〇）も有名である。彼はイスラエルに移住する途中、エジプトのダマンフールで没した。そのため、ダマンフールのアブーハツェイラー廟はエジプト当局が禁止する最近まで、モロッコ系イスラエル人の巡礼地になっていた。「ベイト・エル」で学長を務めたマスード・ハコーヘン・アルハダッド（一八二〇～一九二七）もモロッコ出身のカバリストである。エルサレムの旧市街に学塾を構える「ベイト・エル」は、シオニズムの波に後押しされて次々と移民が増えていく二〇世紀になっても、依然としてルーリア派のカバラーの伝統を墨守していた。

ルネサンス人文主義とイタリアのカバラー

一〇世紀になるまで、ユダヤ人の文化的中心はパレスチナとバビロニアにあり、ヨーロッパには独創的なユダヤ文学が存在しなかった。これはヨーロッパにユダヤ人が居住していなかったということではなく、戒律や法的な問題を解決できるほどのラビがいなかったということである。このことはバビロニアのラビに宛てられた質問状が遠くヨーロッパから届けられているところからもうかがい知ることができる。こうした状況はイタリアのユダヤ神秘思想についても例外ではない。一〇～一二世紀、イタリアで天の宮殿について論じたヘーハロート文学や「玉座の御業」に関する知識が存在した証拠はあるが、古代ユダヤ神秘主義がイタリアで独自の発展を遂げることはなかった。

むしろ一三世紀のイタリアのユダヤ人のあいだでは、哲学的な傾向が際立っている。神聖ローマ皇帝、フリードリッヒ二世（一一九四～一二五〇）がヤアコヴ・アナトリ（一一九四？～一二五六）をプロヴァンス地方からナポリに呼び寄せたころ、ユダヤ人のあいだでもアリストテレス主義哲学が盛んになる。ヤアコヴ・アナトリはマイモニデスの翻訳で有名なシュムエル・イブン・ティボーン（一一五〇？～一二三〇？）の義理の息子で、アヴェロエスの名で知られるイブン・ルシュド（一一二六〜一一九八）のヘブライ語訳に取り組んだ。彼の功績は、マイモニデスの哲学的な方法論をイタリアのユダヤ人のあいだに広めたところにある。特にローマ、カプア、シチリア島にはその強い影響が見られる。イスラエルの地からイタリアに渡ったアブラハム・アブーラフィアも、カプアでマイモニデスの哲学を学んだ一人である。ヤアコヴ・アナトリの他にも、パレルモのアヒトゥーヴ（一三世紀）やゼラフヤ・ベン・シャアルティエル・ヘン（一三世紀）が同時代のイタリアで活躍した。アラビア語の哲学書は、彼らのようなユダヤ人によってヘブライ語やラテン語に翻訳された。フランスやスペインに出自を持つ者が多かったにもかかわらず、彼らの思想にカバラーの影響を見ることはできない。

イタリアにカバラーがもたらされるのは一二七〇年以降のことである。メナヘム・レカナティ（一二五〇〜一三一〇）はイタリアを代表する最初のカバリストである。レカナティは、一方ではレーゲンスブルクのユダ・ベン・シュムエルやヴォルムスのエルアザル・ベン・ユダといったドイツ・ハシディズムのラビたちの著作を引用し、他方ではスペインで書かれた多くのカバラー文献を広く利用した。当時書かれたばかりの『光輝の書』を逐語的に引用するほど詳しかったことから、カスティリア地方のカバリストとの密接な関係がうかがえる。それゆえにレカナティのカバラーには独創性がないと言われることもある。だが彼が著した浩瀚な『律法注解』（*Perush al ha-Torah*, 1523）は、律法全体をカバラーの概念によって説明したという点で画期的だった。たしかに『光輝の書』はテクストに沿った注解というよりは、物語的なミドラシュの性格が強く、しばしば律法の流れから大きく脱線することもある。それに比べれば、レカナティの『律法注解』はカバラーをラビ文学の正統的な位置に据えるための結節点になったと考えることもできる。この著作はレカナティの死後、一六世紀になってヴェネツィアで最初に出版されるが、それ以前にラテン語に翻訳されて、ルネサンス期に活躍したキリスト教徒のカバリスト、ピコ・デラ・ミランドラやギヨーム・ポステルが重要な典拠として用いることになる。

この時代のイタリアのカバリストを見渡すと、レカナティのような神智学的なカバラーを専門にした事例のほうが珍しい。ルネサンス人文主義が栄えたイタリアでは、ユダヤ人のあいだでも呪術や占星術を組み入れたカバラーが重要な役割を果たすようになった。その代表格はヨハナン・アレマノ（一四三五?～一五〇四?）である。アレマノは医師にして哲学者であった万能のラビ、ユダ・メッセル・レオン（一四二〇?～一四九八?）とともに学んだ。二人ともヘブライ語で「博識家《ハハム・コーレル》」(*hakham kolel*) と呼ばれ、自然の知識にも通じた学者だった。この呼び方は知の普遍主義と博覧強記を美徳とするルネサンスの人文主義を象徴している。つまり、カバリストがルネサンスの思潮のなかで新たな役割を担うようになったのである。

カバリストとしてのアレマノの特徴は、神の世界、あるいはセフィロート体系へ訴えかける方法論にある。彼の考えによると、身体を清浄に保って律法を一連の神の名として読むことで、神の霊や天からもたらされる横溢を引き下ろすことができる。つまり律法をテウルギアの道具として用いることができるのである。神の霊に満たされた律法はカバリストに奇跡と徴《しるし》を可能にしてくれるという。また、この時代の多くの呪術的カバリストがそうであるように、古代ギリシア哲学の伝統をユダヤ教と融合させようとする。もちろん双方を関連づけることに歴史的根拠があるわけではない。しかし、一般的にカバリストがユダヤ教以外の思想から受けた影響について沈黙することを考えれば、ルネサンスのユダヤ人の開かれた姿勢は際立っている。アレマノによれば、プラトンはエレミヤのもとで学んだことになっている。またプラトンは一〇個の神秘的な数字について知っており、カバリストがセフィロートと呼ぶものに通じるという。こうした考え方はキリスト教徒のカバリストとも共有された。アレマノはフィレンツェに長く

暮らし、そこでジョヴァンニ・ピコ・デラ・ミランドラに出会った。ピコはカバラーの探究においてアレマノから多くを学んだことが知られている。

　アレマノのほかにも、人文主義の精神を体現したカバリストは何人も現れた。ユダ・メッセル・レオンの息子、ダヴィド・メッセル・レオン（一四七〇？～一五二六？）もカバラーを純粋な「古代神学」を保存する伝統と見なした。代表作『ダビデの星《マーゲン・ダヴィド》』（*Magen David*）のなかで、レオンはギリシアやイスラーム教の哲学者を自在に引用し、カバラーの純粋性と古代性を強調する。そこでは、アレマノが言ったように、プラトンは預言者エレミヤに学んだもっとも優れたカバリストであるとされる。レオンはのちにサロニカに移り住み、イタリア以外のカバリストにも知られるようになった。彼の著作はメイール・イブン・ガッバイやモシェ・コルドヴェロにも影響を与えた。アブラハム・ヤゲル（一五五三～一六二三？）は医師であり占星術師でもあったが、とりわけカバリストをルネサンス的な呪術師の理想像として描き出そうとしたのが特徴である。自らの神秘体験をつづった『幻視の谷《ゲイ・ヒザヨーン》』（*Gey Ḥizzayon*, 1880）やカバラーの百科事典とも言える『レバノンの森の家《ベイト・ヤアル・レヴァノン》』（*Beit Ya`ar ha-Levanon*）はヤゲルの代表作である。

　イタリアのラビにはカバラーに通じた者が多かったが、誰もが支持していたわけではない。たとえば、エリヤ・デル・メディゴ（一四五八？～一五九三？）のカバラーへの態度には否定的な一面が見られる。デル・メディゴは、ヴェネツィアやパドヴァでイブン・ルシュドのアリストテレス哲学を講じたラビであり、キリスト教徒であるピコをも弟子として受け入れていた。

ところが、ピコがカバラーに信仰の真理を見出そうとしたことには厳しい批判を加えている。デル・メディゴの主張によれば、「無限」の神の超越性は認められても、新プラトン主義的な歪曲をこうむったセフィロート体系の流出論は哲学的に誤っている。彼は『光輝の書』をシムオン・バル・ヨハイが書いたとする当時の通説にも疑問を投げかけたことでも知られている。

キリスト教カバラー

カバラーは必ずしもユダヤ教のなかだけで展開したわけではなく、非ユダヤ的な言説空間でも広く受け入れられてきた歴史がある。本来カバラーの知恵は、異教徒はもちろん、教育を受けたユダヤ人にさえも簡単に明かされてはならないとされた。それに、ユダヤ教の戒律や物語についての深い知識がなければ、カバラーの世界に立ち入ることすらできないはずだった。しかしかなり早い段階から、その垣根を迂回してユダヤ教の外側からカバラーにアプローチしようとする人々が存在した。彼らは例外なくキリスト教徒で、ユダヤ人が読み込んできた聖書やタルムードを飛び越えて、直接カバラーのなかに失われたキリスト教の真理を見つけ出そうとした。ラビ・ユダヤ教を踏まえない新たなカバラーを作り出したといってもよいだろう。彼らの思想を「キリスト教カバラー」と呼ぶことにする。

キリスト教カバラーの起源を特定することは難しい。スペインでカバラーが最初の黄金期を迎えたころには、この秘教に関心をもつキリスト教徒がいたことが知られている。一三世紀、カスティリア王国のアルフォンソ一〇世の甥ユアン・マヌエルは、「彼（アルフォンソ王）がユダヤ人のすべての法とタルムード、およびカバラーという固く秘密にされた知恵を翻訳するように命令した」と証言している。アルフォンソ一〇世といえば、トドロス・アブーラフィアを重用し、イスラーム教やユダヤ教の教えにも大きな関心をもっていた人物である。とはいえ、この時代にはカバラーがキリスト教徒の神学のなかに組み込まれるほどの展開を見ることはできない。カタルーニャ地方ではライムンドゥス・ルルス（一二三二～一三一五）がカバラーに接したことも指摘されているが、その影響はそれほど大きくないと考えられている。

　最初にユダヤ教という民族宗教からカバラーを切り離して普遍化しようとしたのは、ルネサンス期の人文主義者、特にメディチ家が庇護するフィレンツェの知識人だった。一五～一六世紀のことである。その背景となったのは、異教徒の知恵にキリスト教の真理の原型を見出そうとする試みである。たとえばマルシリオ・フィチーノ（一四三三～一四九九）はプラトンやアリストテレスといったギリシア古典を学び、ヘルメス主義や新プラトン主義の文書をその伝統に連なるものと捉えてラテン語に翻訳した。とはいえ人文主義者たちはあくまでも、完全な真理はキリスト教に体現されており、異教徒の知恵に潜む「古代神学《プリスカ・テオロギア》」（*prisca theologia*）は真理の予兆にすぎないと考えていた。キリスト教にとっての神秘主義的な異教といえば、グノーシス主義が思い浮かぶが、それを徹底的に論駁した教父とは異なり、ルネサンス人文主義者の知的冒険心は外部に向かって開かれていたのである。

カバラーに関心が向けられた背景には、宗教の知に対する自由な風潮があった。フィチーノがギリシア語文書の翻訳を通して「古代神学」をキリスト教と統合させようとしたように、今度はヘブライ語で書かれたカバラー文献がラテン語に翻訳されはじめる。この時期カバラー研究に携わり、いわゆるキリスト教徒のカバリストとして最初に名前が挙げられるのが、ジョヴァンニ・ピコ・デラ・ミランドラ（一四六三～一四九四）とヨハネス・ロイヒリン（一四五五～一五二二）である。

ピコはカバラーに触れる以前、まだ一〇代の頃にパドヴァにいたユダヤ人哲学者エリヤ・デル・メディゴのもとでアリストテレス主義、特にイブン・ルシュドの思想を学んだ。その後はフィレンツェのフィチーノのもとに移って、そこでユダヤの秘教に強い関心を抱くようになる。彼をカバラーの世界に引き込んだのは、フラヴィウス・ミトリダテスというキリスト教に改宗したユダヤ人だった。ピタゴラス主義の文献やクルアーンのラテン語訳にも取り組み、知の交流に大きく貢献した典型的なルネサンス知識人でもある。ミトリダテスはピコのためにモシェ・デ・レオン、アブラハム・アブーラフィア、メナヘム・レカナティらのカバラー文献をラテン語に翻訳した。ピコが『九〇〇箇条の提題集』（*Conclusiones Philosophicae Cabalisticae et Theologicae*, 1486）や『人間の尊厳についての演説』（*Oratio de Hominis Dignitate*, 1486）に織り込んだカバラーの知識はミトリダテスの翻訳から学んだものだった。

ところが、ピコ研究の第一人者、ハイム・ヴィルシュブスキーはこの人物のカバラーを「偽の秘密」と呼んでいる。古典カバラーを基準にしてみれば、それほど歪曲や誤解に満ちたものだったとも言える。そのほかにもユダヤ人の人文主義者、ヨハナン・アレマノがピコにカバラーを教えた人物として知られている。

ここからわかるのは、最初のキリスト教カバリストとして知られるピコの周囲には、ルネサンスの人文主義のなかで学識を育んだユダヤ人がいたということである。エリヤ・デル・メディゴはカバリストではなく、そのせいでのちにピコと反目したが、ミトリダテスやアレマノは人文主義の気風のなかに生きたユダヤ人だった。普遍的な真理の名のもとに、キリスト教とユダヤ教の境界をまたぎ越すことも大きな問題にならなかったのだろう。カバラーはそのような文化的な背景のもとに受け入れられた。

ピコに触発されたロイヒリンもその恩恵を享受したカバリストの一人だった。彼は『カバラーの技法について』(*De Arte Cabalistica*, 1517)をメディチ家出身の教皇レオ一〇世(一四七五〜一五二一)に捧げている。キリスト教の優位性が疑われることはないが、この書物のなかではピタゴラス主義やギリシア哲学にもまして、カバラーが神の名を伝える秘密の教えとして別格の扱いを受けている。『カバラーの技法について』のおもしろさは、フランクフルトのユダヤ人、シムオン・ベン・エルアザルという架空のカバリストを中心に対話形式で進んでいくところにある。『光輝の書』のシムオン・バル・ヨハイを思わせるこの主人公は、ピタゴラス派のフィロラウス、およびムスリムのマラヌスと議論を交わしながら、彼らをカバラーの真実性に導いていく。この異教徒間対話からは、当時の人文主義者が幅広い視野から普遍的な真理を探究していた様子をうかがえる。

キリスト教文化圏におけるルネサンス期のカバラーは一過性のものではなく、その後も一七世紀にいたるまで影響が見られる。西欧各地でカバラーを講じたハインリヒ・コルネリウス・アグリッパ（一四八六～一五三五）、英国女王エリザベス一世（一五三三～一六〇三）に仕えた占星術師ジョン・ディー（一五二七～一六〇八）、異端審問のすえ火刑に処せられたジョルダーノ・ブルーノ（一五四八～一六〇〇）、博覧強記のイエズス会士アタナシウス・キルヒャー（一六〇二～一六八〇）など枚挙にいとまがない。

そしてヘブライ語やアラム語のカバラー文献は、次々とラテン語に翻訳された。ギヨーム・ポステル（一五一〇～一五八一）は『光輝の書』の一部、『形成の書』や『清明の書』を翻訳出版した。ポステルは熱烈なメシア待望論者であり、『光輝の書』のクレモナ版の出版を後押ししたことでも知られる。クリスチャン・クノール・フォン・ローゼンロート（一六三六～一六八九）がゾーハル文学の翻訳として出版した『覆いを剝がれたカバラー』（*Kabbala Denudata*, 1677-1678）は、科学革命に貢献した人々にも読まれ、アイザック・ニュートン（一六四二～一七二六？）の蔵書にも残されている。

キリスト教徒のカバリストがユダヤ人のカバリストと大きく異なるのは、タルムードをはじ

『覆いを剥がれたカバラー』より。荒波に立ちセフィロートの光を見上げる探求者は、「はじめに言葉があった」（ヨハネによる福音書1:1）と書かれた紙を手にしている。左には「秘密の宮殿」と刻まれた門が見える。

めとするユダヤ的な伝承への接し方である。ユダヤ教のカバラーにおいては、律法だけでなく、当然タルムードやミドラシュ文学にも神秘が隠されていることが前提になっている。一見無意味な戒律やよく知られた物語に神の秘密を読み取るのがカバリストである。ところが、キリスト教徒の人文主義者は、こうした本来のユダヤ的な考え方を否定した。タルムードを学ぶユダヤ人が神を恐れながら崇拝しているのに対して、本当のカバリストは愛を通じて神を讃えると述べる者さえいた。

この本歌取りの裏には、キリスト教がユダヤ教を非難するときに用いる常套的な考え方がある。パウロのものとされる言葉、「キリストは律法の終わり」（ローマの信徒への手紙10・4）には早くもユダヤ的な戒律に対するキリスト教の信仰の優位性を見て取ることができる。福音を伝える手紙は「石の板ではなく、人の心の板」に書かれ、「文字は殺し、霊は生かす」（コリントの信徒への手紙23・3、6）と述べられている。とりわけユダヤ教のこととなると、形式に対する精神の優位を強調してみせるところに彼らの特徴がある。

ところで、キリスト教カバラーという現象がカバラーの歴史のなかに占める位置については少し注意が必要である。繰り返しになるが、キリスト教徒である彼らはラビ・ユダヤ教を踏まえない新たなカバラーを作り出した。これをカバラーと呼ぶことはできるだろうか。正統派のカバラーというものをあえて認めない本書の立場から見るならば、もちろん可能である。それでも私たちが確認しておかなければならないのは、キリスト教徒のカバリストたちがあくまでもキリスト教の枠組みのなかに留まり続けたということである。たとえば、晩年ピコはドミニコ会の修道士になった。葬儀に際して弔辞を送ったのは、彼に大きな影響を与え、フィレンツェで神権政治を行ったジローラモ・サヴォナローラ（一四五二～一四九八）である。ピコはキリスト教徒としてユダヤの秘教を理解し、キリスト教徒として死んだ。ユダヤ教のカバリストが決してピコに触れないだけでなく、彼自身も自らをユダヤ教の思想家に列せられることを拒んだことだろう。

カバラーの枠組みは一義的に決定できない。こうした枠組みの曖昧さは、二〇世紀に現れるニューエイジのカバラーでも再び問題になってくるだろう。

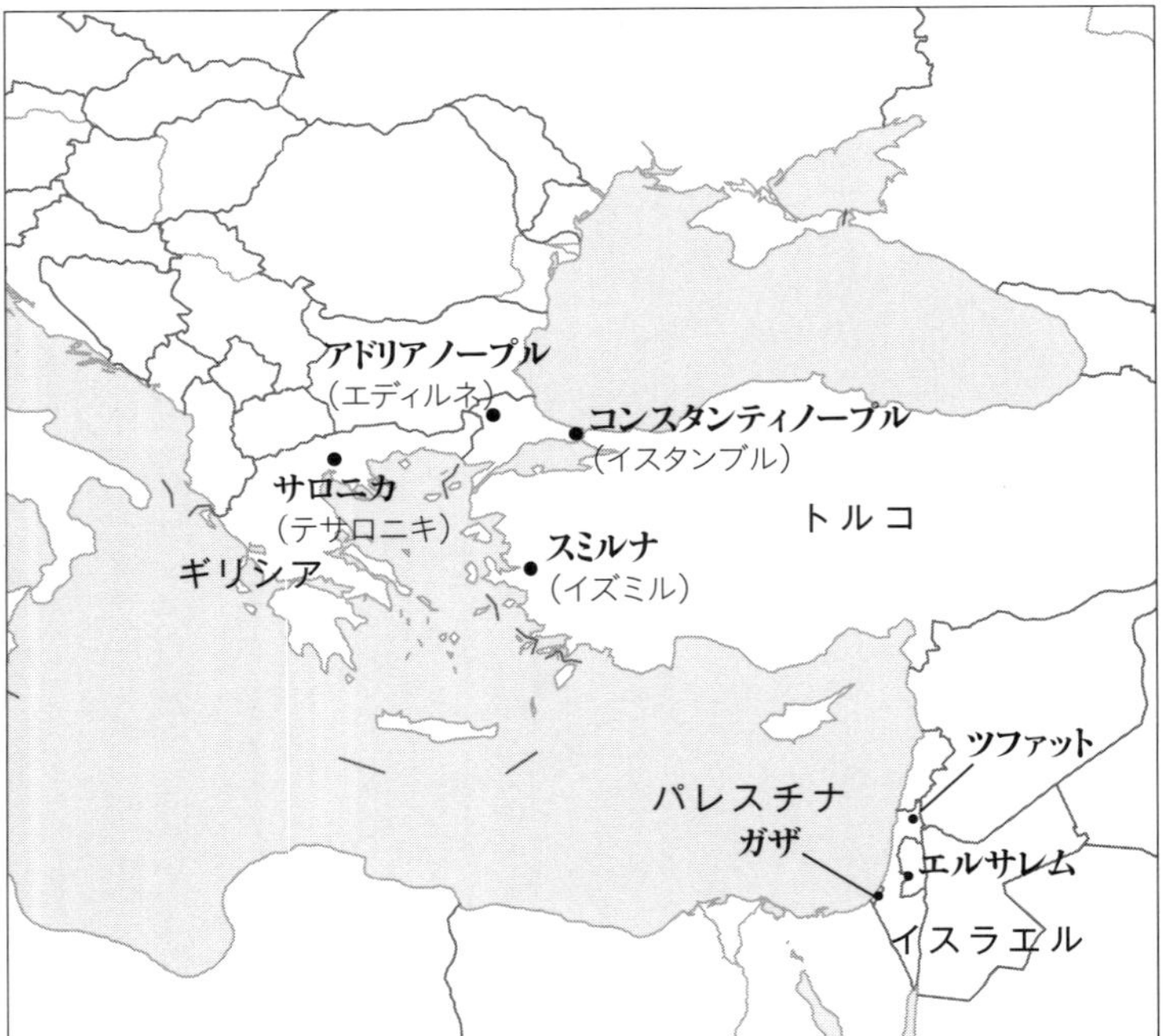
アドリアノープル
（エディルネ）
コンスタンティノープル
（イスタンブル）
サロニカ
（テサロニキ）
トルコ
スミルナ
（イズミル）
ギリシア
ツファット
パレスチナ
ガザ
エルサレム
イスラエル

第4章　カバラーの新たな展開

シャブタイ派のカバラーとメシア論

一六六六年、一人のユダヤ人がアドリアノープルの宮廷の一室で審判にかけられた。今や東西にまたがる大帝国として隆盛を極めるオスマン帝国の権力の中心で、トルコ人の高官たちが臨席するなか、彼は死罪か改宗かの選択を迫られた。メシア王として名乗りを上げ、帝国の王位を奪おうと目論んだ廉《かど》であった。この男の名がシャブタイ・ツヴィ（一六二六〜一六七六）である。時のスルタン、メフメト四世（一六四二〜一六九三）が別室で格子越しにその様子をうかがっていたとも伝えられる。

武力ももたず、単身乗り込もうとしていたとはいえ、彼にもはやいかなる弁明の余地もなかっただろう。それでも、救世主としてユダヤ民族に贖いをもたらす覚悟があれば、死をもってしても歴史に名を刻むことができたかもしれない。もしかすると、自分を信奉するユダヤ人の同胞が、殉教のメシアとしてうまく祭り上げてくれたかもしれない。メシアは命をかけてこそ本物のメシアになるという考え方はよく知られていた。同じくメシア運動だった原始キリスト教は、罪人として磔刑に処されたイエスの死を見事に人類の罪の贖いへ翻案させたではないか。

実際、このユダヤ人に、多くの同胞が終末と救済の期待を抱いていた。メシアの王国の実現が迫り、いよいよとばかりに歓喜した人々もいたという。だがこのとき、宮廷の審判ではまったく予期しないことが起こった。彼はその場で自らの頭にターバンをかぶってイスラーム教に改宗したのである。

ジョン・イーヴリン『一七世紀部族史』（1739年）より。「シャブタイ・ツヴィ、あるいはユダヤ人の偽メシア」とある。キリスト教徒からも侮辱の対象となっていた。

シャブタイ・ツヴィはスミルナ（トルコ西部、現在のイズミル）で生まれ育った。宗教的な教育を受け、若い頃から『光輝《ゾーハル》の書』や『カナーの書』といったカバラー文献を独学した。いくつかの史料によると、非常に優れた賢者であったという。一方で、彼は精神的な問題を抱えていた。それは双極性障害と呼べるような症状だった。のちに彼に従った人々は、興奮状態にあるときシャブタイ・ツヴィは神の啓示を受け、また抑鬱状態にあるときは悪魔の世界に落ちていると表現した。精神が高揚してみだりに唱えてはならない神聖四文字《テトラグラマトン》を口走り、律法の巻物と天蓋の下で結婚式をあげたという逸話も残されている。当然、この罰当たりな振る舞いが見逃されるはずもなく、故郷スミルナを出ていくことになる。

ただ、シャブタイ・ツヴィの行動がカバラーの象徴や原理に基づいていたと考えれば、この頃からメシアの自覚を読み取ることも可能である。神聖四文字を唱えることは、アブラハム・アブーラフィアの預言カバラーにも見られたし、律法が臨在《シェヒナー》のセフィラーの現れだと考えられていたことを思い出せば、律法との「聖なる婚姻《ズィヴガー・カディシャー》」は神の世界の統合を暗示していたかもしれない。シャブタイ・ツヴィは生涯まとまった著作を残さなかったので、こうした奇妙な振る舞いが正確に何を意味していたのかはわからないところが多い。しかし、彼が神に迫る超越的な自己をその内面に感じていたことは間違いないだろう。

シャブタイ・ツヴィはスミルナを出たあと各地を放浪するなか、パレスチナの町、ガザに霊魂の根源を見抜くことができるカバリストがいるという噂を聞いた。霊魂の根源を見抜くとは、霊魂転生の系譜をたどって、誰の生まれ変わりかを言い当てることである。これは明らかにツファットの霊魂転生論に基づく実践である。シャブタイ・ツヴィが訪ねたカバリストは、アブラハム・ナタン（一六四三〜一六八〇）といった。のちにガザのナタンと呼ばれ、シャブタイ派のメシア思想を形作るために多くの作品を著した人物である。

ナタンは霊魂の癒やしを求めて自分のところにやってきたこの年長のカバリストのなかに、メシアの霊魂が宿っているのを見た。一六六五年のことである。ここからナタンによるメシア

ガザのナタン肖像。ミハエル・ブッヘンレーダー「メシアについての報告」(1666年)より。

待望論の流布がはじまる。彼は各地のユダヤ人共同体にシャブタイ・ツヴィというメシアが現れ、まさに時代は終末を迎えようとしていると伝えた。ある書簡では、古くからの伝説に訴えて、シャブタイ・ツヴィが失われた十支族とともにサンバティオン川を渡ってやってくるとも書き記している。ナタンはメシアを信じること、そして戒律を守り敬虔な生活を送ることの重要性を説いた。彼の教義の根幹はルーリア派のカバラーからできあがっているが、「精神集中《カヴァナー》」(*kavvanah*)の祈りに関してはルーリア派のものはすでに新しい時代に合わないと主張した。ナタンが書いた「修復《ティクーン》」のための祈りは、ヨーロッパからトルコまで、多くのユダヤ人共同体で広く実践された。

シャブタイ・ツヴィはナタンとメシアの秘密について深く語り合ったと思われる。そして、しばらくするとナタンのもとを離れ、故郷のスミルナに戻ると熱狂的な歓呼のなかで迎えられた。彼の振る舞いはまさにメシアそのものであった。当地のラビの任免に口をはさみ、支持者の勢いは反対派を圧倒したと伝えられる。また、この時期から信者に対してユダヤ教の慣習や戒律を捨てるように要求した。エルサレムの神殿崩壊を振り返るアヴ月九日の断食は、シャブタイ・ツヴィの誕生日として祝宴の日に定められた。あるいは、戒律で禁じられた獣脂を食べるように強要された信者もいた。こうしたなか、スミルナのユダヤ人はメシアによる救済はすぐそこにまで迫っていると信じた。シャブタイ・ツヴィがスルタンから王位を奪おうと思い立ったのはこのときだった。結果はすでに述べたように、メシアの棄教という一見すると滑稽にも見える挫折だった。

シャブタイ・ツヴィがイスラーム教に改宗した現実を人々はどう捉えたのだろうか。大半のユダヤ人が失望したことは言うまでもない。偽メシアはこれまでに何度も現れている。彼らはシャブタイ・ツヴィがその一人にすぎないと悟った。混乱の行方を冷静に見守っていたラビたちは、キリスト教徒やムスリムを刺激して事態が紛糾しないようにあえて沈黙を守った。ところが、シャブタイ・ツヴィのまわりに集ったカバリストたちには、そう簡単にメシアの棄教を見過ごすことはできなかった。むしろ、彼らは本物のメシアならばイスラーム教という悪の領域にまで足を踏み入れ、その内部で悪を善に戻して世界を修復することができるはずだと考えた。もちろんメシアの棄教という事態には大きな矛盾がある。だが、そもそもカバリストは矛盾にこそ神の秘密が隠れていると考えるものである。

たとえば、マラーノの出自を持ち、スペインのサマランカ大学で医学を修めたアブラハム・カルドーゾ（一六三〇？～一七〇六）は、ユダヤ人でありながらユダヤ教を離れたみずからの姿をシャブタイ・ツヴィに重ね合わせた。メシア運動が起こったときは、すでに父祖の信仰に戻ってカバラーを学んでいたが、棄教したメシアのイメージは彼の心を打った。シャブタイ・

ツヴィと面会することも、書簡を交わすこともなかったが、カルドーゾにはメシア信仰の真髄と改宗の理由をもっともよく理解しているという自負があった。そして、とうとう自分自身にもメシアの霊魂が宿っていると考えるようになった。カルドーゾは公にメシアを宣言することはなく、シャブタイ派の主流派からも孤立していたが、神とメシア信仰に関する数々の論考を著し、のちにその思想が信奉者のあいだに波及していくことになる。

カルドーゾに並んで影響力のあった人物は、ガザのナタンだった。ナタンは必ずしもシャブタイ・ツヴィの考えをそのまま受け入れていたわけではなく、独自の論法で挫折したメシアの問題を考え続けた。一時の蜜月を経て、シャブタイ・ツヴィがユダヤ教を捨ててからは、意見の違いのほうが大きかった可能性もある。ナタンはいくつかの論文を書いたが、なかでも『創造《ブリアー》の書』(*Sefer ha-Briah*) は代表作である。ゾーハル文学とルーリア派のカバラーから多くを吸収しながら、セフィロートの創造論のなかで神とメシアの関係を論じている。シャブタイ・ツヴィがメシアとしての使命を道半ばに終えたことを悟ったナタンは、もはや楽観的な展望を抱くことはない。それどころか、本当の救済は、結局カバリストがメシアを信じながら戒律を守ることによってしか得られないと考えた。そのメシアが生身のシャブタイ・ツヴィでないことは、もはや誰の目にも明らかだった。ナタンも決して彼の役割を強調することはなく、『創造の書』ではこの世界における神と律法のカバラー的な理解、そして戒律の意味に重きが置かれる。

失われた十支族を率いるガザのナタン。ナタンの左手後方では、シャブタイ・ツヴィに油を注いでいる。当時はヨーロッパでこのようなパンフレットが出回った。

シャブタイ・ツヴィは再び大きな信仰のうねりを引き起こすこともなく、オスマン帝国の辺境、ドゥルチーニョ（現在のモンテネグロのウルツィニ）で晩年を過ごした。改宗が災いして人々の関心を失い、この頃はごく少数の信奉者とやりとりを続けているにすぎなかった。彼が一六七六年に世を去ったとき、メシアの死を騒ぎたてる者はもはや誰もいなかった。一方、ナタンはサロニカで弟子を指導し、その後一六八〇年にスコピエで没した。

初期シャブタイ派のカバラーの影響は、シャブタイ・ツヴィのあとを追ってイスラーム教に改宗した人々の教えに見られる。自らを信者《マアミーニーム》（*maaminim*）と称し、ムスリムからは軽蔑を込めて改宗者《ドンメレール》（*dönmeler*）と呼ばれた彼らは、独自の暦や慣習を守りつつ、徐々にサロニカで勢力を拡大していった。いくつかの派閥が存在したが、ここではひとくくりにしてドンメ教団と呼ぶことにする。ドンメ教団のメンバーは既存のラビ・

ユダヤ教から独立し、新しい価値観によって生きることに誇りを感じていた。しかし、決して宗教を捨て去ったわけではなく、シャブタイ・ツヴィを解放のシンボルとして理解するようになった。一八世紀にはユダ・レヴィ・トゥーバーという人物が、『光輝の書』に基づいてラディーノ語で創世記注解を著しており、シャブタイ・ツヴィのメシア性が『光輝の書』に予言されていたことを示してみせた。このことから、ドンメ教団のなかにシャブタイ派のカバラーを学ぶ伝統が伝わっていたことがわかるが、それがいつまで存続したのかははっきりしない。

一九世紀になると、ドンメ教団の末裔には西欧との貿易で頭角を現す者が出てきた。サロニカはオスマン帝国が近代化を進める際の実験都市だったことから、彼らは教育、衛生、軍事制度の導入において中心的な役割を果たした。その働きが一九〇八年の青年トルコ革命に大きく貢献したことは有名である。トルコ共和国初代大統領、ムスタファ・ケマル・アタテュルク（一八八一～一九三八）はドンメ教団が創設した学校を卒業し、さらには彼らのなかから共和国の政治や行政に携わる者が何人も現れた。たとえば、青年トルコのメンバーだったイマヌエル・カラス（一八六二～一九三四）は、改宗者の家系を出自に持つ。彼はトルコにおける最初期のフリーメイソンであり、スルタン、アブデュル・ハミト二世（一八四二～一九一八）に退位を進言した人物でもある。一九二三年、トルコとギリシアのあいだで住民交換条約が批准されると、改宗者の末裔はトルコ側に移り住んだ。結局、ユダヤ教にもイスラーム教にも属することを選ばなかった彼らが、世俗国家、トルコ共和国の市民になったことは象徴的である。今日、彼らの子孫はトルコ、フランス、米国、イスラエルなどに暮らしている。しかし、かつてのようなセクトとしての結びつきはなく、シャブタイ派のカバラーも忘れられているという。

隠れシャブタイ派をめぐる論争

シャブタイ派のカバラーとメシアニズムは、シャブタイ・ツヴィの挫折とドンメ教団の形成だけで語り尽くせるわけではない。シャブタイ・ツヴィがイスラーム教に改宗したあと、ほとんどのカバリストがメシアのあとに従わない道を選んだ。つまり、ユダヤ教のなかに留まり続けた。ガザのナタンやアブラハム・カルドーゾのように特定の共同体に属することなく活動した信者もいたが、数名のカバリストは信仰を隠しながら共同体のラビを務めていた。たとえば、「メシア王の偉大なる書記」と呼ばれたシュムエル・プリモ（一六三〇？～一七〇八）はアドリアノープルでラビ法廷の裁判官を務めた。また、一時イスラーム教に改宗したシュロモ・アヤロン（一六六〇？～一七二八）は、ロンドンやアムステルダムでラビとして活動した。彼らは氷山の一角にすぎず、シャブタイ派のメシア信仰は密かにヨーロッパ各地の共同体に拡散していったことがわかっている。特にポドリア地方（ウクライナ西部）では、多くのラビや知識人がシャブタイ・ツヴィへの信仰を公言していた。

シャブタイ・ツヴィやナタンを直接知らない世代では、ヨナタン・アイベシュッツ（一六九〇

ヤアコヴ・サスポルタスはシャブタイ・ツヴィの情報を収集し、反シャブタイ派の論陣を張った最初のラビ。

〜一七六四）やモシェ・ハイム・ルツァット（一七〇七〜一七四六）が有名である。彼らは今日ではハラハーの大家、あるいは優れたラビとして敬われているが、当時は異端の噂がつきまとっていた。その原因は反シャブタイ派の異端狩りである。たしかにシャブタイ・ツヴィが生きているあいだから、彼の言動を危険視するラビはいた。たとえばヤアコヴ・サスポルタス（一六一〇〜一六九八）は熱心に書簡や論文を収集し、『牡鹿の萎れた花《ツィツァット・ノーヴェル・ツヴィ》』（*Tzitzat Novel Tzevi*, 1737）を著した。だが、当時のラビたちは基本的に騒動の沈静化を静観する構えで、サスポルタスでさえ自分から進んでこの記録を出版することはなく、死後になって反シャブタイ派の機運が高まったときにようやく人々に知られるようになった。

沈黙を守るという基本姿勢を変えたのは、モシェ・ハギーズ（一六七一〜一七五〇？）やヤアコヴ・エムデン（一六九七〜一七七六）といったラビである。彼らはヨーロッパ各地に蔓延するシャブタイ派を撲滅するために、いくつもの異端駁論を著した。それは既存のラビ・ユダヤ教の権威を脅かす異端との戦いと位置付けられた。まずハギーズが目をつけたのは、ネヘミヤ・ハヨーン（一六五五?〜一七三〇?）という放浪のカバリストだった。ハヨーンがアムステルダムで出版した『神の力《オズ・レエロヒーム》』（*'Oz le-Elohim*, 1713）が、シャブタイ派の神学書であることを見破ったのがきっかけである。その本のなかではシャブタイ・ツヴィの名前は一言も出てこないし、何人かのラビの認可まで付いている。しかし、当時のシャブタイ派信者が素性を隠していることはよく知られており、ハギーズのように敵の特徴に通じていれば、それを暴くことは難しくなかった。実際に『神の力』の内容はカルドーゾの神学であり、検閲をかいくぐって出版された唯一のシャブタイ派の書物となった。それでも、ハヨーン自身はシャブタイ・ツヴィを信じているとは認めなかったため、彼を支持するラビと反対派のラビのあいだで激しい論争が起こった。

その後起こったもうひとつの論争は、アシュケナズィー社会を二分するほどの事態を招いた。エムデンとアイベシュッツのあいだの論争である。一七二五年、あるシャブタイ派信者が持っていた手稿が暴露され、それを書いたのがアイベシュッツだという疑いがかけられたのである。エムデンは駁論を出版して徹底的に抗議したが、当時すでに有力なラビだったアイベシュッツはそれを認めようとせず、共同体の他のラビたちが事態の収拾に乗り出すことになった。実際、その手稿はアイベシュッツが書いたもので、シャブタイ派のカバラーとキリスト教が融合したような性質の論考だった。その後も、一七五一年にアイベシュッツが作った護符にシャブタイ・ツヴィの名前が暗号として隠されていることが発覚し、多くのラビを巻き込みながらエムデンとのあいだで論争が起こった。アイベシュッツは自分がシャブタイ・ツヴィを信仰していることを決して認めず、それどころかシャブタイ派に対して破門状まで出している。そのように信仰を隠すポーズが信者の常套手段だったことを考えれば、当時のラビ・ユダヤ教のなかに食い込んだシャブタイ派の根は相当に深かったと言える。今日のラビの多くはアイベシュッツの疑惑には根拠がないとして擁護の立場を取るが、彼がシャブタイ・ツヴィの人格にメシア性を見出していたことは間違いない。

シャブタイ派との関係がより確かな形で浮かび上がってくる人物は、ヨナタン・アイベシュッツの息子ヴォルフである。ヴォルフ・アイベシュッツは父の指示でポドリア地方を含めて東欧を広く旅した。そのなかでドンメ教団出身の女性と結婚し、フランク派の指導者、ヤアコヴ・フランクにも出会ったと伝えられる。ヴォルフはフランクの活動と同時期に、新しいシャブタイ派の預言者として信者を集めようとしたが、失敗に終わっている。キリスト教に改宗することはなかったものの、その後はユダヤ人の素性を隠しながら爵位を手に入れようと奔走した。しかしその企ても身を結ぶことはなく、ヴォルフのシャブタイ派思想が人々に知れ渡ることはなかった。

カトリックに改宗したフランク派

一六〜一八世紀、ポーランド・リトアニア共和国の支配下で、ユダヤ人は社会的に恵まれた時代を過ごした。一六世紀半ばには、ユダヤ人は自ら主席ラビを選ぶことを許され、自治を拡大させていく。学問においてもアシュケナズィー世界の中心となった。ヨセフ・カロの『整えられた食卓』の注解を著したモシェ・イッセルレス（一五二五?〜一五七二）は、クラコフに学塾《イェシヴァー》を創設し、「ポーランドのマイモニデス」と称された。一方でポーランド人の貴族や地主はユダヤ人が商業に参入することを認め、経済的にも力をつけるユダヤ人が現れた。一六四八年の大規模なポグロムはそうしたユダヤ人への反感から起こった側面もある。ポーランドの支配に反乱を企てたボグダン・フメルニツキー

（一五九五～一六五七）はウクライナのコサックや農民を扇動して、ユダヤ人を殺戮し、多くの共同体を壊滅に追いやった。だがポーランド人の支配者たちはその後もユダヤ人に多くの権利を認め、東欧のユダヤ文化の中心地であり続けた。ハシディズムや啓蒙主義《ハスカラー》が盛んになったのがまさにこの土地だったのは、単なる偶然ではない。

カバラーの歴史を語るうえで無視することのできない出来事が起こったのも、ポーランド・リトアニア共和国だった。一八世紀、ユダヤ人は自治を保証され、強制改宗させられることはおろか、キリスト教側から宣教されることすらなかった。ところが一七五九年、リヴィウ（ウクライナ西部）でかなりの数のユダヤ人が自ら進んで洗礼を受け、カトリックに改宗するという事件が起こった。彼らはヤアコヴ・フランク（一七二九～一七九一）という名の指導者に率いられたグループだった。そして奇妙なことに、近隣のユダヤ人共同体でこの出来事は神がもたらした奇跡であり、ユダヤ教の勝利であるとして祝福とともに受け入れられたという。

ユダヤ史ではヤアコヴ・フランクと彼の信奉者はフランク派と呼ばれるが、しばしばシャブタイ派のなかに括られることもある。なぜなら彼らが指導者として崇拝したフランクは、ドンメ教団と深いつながりを持っており、そこから独立して活動をはじめたからである。彼が最初にどうやってドンメ教団と接触したかはわかっていない。だが、ニコポル（現在のブルガリア）で結婚したハナはドンメ教団の出身で、おそらくユダ・レヴィ・トゥーバーの娘だったと考えられている。その後、フランクはサロニカに移り住み、その土地に根を張るドンメ教団のなかで力を持ちはじめた。しかし、すでに出来上がっていた権力構造を突き崩すことはできず、一七五四年にサロニカを去る。そしてポドリア地方を中心に遍歴を続けながら、各地でシャブタイ派信者の信頼を集めたといわれる。一七五六年には再びサロニカに戻って、今度はイスラーム教に改宗した。カトリックへの集団改宗はそのあとに起こった出来事である。

通説ではフランクはシャブタイ・ツヴィを信じていたといわれるが、おそらくそれは正しくない。彼はシャブタイ・ツヴィやドンメ教団の指導者が挫折したと考えていた。フランクの言行録によると、ある時期には彼自身がこの世界に「かつてない新しいこと」をもたらすと確信していたことはわかる。ところが、改宗後に逮捕され尋問を受けたときには、自分自身がメシアであるとはまったく考えていないと述べたという。さらに興味深いことに、彼はいたるところで自分がカバリストですらないと強調している。

ヤアコヴ・エムデン『セフェル・シムーシュ』（1758年）より。シャブタイ派の異端がキリスト教、ユダヤ教、イスラーム教の3つの頭を持つ異形の生き物として描かれている。

フランクの信奉者は彼を秘教とメシア信仰の伝承者と見なしていたし、実際にフランクが語ったとされる記録にはカバラーの概念や『光輝の書』の物語がいくつも出てくる。フランク派は周囲から「反タルムード主義者」、「カバリスト」、「ゾーハル主義者」などとも呼ばれた。しかし彼自身の認識から判断するなら、単純にシャブタイ派の新しい展開、あるいはカバラーの教義に支えられた運動と呼ぶことはできない。

それではヤアコヴ・フランクは何を目指したのだろうか。彼が公言していた計画は、ポーランドにおけるユダヤ人の自治的な共同体の建設だった。フランクは自分の信奉者でカトリックに改宗したユダヤ人が、土地を取得し、当局の干渉を受けずに独立した共同体を作る権利を要求した。しかも、オスマン帝国との国境に位置する土地で武装する必要性まで説いた。大トルコ戦争（一六三八〜一六九九）の結果、オスマン帝国は衰退しつつあったというものの、緩衝地帯での軍事力がポーランドにとって重要な防波堤になるはずだというのが彼の主張だった。

しかしそれは表向きの提案だった。フランクの真の意図は、ポーランドにキリスト教を信奉するユダヤ人の共同体を作ることにあった。それは支配的なラビたちの自治組織からの離脱であり、ユダヤ人が土地を得ることにつながるはずだった。実際にフランクに従った人々は大都市から離れた場所に住む下層ユダヤ人だった。彼らとともに新しいユダヤ人共同体を作ろうとしていたのである。とはいえ、完全に政治的な動機で彼が動いていたわけではない。彼はポーランドを「エドムの地」と呼び、そこが神がユダヤ人に与えた新たな土地であるという宗教的な救済論も唱えていた。そしてその考え方は、一部のポーランドのシャブタイ派信者がカバラーの言葉を使いながら、以前から主張していたことだった。フランクはそうした救済論を継承しつつ、ポーランドからの政治的な独立とラビ・ユダヤ教からの解放を目指したのである。ポーランド語で書かれたフランクの言行録、『主の言葉の書』（*Księga Słów Pańskich*）には、シャブタイ・ツヴィが失敗した理由にポーランドに来なかったことが挙げられている。

一七六〇年に危険を察知した当局にフランクが逮捕されると、多くの信奉者が離れていった。フランク派研究の第一人者、パヴェル・マチェイコによれば、フランク派がもし本当に大衆のメシア運動と呼べる時期があったとすれば、それはフランクが受洗した一七五九年からこのときまでのわずか四ヶ月だけだった。たしかに、ずっとあとになって編集された『主の言葉の書』には、フランクをメシアとして言及する箇所はない。フランクは晩年ドイツのオッフェンバッハ・アム・マインに移り、取り巻きの信者とともに「神の家」（*Gotteshaus*）と名付けられた古城に暮らした。まだ二〇〇～三〇〇人の信者が残っていたという記録もある。一七九一年、彼がこの世を去ったあと、オッフェンバッハの共同体を継いだのは娘のエヴァ・フランク（一七五四～一八一六?）だった。彼女は幼いころから教団のなかで贖いの吉兆として扱われ、神の臨在に喩えられていた。彼女はメシアを名乗り、「神の家」で女王として振る舞ったが、多額の負債を抱えて貧困のなかで死んだ。ユダヤ教の歴史のなかでメシアを自称した女性はエヴァ・フランクだけである。

ルーリア派の伝統とエルサレムのカバラー

今この瞬間にも、エルサレムにあるいくつかのカバリストの学塾《イェシヴァー》ではルーリア派のカバラーの伝統にのっとった祈りが捧げられている。その一つの旧市街のユダヤ人地区にある「ベイト・エル」（*Beit El*）は「神の家」を意味する学塾である。そこには、文字通り一日中、昼夜を問わずカバラーを実践する人々が集い合う。瞑想を伴うこの種の祈りには「精神集中《カヴァノート》」（*kavvanot*）や「修復《ティクーン》」（*tiqqun*）などがある。いずれもツファットのルーリア派にさかのぼる古い式文である。真夜中から朝にかけてはハイム・ヴィタルの『生命の樹の書』などのカバラー文献を学び、昼にはミシュナ、その後夜までタルムードを学ぶ。

「ベイト・エル」は、ゲダリヤ・ハヨーン（一六八三～一七五〇）によって一七三七年に創設された。イスタンブルで生まれたハヨーンは、ヘブロンで学んだのち、トルコのユダヤ人共同体から喜捨を集める任務に就いた。エルサレムに戻って学塾を作ったのはそのあとである。そこは当時まだいくつかある学塾のひとつに過ぎなかったが、多くの弟子を集めて次第に有名になっていった。「ベイト・エル」の指導者には中東出身者のカバリストが多かった。

「ベイト・エル」の礎を確固たるものにしたのはシャローム・シャラービー（一七二〇～一七八〇）である。イエメンのサヌア出身のシャラービーは、まずバグダードで『光輝の書』を学び、そののち一八世紀半ばにエルサレムを訪れた。シャラービーをめぐっては伝説的な逸話が多く、詳しい生涯はわかっていないが、はじめは「ベイト・エル」で下働きをしながら学んでいたところをゲダリヤ・ハヨーンに見出されたとされている。彼の教説はイラクやレヴァントのユダヤ人に伝わった。それはイツハク・ルーリアとその弟子、ハイム・ヴィタルの言葉に限られており、自分自身の考えはさしはさまないことを美徳としていた。ルーリア派の著作を読んでいるときに、ヴィタル以外の弟子が言及されるところに来ると、そこは読み飛ばしていたという。ルーリア派のカバラーに基づく徹底した態度が、一部のカバリストに畏敬の念を呼び起こした。一方で、預言者エリヤの啓示を受けることで神秘家としての名声を得ていた側面もある。そして、あるときからシャラービーにはルーリアの霊魂が転生していると信じられるようになった。彼の周りに集う弟子たちは、学塾のメンバーをルーリアの弟子と重ね合わせさえした。

生前シャラービーはいくつもの注解や「精神集中」の祈りを書いたが、多くは失われてしまっている。現在に伝わる「精神集中」は断片として残されたものだと言われている。だが、「ベイト・エル」のカバリストたちによる編集のおかげで、今日では『生命の樹の書』をシャラービーが独自に校訂した『真実と平安《エメット・ヴェシャローム》』（*Emet ve-Shalom*）やヴィタルの「精神集中」への注釈『平安の川《ナハル・シャローム》』（*Nahar Shalom*）などの著作を読むことができる。おそらくは他にも多くの写本が現存すると考えられるが、「ベイト・エル」はカバラーを安易に外に広めることはできないという立場から公開していない。

シャローム・シャラービーの墓。オリーヴ山のユダヤ人墓地からは、旧市街にある「岩のドーム」の黄金の屋根が見える。

「ベイト・エル」は一八～一九世紀を通じて、とりわけルーリア派の伝統を守り続けた。そして、二〇世紀になると、ユダヤ人の人口増加とともにエルサレムのカバラーは活気を得た。その理由は中東や北アフリカの各地から若いカバリストたちが続々と聖地を目指したことにある。たとえばイエメン出身のモルデハイ・シャラービー（一九〇八～一九八三）は、一九三二年にイスラエルへ移住し、エルサレムの「ベイト・エル」で学んだのち、シャローム・シャラービーの名を冠してエルサレムのナハラオート地区に「ナハル・シャローム」(*Nahar Shalom*)を創設した。また、モロッコの名門アブーハツェイラー家出身のイスラエル・アブーハツェイラー（一八八九～一九八四）は、一九二二年にイスラエルに渡り、同じく「ベイト・エル」でカバラーを学んだ。その後一旦故郷に帰るも、一九六四年に再びイスラエルにやってきて、ババ・サリという名で人々に親しまれた。現在、イスラエルのネティヴォートにあるババ・サリ廟は人気の巡礼地になっている。また、バグダード生まれのカバリスト、イツハク・カドゥーリー（一八九八?～二〇〇六）は、一九二二年にイスラエルに移住し、いくつかの学塾で学んだあと、「ベイト・エル」に移った。のちにシャラービーの「精神集中」の祈りを学ぶために作られた「ナハラット・イツハク」(*Nahalat Itzhaq*) で学長を務めた。これら三人のカバリストは、共通して奇跡を起こす聖人として知られている。彼らの写真は今でもエルサレムの街のいたるところで見ることができ、人々の信仰を集めている。また、中東やスファラディー系の超正統派をイデオローグとするシャス党は、彼らを政治キャンペーンに取り入れた。カバリストが政治家に祝福を与える姿がテレビで放送されることもあり、イスラエルにおける政治と宗教の関係の深さがうかがえる。このようなカバリストへの崇敬は、アシュケナズィー系のあいだで見られるものとは大きく異なる。

一方で「ベイト・エル」のカバラーが何の疑問もなく受け入れられたわけではなかった。二〇世紀初頭、アブラハム・イツハク・クックとユダ・アシュラグがエルサレムにやって来た。のちに現代のカバラーを代表する二つの学派を築いたカバリストである。新たなカバラーのあり方を求めていた彼らは、「ベイト・エル」の古色蒼然とした閉鎖的な雰囲気に失望して自らの道を歩むことを決めた。若きゲルショム・ショーレムも「ベイト・エル」の門を叩いた一人である。ショーレムは一九二三年にパレスチナに移住してほどなく、本物の教えを請うために「ベイト・エル」の系統に属する学塾を訪れた。そのとき、この学塾のあるカバリストが入門の条件に一切質問をしないことを挙げたという。ショーレムはすぐにその場を去って、のちにヘブライ大学でカバラーを講じることになる。この三人が「ベイト・エル」に価値を見出さなかったことは、カバラーの歴史の新しい時代を象徴している。

初期ハシディズムと大衆化されたカバラー

ユダヤ人にはひとつの民族としてくくれないほどの多様な側面がある。彼らに宗教的な伝統を共有してきたという信念があるからこそ、なおさら実際の多様性が際立ってくる。とりわけ知と信仰をめぐる考え方は、一九世紀にはじまる社会の近代化とともに激変した。つまり、中世の価値観や生活様式に対して大きな葛藤が生まれ、ユダヤ教の世俗化と周辺社会への同化が加速したのである。ヨーロッパで一八世紀末から二〇世紀初頭まで続いた市民権の獲得は、それを象徴する出来事である。それでも伝統的な価値観を守り続けるユダヤ人がいたこと、そしてその流れが今日まで続いていることを忘れるわけにはいかない。特にカバラーの思想を継承しているという点で、ハシディズムは極めて重要な現象である。

エルサレムには「メア・シェアリーム」という街区がある。文字通りには「百の門」という意味だが、「イサクはその土地に種をまき、その年に一〇〇倍の収穫を得た」(創世記26・12)という聖句に由来する。路面電車が走る賑やかな新市街からここに入ると、まず人々の様子が一変することに気づく。道を歩く男女は明らかに宗教的な伝統にのっとった黒い服を着ている。男性は夏でも重々しく装い、つばのある黒い帽子をかぶっている。もみあげを巻き毛にして伸ばし、ひげをたくわえた人も多い。スカーフで頭を覆っている女性には、既婚者の習慣として頭髪を剃っている人もいるという。スカーフの代わりにかつらをかぶる人もいる。超正統派のユダヤ人が住むこの地区には、ハシディズムの伝統に生きる人々が多い。

ポーランドやウクライナのユダヤ人を写した二〇世紀初頭の写真を見ると、彼らがメア・シェアリームのユダヤ人と同じような格好をしていることがわかる。今日ハシディズムの伝統を守る人々は、そうした東欧を中心とした地域から移り住んで来たユダヤ人の子孫である。一九四〇年代、都市部のユダヤ文化も「シュテットル」(*shtetl*)と呼ばれるユダヤ人共同体も、ホロコーストによって壊滅したため、東欧にはもはや生きた伝統は残されていない。エルサレムのほかにいわゆる超正統派のハシディズムが残っているのは、テル・アヴィヴ近郊のブネイ・ブラク、ニューヨークのブルックリンやモンゼイ、ロンドンのスタンフォード・ヒルである。

そもそもハシディズムとはどのような思想の営みだったのだろうか。そして、カバラーとどのような関係にあるのだろうか。ハシディズムはヘブライ語の「敬虔な人《ハスィード》」(*hasid*)という言葉に由来する。しかしここでいう敬虔主義は、一般的なユダヤ教の精神性のことではなく、イスラエル・ベン・エリエゼル(一七〇〇?〜一七六〇)というポドリア地方出身のユダヤ人に端を発するとされる宗教的な伝統のことである。イスラエル・ベン・エリエゼルは聖書やタルムードを学ぶラビというよりは、カリスマ的な民間宗教者のような人物だった。彼は呪術で病人を癒やして回り、神秘体験によって普通の人に見えないものを見通したと信じられている。このような種類の宗教者は彼がはじめてだったわけではなく、それ以前から「神の名を修めた者《バアル・シェム》」(*ba`al shem*)という放浪の宗教者は東欧各地に存在した。彼もそうしたバアル・シェムの一人だったはずである。しかし、連綿と続くハシディズムの系譜においては優れたバアル・シェム、つまりバアル・シェム・トーヴ(*Ba`al Shem Tov*)として特別視されるようになった。ふつう彼のことを「ベシュト」(*BeShT*)と呼ぶのは、この称号を短縮したものである。

バアル・シェム・トーヴことイスラエル・ベン・エリエゼルは、中世のユダヤ教の伝統に基づいて聖書やタルムードを学ぶよりも、神と結びつき、献身することの宗教的な意味を説いた。これを神との「密着《デヴェクート》」(*devequt*)という。信仰に篤い義人は、祈りによって霊魂を天に上昇させ、神の世界の光を地上に引き降ろすことができる。古代のラビたちの議論を一字一句綿密に吟味するより、そうした精神性や呪術性を重視するのが彼の教えの特徴だった。バアル・シェム・トーヴは若い頃は「ヘデル」(*heder*)と呼ばれるユダヤ人の初等学校で教え、貧しい生活を送っていた。ところが、一七三六年頃には病気治しの行者として放浪をはじめ、一七四〇年頃、ポドリアのメジビジで多くの弟子を集めて教えを説くようになった。それは伝統的なタルムード学習とは違って、逸話や物語を通してわかりやすく語られたという。

バアル・シェム・トーヴは、当時ポドリア周辺に拡大していたシャブタイ派に危機感を抱いていた。ちょうどこの頃、モシェ・ハギーズやヤアコヴ・エムデンらが反シャブタイ派の論陣を張っていたが、彼らとは違ってバアル・シェム・トーヴが積極的な排斥行動に出ることはなかった。彼が行ったことは、すでにこの世を去っていたシャブタイ・ツヴィの霊魂の「修復」だった。もともとこれはルーリア派の用語だが、この文脈では悪霊の清めのような意味に変化している。晩年の彼はフランク派の集団改宗を伝え聞いて心を痛めた。そして、この集団改宗を厳しく非難し、ユダヤ人が「イスラエルの会衆《クネセット・イスラエル》」から離脱したことで、臨在《シェヒナー》から手足がもがれたと言って嘆いたと伝えられる。

バアル・シェム・トーヴ自身はイツハク・ルーリアやシャブタイ・ツヴィと同じようにまとまった書物を著さなかった。彼の口伝の教えをまとめて後世に伝えようとしたのは弟子たちである。そのなかでも最初に出版されたのが、ポロンネのヤアコヴ・ヨセフ（一七一〇～八四）の『ヤアコヴ・ヨセフの伝承』（*Toldot Ya`qov Yosef*, 1780）である。宗教的な書物は、通常ラビの認可を得て出版されるが、この本は権威による承認を一切掲載しなかった。この事実から、ハシディズムの側がラビ・ユダヤ教と対決の姿勢を示していたことがわかる。メズリッチのドヴ・ベール（一七〇四?～一七七二）もバアル・シェム・トーヴの著名な弟子の一人である。ドヴ・ベールの教えは彼の死後、弟子たちによってまとめられ、一七八〇年に出版された。バアル・シェム・トーヴの言行録もこの時代に書き継がれ、のちにヘブライ語で『ベシュト礼讃《シヴヘー・ハベシュト》』(*Shivhe ha-Besht*, 1815)として出版される。ただし、なかにはバアル・シェム・トーヴ以前にさかのぼる聖人譚も混在し、開祖の姿がかなり美化されているのは間違いない。それでも『ベシュト礼讃』がすぐに東欧ユダヤ人の日常言語であるイディッシュ語に翻訳されたことで、ハシディズムの教えは瞬く間に大衆層に浸透していった。

ハシディズムの教義や社会構造は、バアル・シェム・トーヴの生前からはっきりとした形をとっていたわけではなく、二、三代目の弟子によって活動が継続し、彼の教えが広く伝えられたことで成熟につながっていった。したがって、ふつう信仰を持つ人々のあいだではバアル・シェム・トーヴが開祖とされるが、歴史的な意味でハシディズムが形成されたのは、彼の死後、ドヴ・ベールやヤアコヴ・ヨセフのもとに多くの信奉者が集まった一七七〇〜八〇年代と見たほうがいいだろう。特にドヴ・ベールの弟子たちはウクライナだけでなく、北のベラルーシやリトアニア、西のガリツィア地方にハシディズムの教えを伝える役割を担った。

彼らは小さな祈禱所《シュティーブル》（*shtibl*）を設けて独自の慣習や祈り方を作り上げていった。地域のユダヤ人は次第にそれまで所属していたシナゴーグを離れ、この祈禱所を中心とする指導者の共同体に参加するようになった。彼らはレッベ（*rebbe*）、あるいは義人《ツァディーク》（*tzadiq*）と呼ばれた。また、「我らが主、教師、ラビ」（*adonenu morenu ve-rabbenu*）の頭文字をとって「アドモール」（*admor*）という呼び方も一般的である。貧しい人々に惜しみなく手を差し伸べるレッベの周りには、個性的なカリスマに惹きつけられてますます多くの民衆が集うようになった。ところが、古来のラビ・ユダヤ教の伝統を等閑視して、独自の慣習や教えを大衆に吹き込む彼らのやり方は、同時代のさまざまなユダヤ人の反感を引き起こした。民衆の心変わりによって、既存の共同体の経済的な基盤が失われたこともこうした反感の一因となった。

ハシディズムを危険な運動と見なしたのは、タルムード研究の牙城だったヴィルナの学塾で学ぶラビたち、そして啓蒙主義《ハスカラー》の流れに属するユダヤ人たちだった。一八世紀末には反対派のラビたちがハシディズムの指導者に繰り返し破門を言い渡し、一九世紀はじめには西欧の教育を受けた啓蒙主義の知識人が鋭い風刺でハシディズムを批判した。彼らがタルムードよりも神との「密着」をありがたがり、レッベの個人崇拝に夢中になって非合理的な精神主義に傾いているという指摘は、この時代のユダヤ教の大きな変化と葛藤をよく反映している。東欧に西から近代化の波が押し寄せてきたこの時代、特に周囲から取り残されがちだったユダヤ人のあいだに多様性が生じたことで、内部の確執が生じたことは不思議ではない。それは中世から存在したスファラディーとアシュケナズィーのような文化や気風の差異ではなく、知と信仰をめぐって伝統と革新のあいだに新しく生まれた宗教上の差異だった。

バアル・シェム・トーヴはハシディズムの開祖。

ハシディズムの思想的な特徴といえば、精神性の強調のほかにカバラーが挙げられる。とはいっても、ルーリア派やシャブタイ派のように複雑な神学体系を持ち込むことはなく、カバラーはごく一般的なユダヤ人にも理解できるような形に単純化され、より平易な言葉で語り直された。律法、タルムード、戒律や慣習に隠された意味があるという基本的な発想は変わらないが、特に物語の形をとることが多かった。たとえば、ドヴ・ベールはルーリア派の「収縮《ツィムツーム》」を説明するために、父親が小さな子どもに語り聞かせるとき、どのようにみずからの知性を小さくして子どもを楽しませるかという比喩表現を用いた。つまり、神が創造の空間を作るために収縮したのは、被造物への慈愛があったからである。あるいは、ユダヤ人は上半身を前後に揺らしながら祈るが、これは神の臨在と愛し合うときの動きだと解釈された。レッベが天の光を地上に伝える男性的な根幹《イェソード》に喩えられることを考えれば、この解釈は神との性的な関係を暗示している。また、長い煙管で煙草を吸うレッベたちの習慣は、邪悪な霊魂を天上に返すための神聖な行為だとされた。彼らの一挙手一投足に象徴的な意味が見出されるのがハシディズムの特徴である。

こうしたカバラーの用語や概念の転用は、多くの人々にとってわかりやすいものであると同時に、ハシディズムが宗教的カリスマを中心に据えた教義として定着していく要因にもなった。つまり、神の世界の緻密な分析よりもレッベの働きが強調されたのである。義人とも呼ばれたレッベはラビと同じ意味の称号だが、律法や戒律を研鑽する賢者よりも神秘家としての性質が強い。そのような意味では、神そのものに目を向け、同時に神との結びつきにおいて神秘家が果たす超越的な役割を重視する神秘主義だった。かなり大衆化が進んだとはいえ、これはアブラハム・アブーラフィアのカバラーと通じるところがある。そして、実際にハシディズムの義人たちのあいだで、アブーラフィアの著作が読まれていたことがわかっている。

ハシディズムの基本的な教えはカバラーから多くの概念を採用しているが、必ずしも限られたエリートだけが関わっているわけではない。たしかにレッベが神と人間をつなぐ結節点と見なされるが、目的は多くのユダヤ人が神の恩恵に浴する世界を築き上げることだった。レッベは彼らのために祈り、信仰生活の指導を与え、周囲に集う人々の霊魂を自らの霊魂の一部として天に上昇させた。このようにハシディズムは進んで大衆に関わっていき、多くの批判にさらされながらも、ユダヤ教独自の精神を復興させ、近代化のなかで危機にさらされた伝統を守ることを使命とした。難解で多くの精神的努力を要するカバラーの伝統が廃れていったのに対し、近代という大衆の時代にあって、レッベたちがわかりやすい言葉でカバラーの教えを伝えることができたのは、まさにそうした考え方がハシディズムを支えていたからである。

反ハシディズムのカバリストたち

ユダヤ教の正統という言葉は、その断固とした響きとは裏腹に必ずしも明瞭なものではない。異端という言葉も同じである。唯一の権威の中枢が存在しないユダヤ教では、正統と異端が内部の対立を浮き彫りにする言葉にすぎなくなることがある。今日私たちは一部のハシディズムのグループを超正統派に属していると見なすことがあるが、一八世紀の東欧にハシディズムが広まったとき、それは決して万人が正統と認めるグループではなかった。むしろ反対に、先進的な啓蒙主義のユダヤ人からは揶揄され、タルムードを重んじる伝統的なラビからは異端視されていた。ハシディズムに対する非難の原因はカバラーではない。ガリツィア地方出身のヨセフ・ペルル（一七七三〜一八三九）のようにカバラーやハシディズムに詳しい啓蒙主義者もいたし、「ベイト・エル」の神秘家は秘教の世界に没頭していても、それが理由で激しい批判にさらされるようなことはなかった。なによりもカバラーの基本的な概念は当時の大抵のラビに共有されていた。初期のハシディズムへの批判は、彼らの生活文化や宗教観に対するものだった。カリスマを誇るレッベの超越的な力を崇拝し、伝統的なユダヤ教の学びよりも個人としての神との結びつきを重んじる態度は、多くのユダヤ人の目に異様に映った。また、ハシディズムに特有のハラハーの軽視はシャブタイ派を連想させたし、性や嗜好品をめぐる野卑な噂も絶えなかった。

ラビ・ユダヤ教の宗教的な伝統を墨守しながらハシディズムに反対した勢力としては、リトアニアのヴィルナ（ヴィリニュス）の学塾が有名である。一六二三年に自治組織「リトアニア国評議会」（*Va'ad Medinat Lita*）が設置されると、当局の庇護のもとユダヤ人共同体は大きくなっていった。特にヴィルナは一七世紀半ばに律法学習の拠点となった。この都市の名声が確固たるものとなり、「リトアニアのエルサレム」と呼ばれるようになったのは、もっぱらヴィ

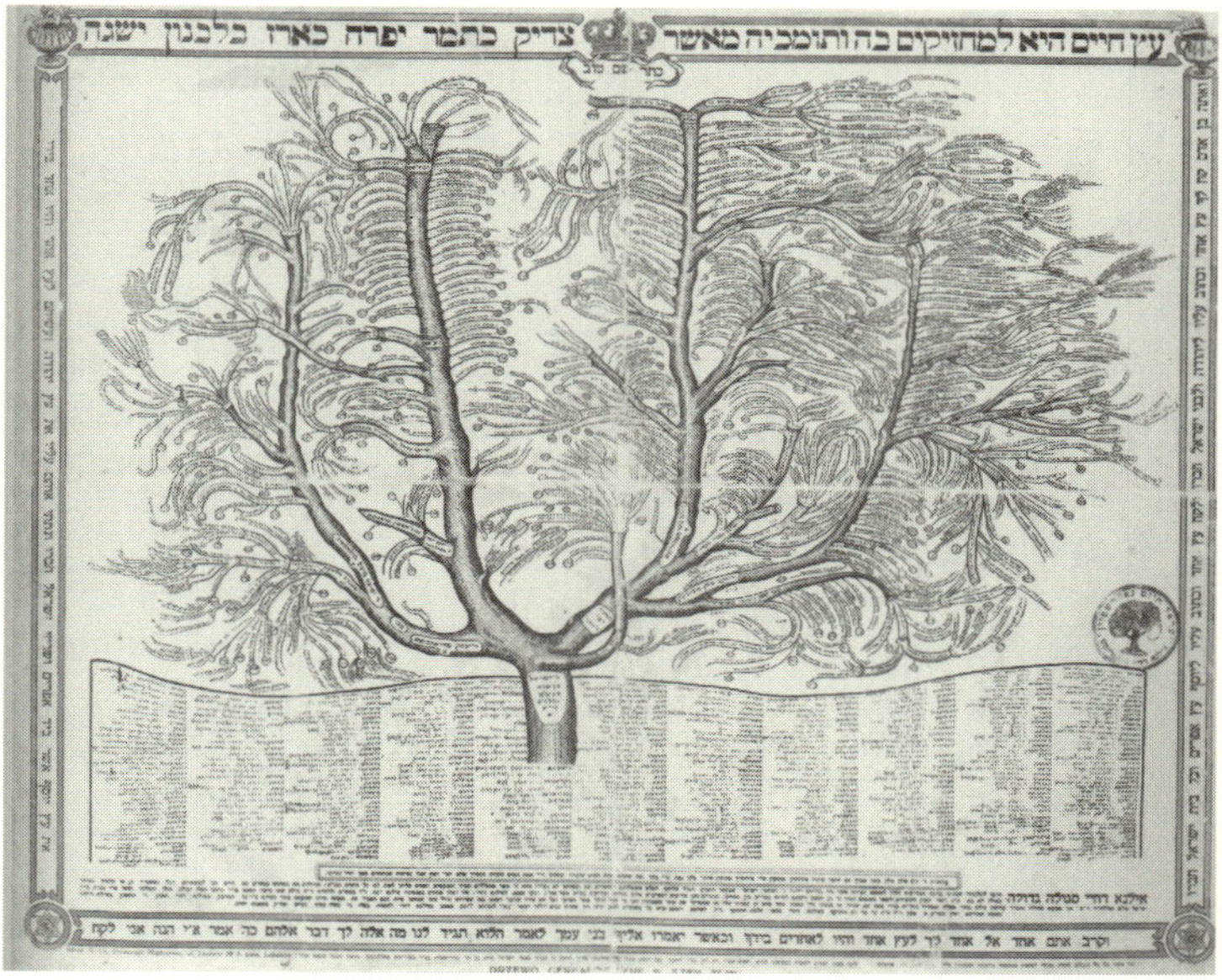

ハシディズムでは家系がことのほか重視される。樹木に喩えられる家系の幹にはバアル・シェム・トーヴの名が刻まれている。

ルナのガオンこと、エリヤフ・ベン・シュロモ・ザルマン（一七二〇～一七九七）の功績によるところが大きい。彼はハシディズムの開祖とされるバアル・シェム・トーヴと同時代を生きた人物である。バアル・シェム・トーヴがラビ・ユダヤ教のエリートではなく、より民衆に近い存在だったのに対して、ヴィルナのガオンは幼少からタルムードを読みこなす神童だったと言われている。三歳で律法を覚え、一一歳でタルムードをすべて暗記したという伝説がある。また当時のリトアニアのユダヤ人の傾向で、世俗の科学を学ぶことにも積極的だった。それほど優秀でもラビの公職に就くことがなかったという事実は、彼の知の世界の一端を物語っているかもしれない。まさに天才を意味するガオン（*gaon*）の呼称にふさわしい賢者だった。

反対派《ミトナグディーム》（*mitnagdim*）と呼ばれる反ハシディズムのラビが多く出たのはこの学塾からだった。バアル・シェム・トーヴが活動したポドリア地方のメジビジはヴィルナに近く、また弟子たちはリトアニアにまで勢力を拡大していた。それを考えれば、ヴィルナのガオンが当時まだ新興勢力であったハシディズムを危険視し、辛辣な言論戦を展開したのも当然である。一七七二年を皮切りに、ハシディズムに対して三度にわたる異端宣告が出された。それでも彼は相手の義人たちを敬う心を忘れてはならないと説いたと言われている。

さらに、ヴィルナのガオンはカバラーの教えでも確固たる名声を築いた。秘教と規範が一枚の硬貨の裏表だということを思い出せば、それも不思議なことではないだろう。実際、すでに紹介したように、アブラハム・ベン・ダヴィド、ナフマニデス、シュロモ・イブン・アドレート、ヨセフ・カロ、モシェ・コルドヴェロなどはハラハーに通じた神秘家だった。しかし、ヴィルナのガオンの功績はそのなかでも特に際立っている。伝説によると、彼がカバラーを勉強しはじめたのは九歳のときである。そして、一三歳でゴーレムを作ろうとした。だがこの試みは天からの啓示を受けて中断したという。のちにヴィルナのガオンは「秘匿の書」や「光輝の修復」といったゾーハル文学、そして『形成の書』の注解を書いた。しかし興味深いことに、彼は天使による啓示を受けることを生涯拒み続けた。あるとき、律法の秘密を伝えようとするマギードと呼ばれる天使が執拗に懇願して、ようやく啓示を受け入れたが、それでもマギードの顕現を目にすることは拒んだという。

　ヴィルナのガオンが著作活動に勤しんだのは四〇歳までで、それからは一切筆を絶って多くの弟子を育てたと言われる。彼の伝説を今日に伝えているのは、ヴォロジンのハイム・ベン・イツホク（一七四九〜一八二一）である。彼はヴォロジンに学塾を創設し、さらに多くの弟子を育てながらヴィルナのガオンの教えを守った。ハイムが著した『生命の霊魂《ネフェシュ・ハハイム》』（*Nefesh ha-Ḥayyim*, 1837）は、人間と神、祈りと律法を論じ、リトアニアのユダヤ思想の集大成として名高い。その第三章は、セフィロート体系を中心にしてヴィルナのガオンが説いたカバラーの教えに充てられている。一方でシクロウのメナヘム・メンデル（一八二七没）のようにイスラエルの地に移住した弟子もいた。このメナヘム・メンデルは晩年のヴィルナのガオンのもとで学び、カバラーに関するいくつもの書物を著している。

ルーリア派の教えを守ったクラウスの伝統

ツファットのカバラーはヨーロッパでも広く知られていた。イタリアではルーリア派のカバラーが、イスラエル・サルーク、メナヘム・アザルヤ、アブラハム・コーヘンらによって知られるようになった。またアムステルダムのメナセ・ベン・イスラエル（一六〇四～一六五七）は、出版社を営みながらさまざまな外交的な職務を果たした万能のラビだったが、カバラーの知識も豊富だった。霊魂転生論についての彼の著作『生命の霊《ニシュマット・ハイム》』（*Nishmat Hayyim,* ）にはルーリア派の影響が明らかである。ドイツにもカバラーに通じたラビは多かった。しかし、ヨーロッパにはエルサレムのような制度と環境がなかったために、一八世紀以降、西欧では秘教の伝統が発展することはなかった。そこにカバリストがいなかったというわけではないが、彼らは個人的に学んだか、あるいはおもにイスラエルの地など、オスマン帝国からやって来た人々だった。

そのようななかでも興味深いのは、ポーランド・リトアニア共和国での展開である。ポーランドにカバラーが最初に伝わったのは、一六世紀後半のことである。まずモシェ・コルドヴェロの著作が読まれ、それから一七世紀のはじめにはルーリア派のカバラーが主流になっていった。イスラエル・サルークがポーランドを訪れたのもこの頃である。クラコフのナタン・ネタ・シャピーラ（一五八五～一六三三）もルーリア派を普及させたカバリストとして重要である。彼の『深層を明かす者《メガレー・アムーコート》』（*Megalleh ʿAmuqot,* 1636）には、アシュケナズィー系の神秘主義に特有の天使メタトロンも現れる。シャピーラはクラコフで学塾長を務め、秘教的な教えに触れるのは安息日だけだったと言われている。その後一八世紀にはカバラーといえば、ほとんどがシャブタイ派やハシディズムを通して知られるようになった。

しかし、この時代には例外的なところがあった。ブローディ（現在のウクライナ西部）である。この都市では一六九九年にユダヤ人の居住区や職業の自由化が定められたため、最盛期にはユダヤ人が人口の七割にのぼったとも言われる。ブローディには「クラウス」と呼ばれる私塾があった。ここは学塾と言えるほど制度化されていなかったが、一七四〇年頃から一九世紀までラビ・ユダヤ教の学問の拠点のひとつとして機能した。興味深いのは、この時代の東欧がハシディズムに席巻されていたにもかかわらず、「クラウス」はタルムードを基礎に据えた伝統的な学習方法を守っていたことである。そしてもうひとつの特徴が、ルーリア派のカバラーだった。彼らはハシディズムの思想を取り入れることなく、ルーリア派の神学にこだわり続けたのである。

ブローディのユダヤ人共同体は、一七五六年にこの地域で勢いを強めていたフランク派に破門を宣告したことでも有名である。フランク派はシャブタイ派のカバラーを教義に取り入れており、同じくルーリア派から派生したものであるが、すでにまったく異なるものになっていた。破門状には次のように書かれている。「タルムードや律法の学習を放棄し、［…］グマラの理解に到達せずに律法のもっとも深い秘密を知ろうとする者について、我々は制限を加え、命令を出さなければならないと考える」。彼らにはタルムードという確固たる基礎の上に秘教を学んでいるという自負があったことがよくわかる。またその後、一七七二年にはハシディズムに対しても破門を宣告している。このときはハシディズムの書物をことごとく焼き払ったという。このような過激な行動に積極的に関わっていたのが「クラウス」だった。

バアル・シェム・トーヴの従兄弟、アブラハム・ゲルションが「クラウス」の最初期のメンバーだったことが知られているが、それ以外にハシディズムから学びに来た者がいたかどうかはわかっていない。同じころ、リトアニアではヴィルナのガオンがハシディズムを攻撃していたが、彼は正統的なタルムードの学習に立ち返るならばハシディズムの背景を持つ者でも受け入れていた。ブローディの強行的な姿勢は、ヴィルナの共同体の方針よりもさらに過激だったと言えるだろう。

第5章　現代におけるカバラーの普及と拡散

ハシディズムの新しい展開

現代のユダヤ社会に見ることのできるもっとも顕著なカバラーの展開は、今日でも人々の関心を集めているハシディズムのグループである。ハシディズムそのものが多分にカバラーの考え方や用語を取り入れた現象だということはすでに述べたが、そのなかでも特に影響力の強いグループを二つ紹介しておきたい。ひとつは米国を中心に世界中で活動するハバッド・ルバヴィッチであり、もうひとつはイスラエルで多くの信奉者を持つブラツラフ・ハシディズムである。

ニューヨークをはじめとする大都市で、キャンピングカーなどの大型車から大音量の音楽を流しながら、ユダヤ人に悔い改めを呼びかけるハシディズムの一派がある。ハシディズムの精神を伝えるために宣教運動を行うハバッド・ルバヴィッチである。宣教とは言っても、ユダヤ教から離れたユダヤ人を信仰の世界に呼び戻すことが主な目的である。米国では一九六〇年代から「ユダヤ教の再興」（Jewish Renewal）というリヴァイヴァル運動が起こり、ハバッド・ルバヴィッチはその重要な一角を担った。この活動は米国だけでなく、世界中の世俗的なユダヤ人をターゲットにし、現在では世界でもっとも大きなユダヤ教の組織となっている。日本では東京に「ハバッド・ハウス」があり、ビニヤミン・エデリーがラビを務めている。

ハバッド・ルバヴィッチの起源は、一七五五年にリアディのシュネウル・ザルマン（一七四五〜一八一二）を中心にするレッベたちにまでさかのぼることができる。ハバッド（*HaBaD*）は知恵《ホフマー》（*Hokhmah*）、理知《ビーナー》（*Binah*）、知識《ダアト》（*Da'at*）の頭文字をつなげた言葉で、彼らの理念が知や思考のあり方に基づいていることがうかがえる。ルバヴィッチは現在のベラルーシに近いロシアの村の名前で、第一次世界大戦の時代までシュネウル・ザルマンを継ぐレッベたちが住んでいた土地である。代々のレッベはルバヴィッチや周辺都市で活動したが、一九四〇年以降はニューヨークのブルックリンにあるクラウン・ハイツに中心地を移した。イスラエル建国の八年前、すでに多くのユダヤ人がイギリス委任統治領のパレスチナに移住していたころだった。当初ハバッドは小さなグループに過ぎなかったものの、一九五一年、メナヘム・メンデル・シュネウルソン（一九〇二〜一九九四）が第七代のレッベに就任すると、宣教活動を通して多くの信奉者を獲得した。

ハバッドの教義は、ハシディズムの開祖イスラエル・バアル・シェム・トーヴとメズリッチのドヴ・ベールの教えを源泉としているが、『光輝《ゾーハル》の書』やルーリア派のカバラーもよく参照

エルサレム旧市街にあるハバッド・ルバヴィッチのシナゴーグ。

される。つまり、一七世紀以降のカバラーの主な流れを基礎にして、初期ハシディズムの精神を受け継いでいるということになる。それに加えて、ハバッドの初代レッベ、シュネウル・ザルマンの教えにも確固たる地位が与えられている。彼は個々のユダヤ人がいかに神に仕えるかという主題を体系的に論じ、それは一七九六年に『タニヤの書』(*Sefer ha-Tanya*)としてまとめられた。「タニヤ」とはタルムード文学のアラム語で「教えられた」という意味である。この書物は今日でもハバッドの基本教典であるが、それ以外の宗派でも重要な書物として受け入れられている。

ハバッドがほかのハシディズムの宗

派と大きく異なるのは、神への「密着《デヴェクート》」を信仰の問題で終わらせることなく、非常に思弁的な方法で探求しようとするところである。人間を神と結びつける方法は、感情ではなく思考であるという。したがって、レッベたちの聖人譚を通してユダヤ人としての正しい生き方を教えるという一般的な方法を取らない。『タニヤの書』だけでなく、メナヘム・メンデル・シュネウルソンが著した多くの著作も学ばれている。彼はハバッドの信奉者にとってカリスマ的な存在だった。一九九四年に没して以来、ニューヨークのクイーンズにある彼の墓には世界中から多くのユダヤ人が参拝に訪れる。天に祈りを取り次いでもらおうと、ファックスやEメールでも祈りと願い事を書いた文書が送られてくるという。新しいタイプの巡礼、あるいは米国版の「嘆きの壁」と呼ばれる所以である。

今日、ハシディズムの文化のなかで、義人の墓地巡礼はよく知られた行事である。しかし、宗教的な修養としての墓地巡礼そのものは古くから行われていた。とりわけ有名なのがブラツラフ・ハシディズムの信奉者によるウマンの巡礼である。ウマンとは、ウクライナ中部のウーマニをユダヤ人が呼ぶときの名称であり、ここにはブラツラフのラビ・ナフマン（一七七二〜一八一〇）が眠る墓地がある。ユダヤ暦の新年に行われるウマンの巡礼は二〇〇年以上続いているとされる。

ブラツラフ・ハシディズムの学塾《イェシヴァー》やグループは、おもにイスラエルで大きな勢力を誇る。ホロコーストや共産主義の反宗教政策によって一時はかなり衰退したものの、一九七〇年代、カ

イスラエルでは街のいたるところに「ナ・ナフ・ナフマ・ナフマン・メウマン」と書かれたものを見ることができる。

ウンター・カルチャー全盛期と時を同じくして、エルサレム、ブネイ・ブラク、ツファットなどで多くの若者がブラツラフ・ハシディズムにユダヤの精神性を見出した結果である。イスラエルを旅すれば、どこにでも「ナ・ナフ・ナフマ・ナフマン・メウマン」という路上の落書きを見ることができる。かぎ針編みの白いキッパー（ユダヤ人男性が頭頂部を覆う帽子）を被った男たちが、音楽に合わせて激しく踊る光景には新しい宗教運動に特有の奇抜さがある。これらはすべてブラツラフ・ハシディズムのメンバーがラビ・ナフマンの教えを広めるためのパフォーマンスである。

　ラビ・ナフマンはポドリア地方のメズリッチで生まれた。母はバアル・シェム・トーヴの孫で、父も代々著名なレッベを輩出してきた家系の出身だった。一七九八年からイスラエルの地をはじめとする各地で研鑽を積み、一八〇〇年に故郷に近いズラトーポルで活動をはじめる。ところが地元のレッベ、シュポーラーのアルイェ・レイブ（一七二四〜一八一一）から言動を厳しく非難された。一八〇二年、ブラツラフに移ったラビ・ナフマンは新しい宗派の設立を宣言した。これがブラツラフ・ハシディズムの始まりである。その後、大火によって焼け出されてウマンへ移り住み、一八一〇年に結核で世を去った。三八歳の若さだった。

それでも生前多くの弟子を集め、彼らによって教えが書き残されたことで、ラビ・ナフマンの思想について多くのことを知ることができる。彼は東欧ユダヤ人の民間伝承にカバラーのシンボリズムを取り入れ、倫理的な生き方を説くというスタイルでいくつもの物語を語った。これらの作品は『寓話集』（*Sipre Maʿasiyot*, 1815）として、彼の死後五年経って出版された。一三の寓話からなるこの本は、カバラーの象徴体系を駆使することで深い意味が見えてくるように書かれている。

ラビ・ナフマンの墓地巡礼にもカバラーをもとにした意味づけがなされている。彼は生前「全体の修復《ティクーン・クラリー》」（*tiqqun klali*）という儀礼を作り出した。ルーリア派のカバラーでは、神のセフィロート体系を原初の調和に戻す作業を「修復《ティクーン》」と呼び、一方で自らが犯した罪によって霊魂に刻まれた傷を癒やすことも「修復」という言葉で説明された。ラビ・ナフマンのいう「全体の修復」は、もともとは性的な罪や思想的な罪を償うために詩篇の一部を唱えることだった。たとえば、それは夢精の穢れを祓うことから啓蒙主義《ハスカラー》の逸脱を祈りによって修正することまで、幅広いねらいを備えていた。ところが晩年になると、ラビ・ナフマンの霊魂を天に上昇させるために同じ詩篇の一部を唱えることが「全体の修復」であると言われ、この宗教的カリスマの救済における働きが強調されるようになった。彼は自分自身がメシアだと明言したことはないものの、メシアが生まれるための媒介的な役割を担っていると考えていたのは間違いない。現在ではラビ・ナフマンの墓で「全体の修復」を行うことが、個人の罪を償い、霊魂の傷を癒やすことにつながると考えられている。

ラビ・ナフマンはシャブタイ派の疑いをかけられたと言われることがある。シャブタイ派のカバラーでは、「修復」が終末論的な含みを持つ常套句として頻繁に用いられ、ラビ・ナフマンが「修復」をメシア論的に定義付けたことを考えれば、その可能性はあったかもしれない。だが、この主張はユダ・リーベスらによって否定されている。ところがリーベスによれば、ラビ・ナフマンは証拠不十分というわけにはいかないという。「全体の修復」に関して語った彼の言葉のなかに、ガザのナタンの「修復」とまったく同じ表現が使われているというのである。ラビ・ナフマンが何らかの形でナタンの「修復」を知っていた可能性は否定できない。一八世紀末のポドリアは「四地域評議会」の権力が及ばず、シャブタイ派がはびこっていた。シャブタイ・ツヴィという個人を抜き取ったあとのシャブタイ派の救済論のなかに、ブラツラフ・ハシディズムに通じるものがあったことは興味深い。

二〇世紀に入ってドイツのユダヤ人社会でハシディズムの復興が起こった。一八八〇年代以降、ユダヤ社会の世俗化の波は東欧にも押し寄せ、それがシュッテトルの崩壊とハシディズムの衰退を招いていた。しかし、今度はその反動として、ドイツの世俗的なユダヤ人のあいだでハシディズムに対するロマンチックな懐古主義が生まれた。その典型的な例が、マルティン・ブーバー（一八七八〜一九六五）の著作、『ブラツラフのラビ・ナフマンの物語』（*Die Geschichten des Rabbi Nachman*, 1906）と『バアル・シェム・トーヴの伝記』（*Die Legende des Baalschem*, 1908）である。ハシディズムにこそユダヤの本来の姿があるとされ、二〇世紀初頭のドイツのユダヤ人の思い描いた理想と憧れが濃く滲み出ている。そのほかにも、二人のノーベル文学賞受賞者、シュよムエル・ヨセフ・アグノン（一八八八〜一九七〇）とイツハク・バシェヴィス・ズィンガー（一九〇四〜一九九一）の作品のなかにも、しばしば一九世紀のハシディズムの生活が描き出されている。

世俗のユダヤ人へと開かれたカバラーの扉

二〇世紀のはじめ頃、シオニズムが徐々に現実味を帯びるにしたがって、カバリストたちのあいだでも大きな意識の変化が起きようとしていた。これから光を当てる現象は、当時のパレスチナのユダヤ人が置かれていた状況への応答であり、カバラーをユダヤ教の根本的な教えとして多くのユダヤ人に伝えていく動きにつながる。当時のエルサレムでは、ハシディズムとは直接の関係を持たない中東出身のラビやスファラディー系のラビが、独自の伝統のなかでカバラーを実践していた。そこに東欧やロシア帝国領内からハシディズムの背景を持つ人々が移住してきた。彼らは互いに異なる文化圏で教育を受けており、カバラーに関しても大きな差があった。その一方で、新しい社会のなかでは世俗的なユダヤ人がマジョリティとして重要な役割を担っていた。この宗教と世俗が隣り合う状況が変化をもたらすことになる。

ここで取り上げるのは、比較的傾向がよく似たアブラハム・イツハク・クック（一八六五～一九三五）とユダ・アシュラグ（一八八五～一九五四）である。二人はアシュケナズィー系のカバリストで、ともにエルサレムで活躍した。のちに学派と呼べるほど大きなグループになる点でも見逃せない。

アブラハム・イツハク・クックはロシア帝国のグリーヴァ（現在のラトヴィア）で生まれた。リトアニアのヴォロジン（現在はベラルーシ）の学塾で学び、若くしてラビを務めるほど優秀な人物であった。ヴォロジンの学塾と言えば、ヴィルナのガオンの教えを受け継ぎ、ハシディズムを厳しく非難しながらも、そうした背景を持つ人々を迎え入れる融和的な姿勢で知られていたところである。その影響から、彼もハシディズムや世俗の学問の価値を認める開明的な人物であった。一九〇四年にパレスチナに移住し、ヤッフォの首席ラビになる。その後、一時ロンドンのラビを務めたあとエルサレムに戻って、一九二一年に最初のアシュケナズィー系首席ラビに選ばれた。

アブラハム・イツハク・クックはラヴ・クックという通称で呼ばれ、宗教的なユダヤ人の教育だけでなく、世俗の社会に暮らす人々にもメッセージを送った。彼はシオニズムの精神に鼓舞されてパレスチナに集う世俗のユダヤ人に、新たな救済の可能性があると考えた。その思想はカバラーを基礎にしたものである。世界は万物の根源である神から溢れ出るエネルギーによって成り立っているという。何よりも特徴的なのは、神から地上に降り注ぐ発出が誰でも等しく享受できると主張した点である。もちろん世俗のユダヤ人にもそれは当てはまる。ラヴ・クックによると、この世界はつねに二つの光の緊張関係の上に成り立っている。一方は生命を蘇らせ続ける新しい光で、他方はすでに伝統のなかに結実した光である。言い換えるならば、今まさに降り注ぐ神の光と伝統的な聖典のなかで語られる啓示が拮抗している。宗教と世俗が共存するパレスチナのユダヤ人社会には、新しい啓示、新しい形のユダヤ教が必要である。ラヴ・クックはその目的のために世俗の人々に正しい信仰を伝えることが大切で、カバラーこそがそれを実現するもっともふさわしい手段であると考えた。彼にとって、カバラーは神秘家だけが学ぶ秘密の知恵ではなかった。このような思想のなかで、必然的に世俗主義の力、シオニズムの精神とユダヤ人国家の重要性が強調されるようになる。世俗のなかに聖なる潜在性を見出し、それをユダヤ教そのものの推進力に変えていくというラヴ・クックの考え方は、息子のツヴィ・ユダ・クック（一八九一～一九八二）ら多くの弟子に受け継がれていった。

ラヴ・クックと親交を結び、同時代のエルサレムで活動したカバリストのなかで、もっとも

ラヴ・クックの名を冠した出版社、モサド・ハラヴ・クックは一九三六年に設立された。二〇〇〇タイトル以上のユダヤ教関連の書籍を出版している。

影響力のあった人物がユダ・アシュラグである。ロシア帝国のウッチ（現在のポーランド）でハシディズムの家庭に生まれたユダ・アシュラグは、一九歳でラビの叙任を受け、ワルシャワのラビ法廷で裁判官を務めたほど優秀な若者だった。ラヴ・クックがそうであったように、アシュラグも西欧の学問を学び、非ユダヤ人の世界へと知識を広げていった。彼がパレスチナに移住したのは一九二一年のことである。カバラーの聖地、エルサレムへ寄せた期待は大きかった。ところが、もっとも正統的なルーリア派のカバラーを伝える学塾「ベイト・エル」を訪れて、彼は失望を味わうことになった。「ベイト・エル」では一六世紀以来の旧態依然としたカバラーが学ばれ、秘教は文字通り学塾の壁の内側に封じられていた。アシュラグはそこに新しい時代精神が入り込む余地がないと感じた。

他方でラヴ・クックとの出会いは彼のその後に

大きなインパクトを与え、カバラーの流布に力を注ぐきっかけとなった。一九二六年にロンドンに渡り、数年後パレスチナに帰ってくると、『一〇のセフィロートに関する教え』（*Talmud ʻEser Sefirot*, 1937）や『光輝の書』にヘブライ語訳と注解をつけた『階梯の注解《ペルーシュ・ハスーラム》』（*Perush ha-Sullam*, 1945-53）といった作品を世に送り出した。前者はルーリア派の教えをセフィロート体系に基づいて解説したもので、後者はアラム語が読めない人々にゾーハル文学の世界観を伝える目的で書かれた全二一巻の翻訳と注解書である。その他にもアシュラグはカバラーの言葉を用いながら、社会や人間の心理について批判的なエッセイを書いた。ルーリア派のカバラーのなかに共産主義の発想を導入したことでも知られている。彼はラヴ・クックよりもカバリストとしての仕事が多いが、秘教が明かされるときこそ救いの時代であると考える点では志を共有していた。息子のバルーフ・アシュラグ（一九〇七～一九九一）らがその運動を継承し、今日ではアシュラグ派は超正統派からも世俗のイスラエル人からも由緒ある団体として認められている。

ユダヤ教に無関心なオカルティズムとニューエイジ

近現代のカバラーの歴史を語ろうとするとき、私たちはユダヤ人やユダヤ教の枠組みの外側で生じた流れがあることに気づく。同様の現象はルネサンス期のキリスト教カバラーにも見られた。だが、一九世紀後半の英国やフランスにはじまる近代的な形態のオカルティズムは、ユダヤ教やキリスト教など伝統的な宗教からは徐々に離れていき、カバラーをいくつもの普遍的な秘教伝統の一つとして取り入れた。カバラーからはユダヤ教の要素がすっかり抜け落ち、呪術的な技法と象徴体系が強調された。当時、中世のカバラーの伝統を保存していたのが東欧やパレスチナだったことを考えれば、近代オカルティズムは地理的にも隔絶された土地で起こった現象であることがわかる。

この流れの始まりに位置付けられるのは、エリファス・レヴィことアルフォンス・ルイ・コンスタン（一八一〇～一八七五）である。パリで生まれたエリファス・レヴィはカトリックの出自を持つが、英国で薔薇十字団に触れ、一八五四年にオカルティストとしての著作活動をはじめた。『ソロモンの鍵』やギヨーム・ポステルの著作に触発され、占星術や呪術にカバラーを融合させようとした。『高等魔術の教理と祭儀』（*Dogme et rituel de la haute magie*, 1856）はオカルティストの聖典とも呼べる著作であり、邦訳も出ている。カトリックの信仰の真髄がカバラーをはじめとする秘教のなかに伝わっていると考えた点で、キリスト教カバラーとのつながりが見られる。エリファス・レヴィの著作に触発されたマグレガー・メイザース（一八五四～一九一八）は、「黄金の夜明け団」（*Golden Dawn*）を創設した一人である。彼らのフリーメイソン的な位階制度には、カバラーの象徴表現が織り込まれている。この秘密結社には、ニューエイジに多大なインパクトを与えたオカルティスト、アレイスター・クローリー（一八七五～

一九四七）やアイルランドの詩人、ウィリアム・バトラー・イェイツ（一八六五～一九三九）も所属した。

二〇世紀には、神智学協会（*Theosophical Society*）や「永遠の哲学」（*Perennial Philosophy*）に影響を受けた著述家たちもカバラーに心酔した。パピュスことジェラール・アンコース（一八六五～一九一六）の『カバラー』（*La Kabbale*, 1903）はその先駆けとなった作品である。ウィーンの神智学協会で活動したエルンスト・ミュラー（一八八〇～一九五四）は、『ゾーハルとその教え』（*Der Sohar und seine Lehre*, 1920）や『ゾーハル：カバラーの聖典』（*Sohar, das heilige Buch der Kabbalah*, 1932）で人気を博した。後者は邦訳も出版されている。日本で早くから紹介されたダイアン・フォーチュンことヴァイオレット・メアリー・ファース（一八九〇～一九四六）もロンドンの神智学協会に参加していた。ダイアン・フォーチュンの『神秘のカバラー』（*The Mystical Qabalah*, 1935）は今日でもオカルティストに読み継がれている。

また、オルダス・ハックスリー（一八九四～一九六三）はさまざまの神秘思想を「永遠の哲学」という母体のなかに位置付けたが、カバラーに特別な関心を向けなかった。一方でパピュスの弟子、ルネ・ゲノン（一八八六～一九五一）やユダヤ人の著述家、レオ・シャヤ（一九一六～一九八五）のように、ハックスリーの「永遠の哲学」に近いアプローチからカバラーを捉える人々もいた。とりわけシャヤは『カバラーにおける人間と絶対者』（*L'homme et l'absolu selon la kabbale*, 1958）などいくつもの著作を残した。興味深いことに哲学者、井筒俊彦（一九一四

〜一九九三）はその有名な『意識と本質』（一九八三年）のなかで、ゲルショム・ショーレムとともにシャヤのカバラー理解を重要な典拠にしている。オカルティズムに批判的だったショーレムはシャヤの主張をまったく相手にしなかったにもかかわらず、井筒のカバラー理解では両者が同一のコンテクストに乗せられたのである。オカルティストの特徴はカバラーをあえて歴史的な文脈に置かずに、ユダヤ教を超えた普遍的な知恵と見なすところにある。このような態度はフィチーノの「古代神学」に極めてよく似ており、神秘主義に内在する非歴史性が行き着くひとつの結末と捉えることができる。

一九六〇〜七〇年代の社会を席巻したニューエイジのカバラーは、こうした近代オカルティズムの流れと滑らかにつながって現れてくる。そして、やはりユダヤ教そのものには無関心だった。ニューエイジは、産業化による効率主義があらゆる既存の価値観の優位に立つ時代に起こった反動、人間の意識が逼迫した現実を変えることができると信じる精神主義だった。しかし、それは必ずしも科学を捨て去るのではなく、適度な合理性に裏打ちされた疑似科学を開拓した。宗教の領域では、神秘思想が硬直した伝統に取って代わるとされ、組織や制度の権威から独立したカリスマが人気を博した。禅、レイキ、ヨーガ、太極拳、スーフィズム、ネイティヴ・アメリカンの文化などと並んで、カバラーの実践にも関心が集まった。米国やヨーロッパを中心に、カバラーの名を冠して無数の本が出版された時代である。

ユダヤ人のニューエイジから開かれたカバラーへ

カバラーがユダヤ教とは無関係のスピリチュアリズムとして消費される一方で、一九六〇〜七〇年代にはユダヤ人のあいだでも新しい動きが起こった。こちらはカバラーに対するユダヤ教の側からの新しいアプローチである。そして、本格的にエルサレムでカバラーを学んだユダヤ人が関わっている点で、それは現代ユダヤ思想史の一章をなす出来事だった。

そのきっかけは、アシュラグ派のカバラーのなかに見出すことができる。ユダ・アシュラグの教えを受け継ぎ、外に向かって開いていったのは二人のカバリスト、フィリップ・バーグ（一九二九〜二〇一三）とマイケル・ライトマン（一九四六〜）である。伝統的なカバリスト以外にも高邁な精神を流布し、人間のエゴイズムを克服すると謳うアシュラグ派の思想は、ニューエイジの思潮にうまく収まった。バーグとライトマンがニューエイジに典型的な言葉を用いて自己の変革を訴え、カバラーによる宗教と科学の融合を説く理由はそこにある。

フィリップ・バーグことシュラガ・フェイヴァル・グルーバーガーは、ブルックリンの超正統派の家庭に生まれた。彼は一九六四年にイスラエルでアシュラグ派のカバリスト、ユダ・ツヴィ・ブランドヴァイン（一九〇四〜一九六九）に出会って、のちに米国でブランドヴァインの教えを広める活動をはじめる。その際バーグは、レヴィ・イツハク・クラコフスキー（一八九一〜一九六六）というもう一人のアシュラグ派のカバリストの助けを得ている。クラコフスキーはユダ・アシュラグに促され、五人の子どもを孤児院に預けたまま、一九三七年から米国でカバラーの普及に努めていた。ブランドヴァインもクラコフスキーも、カバラーの教えを広めるという点では成功したとは言えない。それに対して、二人の死後、バーグはその遺志を継ぐ新たなカバラーを掲げて、クイーンズでカバラー・センターの活動を本格化させ、徐々に信奉者を増やしていった。

ところが、バーグの考え方は次第に伝統的なアシュラグ派からはかけ離れ、ニューエイジに大きく傾いていった。カバラー・センターが刊行した『光輝の書』の英訳の序文には、バーグがニューエイジの気風のなかで活動していたことを示す次のような言葉がある。「今日私たちは新しい啓示の時代の始まりを目撃している。［…］それは宝瓶宮《アクエリアス》の時代の秘密である。［…］ゾーハルによってつながる偉大なる光の力は究極のつながりなのである」。占星術の用語、「宝瓶宮の時代」はニューエイジャーが新しい時代を指して頻繁に用いた有名な言葉である。現在ではバーグの息子たちがカバラーの教えを伝え、世界各国の支部の数は五〇以上にものぼるという。

マイケル・ライトマンはもともとベラルーシのヴィトベスクで世俗的な家庭に生まれた。レニングラード大学で学んだあと、イスラエルに渡ってアシュラグの息子、バルーフ・アシュラグのもとで学んだが、彼の死後独立してブネイ・バルーフを立ち上げた。団体の名称は「バルーフの息子たち」という意味である。

ライトマンは人類が贖いの転換点に差し掛かった二〇世紀において、カバラーによる精神の改革で現実の世界に変化をもたらすことができると主張する。ブネイ・バルーフの活動はイスラエルのペタハ・ティクヴァが拠点となっているが、インターネットの動画サイトでライトマンのセッションを見ることができるし、オンラインで瞑想を実践することもできる。日本語も含めて複数の言語でウェブ・サイトを展開することにより世界中に信奉者を抱えているのも特徴である。

いずれの団体についても言えることは、一九九〇年代のインターネットの普及によって急速に拡大し、枠組みの緩やかな組織を形成していることである。ブログや動画配信によって、実践に関する専門的な情報を得ることができるだけでない。アシュラグ派から分派した彼らは、ユダヤ人と非ユダヤ人の区分を曖昧にして、もはやユダヤ教の運動を超えた展開を見せていると言ってもよい。メンバーがユダヤ人であれば戒律を守るべきだが、それは内面の変革やエゴイズムの克服に比べれば副次的なものと捉えられている。シャブタイ派思想と歴史的な関係がないとはいえ、カバラーのなかに新しい形の反規範主義が生まれたという事実は特筆に値する。こうした普遍化や脱ユダヤの動きは、ラヴ・クックの一派や伝統的なアシュラグ派には見られない傾向である。

ニューエイジのカバラーを理解するうえで欠かせないキーワードが二つある。ひとつはすでに述べた非ユダヤ人をユダヤ教の信仰に近づけるという使命感である。本来ならばユダヤ教は民族の枠組みを強く意識する共同体であり、非ユダヤ人を救いの対象からは遠ざける。もちろんそれはカバラーについても当てはまる。しかし、実際には非ユダヤ人を排除するという理念が実行に移されることはなく、むしろ異教の隣人たちについて融和的な論理が存在する。それは「ノアの息子たち」という概念である。ノアは神が世界の浄化のためにもたらした洪水で難を逃れたユダヤ人である（創世記6〜10章）。聖書の記述に従って考えれば、現在の非ユダヤ人ももともとはノアの子孫ということになる。タルムードでは異教徒は七つの戒律さえ守ればよいという考え方が示されており（バビロニア・タルムード、サンヘドリン篇56a〜b、59a）、これらはシナイ山でモーセに六一三の戒律が託される前に、神から人類に与えられたものである。七つの戒律を守れば異教徒でも義人であり、死後の救いに与ることができるという（同105a）。カバラー・センターやブネイ・バルーフでは、非ユダヤ人にまで救いの可能性を拡大することでメシアによる贖いが早められるとされている。

ただし、現代のカバリストが例外なくそうした態度を取っているわけではない。ハバッド・ルバヴィッチ出身のイツハク・ギンスバーグ（一九四四〜）は非ユダヤ人に対してユダヤ人が優位に立っていることを臆面もなく強調する。律法とカバラーの十分な知識があれば、非ユダヤ人を「ノアの息子たち」の境地に導くことはできても、根本的に限界があるというのがギンスバーグの立場である。彼によると、ユダヤ人には神の霊魂が備わっているが、非ユダヤ人はそうではない。このような考え方は容易に人種主義に結びつく。ギンスバーグはパレスチナに対するイスラエル国家のあり方をめぐって積極的に発言している。聖地イスラエルにはユダヤ人だけが暮らすべきだというのが彼の主張の根幹である。ヨルダン川西岸のパレスチナ人自治区にはイスラエル人が多くの入植地を建設し暮らしており、しばしば若者が暴力的な手段によってパレスチナ人を襲撃する事件が起こる。そうした過激な態度は、基本的に宗教的なシオニズムのイデオロギーが引き金になっている。ギンスバーグはこの暴力的な行動が律法のなかで命じられた戒律の実行であるとして賞賛する発言をたびたび繰り返し、イスラエル国内でも物議を醸している。

もうひとつのキーワードはユダヤ教への回帰である。しかもそれは規範的な共同体ではなく、内面的な信仰に戻るという意味が強い。一九六〇~七〇年代の米国では、若いユダヤ人のあいだで生まれたアイデンティティの揺らぎが大きな問題になっていた。とりわけニューエイジの空気のなか、彼らは宗教から完全に離れるのではなく、ユダヤ教の代わりとなる拠り所を求めた。仏教に帰依する者にはユダヤ人が多かったというのは有名な例である。そうした状況に呼応して、「ユダヤ教の再興」と呼ばれる運動が起こり、大学のキャンパスなどを拠点として世俗のユダヤ人を宗教的な生活に導き入れる活動が盛んになった。なかでも超正統派のユダヤ教の世界へ入るユダヤ人は、「神へ立ち返った者《バアル・チューヴァー》」(*ba'al teshuvah*)と呼ばれる。

この種の運動にはハシディズムのグループが関わっている場合が多く、カバラーの言葉を用いてユダヤ教の精神性が説かれたところに特徴がある。ハバッド・ルバヴィッチの活動家、ザルマン・シャピター・シャローミー（一九二四〜二〇一四）はそうした運動に携わった代表的な人物である。彼はユダヤ教の精神的な要素としてカバラーの実践を説き、のちにハバッドを離れ、自らが主宰するグループのなかで「ユダヤ教の再興」に取り組んだ。彼はチベット仏教の教えに共感し、ダライ・ラマ一四世（一九三五〜）と会見したことでも知られている。シャヒター・シャローミーのもとで学び、そこから独自の活動を展開したカバリストには、カバラー・センターのフィリップ・バーグがいる。

現代イスラエルの伝統的なカバラー

現代のカバラーの全体像を描こうとするとき、ハシディズム、アシュラグやラヴ・クック、あるいはニューエイジの影響を語るだけでは不十分である。すでにエルサレムの「ベイト・エル」には触れたが、その精神を受け継いで活動する多くのカバリストたちがいる。そうした守旧派のカバリストは、秘教の大衆化という現代的な問題に苦慮しながら、古来の伝統を守ろうとしている。ここではエルサレムの超正統派の社会で人々の尊敬を集めながらも、その外側ではあまり知られていない二人のカバリストを紹介しよう。ヤアコヴ・モシェ・ヒレル（一九四五〜）とイツハク・メイール・モルゲンシュテルン（一九六六〜）である。

ヤアコヴ・モシェ・ヒレルはインドで生まれ、英国で教育を受けたイラク系のユダヤ人であ

現在のヘヴラット・アハヴァット・シャロームの建物

る。一九七二年、まだ二〇代の頃、エルサレムに「ヘヴラット・アハヴァット・シャローム」（*Hevrat Ahavat Shalom*）という学塾を作り、現在ではラビ法廷や出版社まで運営している。学塾ではシャローム・シャラービーの「精神集中」とともにルーリア派のカバラーが学ばれ、出版社は特にイツハク・ルーリアの初期の写本をもとにした校訂版を美しい装丁で出版している。その一方で、ヒレルはカバラーが雑多な人々に学ばれることに深い懸念を示している。彼の言葉を借りるならば、カバラーを学ぶ者はまず幼いころから律法に親しみ、タルムードに通じ、既婚者であり、聡明でおおよそ三〇歳を過ぎていなければならない。このような考え方は現代のカバラーを取り巻く状況では保守的に見えるが、実際には古くからある一般的なものである。ヒレルは学術的な研究だけでなく、カバラー・センターのようなニューエイジの流れをも厳しく非難している。彼が書いた文書のなかでは、フィリップ・バーグはカルトの教祖であり、イエスやシャブタイ・ツヴィに喩えられている。

シャローム・シャラービーのカバラーを継承しているという意味では、イツハク・メイール・モルゲンシュテルンもヒレルと共通点を持っている。英国でハシディズムの家系に生まれたモルゲンシュテルンは、二〇〇二年にエルサレムで「トーラット・ハハム」(*Torat Hakham*)という私塾を開いた。ヒレルと異なるのは、モルゲンシュテルンがカバラーの教えについて比較的柔軟な態度を示す点である。彼はカバラーの根本にはどのようなユダヤ教のグループにも共通する平易な信仰があり、それは多くのユダヤ人に理解できるはずだと考える。ただし、実際には彼の周りに集っているのは、いわゆる超正統派の人々に限られる。モルゲンシュテルンがハシディズムのカバリストであることを考えれば、イエメン出身のシャラービーや「ベイト・エル」の方法を取り入れているところには独自性がある。シャラービーだけでなく、ハバッド・ルバヴィッチのレッベ、モシェ・ハイム・ルツァット、ブラツラフのラビ・ナフマンなどさまざまなカバリストの見解を採用しているところからも、いくぶん開放的な姿勢がうかがえる。このように今日でもカバラーを秘密の教えとして学ぶ伝統は根強く残っている。彼らは『光輝の書』を学び、ルーリア派の「精神集中」を実践し、シャラービーの弟子たちの著作を読みながら、秘教に垣根をめぐらせて守っていこうとしている。

その一方でイスラエルには、超正統派以外の宗教的な人々を集めるカバリストもいる。「牛乳屋」の愛称で知られるハイム・コーヘン(一九三五〜)は、職業的な宗教者ではない。テル・アヴィヴ近郊のギヴアタイムで酪農業を営みながら、カバリストとして人々に教えを説いている。トレードマークの鳥打帽をかぶり、髭も生やさず黒服もまとわない彼の姿に、いわゆるカバリストの印象はない。また、「レントゲン」という名で呼ばれるヤアコヴ・イスラエル・イファルガン（一九六六〜）は、その名の通り予知能力と病気を癒やす超常的な力で知られている。イファルガンはネティヴォートを拠点としながら、さまざまな社会層から信奉者を集め、莫大な寄付によって財をなしていると言われる。彼らのようなカバリストは、ハシディズムの家庭で育ったり、ラビとしての専門的な教育を受けたりしているが、伝統的な共同体からは距離を置いて個人のカリスマを発揮する傾向にあるため、超正統派から厳しい批判を受けることもある。

カバラー研究における学問知の内在化

ユダヤ教の近代化にとってもっとも決定的だったことは何だろうか。ゲットーからの解放や世界規模での民族意識の開花など、いくつかのキーワードが考えられるが、ここではユダヤ学の発展と学問知の内在化の関係を取り上げてみよう。ユダヤ学はユダヤ人の宗教や思想、言語や歴史を実証的な方法と記述によって研究する。一見すると信仰の対極にあるこの研究という営みが近代になって高度化するにしたがい、そこで築き上げられた知識がユダヤ思想の現場に作用するようになった。ユダヤ人が学術的研究を通して自己を理解するようになったことは、ユダヤ教の近代化の重要な特徴である。

一九世紀のドイツでは、啓蒙主義《ハスカラー》の知識人が西欧の学問的手法を用いて民族の思想や歴史を研究しはじめた。これはドイツ語で「ユダヤ教の科学」（*Wissenschaft des Judentums*）と呼ばれ、今日のユダヤ学の基礎を築いた画期的な試みであった。彼らはいわば外部からユダヤ人とユダヤ教を俯瞰し、その歴史や文献を客観的に分析しようとした。そして、もはや神がイスラエルの民の歴史に介在した、あるいは律法がモーセによって書かれたと手放しに信じることはなかった。そうすることで、ユダヤ教を他の宗教と比較して語れるようになったし、世界史のなかで相対的な位置を見出すことができるようになった。このようなアプローチがユダヤ教そのもののなかにも組み込まれていく。ユダヤ人自身がユダヤ教を新たな視点で捉え直したという意味で、それは一七世紀にさかのぼるキリスト教の神学者による聖書学がもたらしたインパクトよりもはるかに大きかった。

学術的な方法にのっとったユダヤ教理解は、一九世紀後半からヨーロッパやアメリカ合衆国のラビ養成機関でも採用されるようになり、今日では多くの宗教的な高等教育機関でユダヤ学に基づいたプログラムが取り入れられている。ラビが大学でユダヤ教を講じることも珍しくなく、優れたバランス感覚を持つ研究者は学問と宗教の境界に豊かな成果をもたらしている。それを考えれば、現代のユダヤ教を語るうえでユダヤ学の発展を考慮することは不可欠な作業である。

学問知の内在化は研究が大きく進展したことで、カバラーの分野にも起こった。ここでの関心は、それによってカバラーが新しい権威と正統性をまとうようになったことにある。中世ではカバラーと言えば、聖書やタルムードを徹底的に学んだあと、カバリストの学塾だけで密かに学ばれる限定性の強い知恵であった。それが実践から切り離され、文献学的な厳密性という新しい装いのもとに学術的研究の舞台に現れたのが二〇世紀のことだった。そして研究の発展とともに、聖書やタルムードに通じていなくても、『光輝の書』を始めとする古典を一足飛びに学ぶことができるようになっていった。たしかに一六世紀に多くの古典が印刷されはじめたとき、カバラーの世界への敷居は随分と低くなったが、学術的研究という圧倒的な流れは秘教の門をなぎ倒すほどの勢いがあった。これは一つの知としてのカバラーが歴史上初めて経験したことである。

こうした成果は大学の枠組みを超えて信頼性の高い典拠として迎えられた。そして、学術的研究が専門家だけでなく、宗教的な知へと還元されるようになった。この現象の特徴は、たとえばカバラーに真理を見出し、実存的な理解を試みるユダヤ人が、現代的に解釈されたカバラーの実践に没頭する自称「カバリスト」の正統性に疑問を投げかけるといった現象によく表れている。聖書やタルムードを知らずに、またアラム語やヘブライ語が読めずに、カバラーの本当の姿を捉えることができるのだろうか。現代のスピリチュアリティに熱心な非ユダヤ人にまでカバラーを教える組織が、本当にカバラーを理解していると言えるのだろうか。こうした批判的な視点を持つユダヤ人が、カバラー研究に真の理解のきっかけが備わっていると考える例は珍しくない。歴史や文献に関する客観的な知識を持たない「カバリスト」は、伝統的な学塾で学ぶ本家のカバリストだけでなく、カバラー研究を支持する人々からも疑いの眼差しを向けられているという現状がある。

カバラー研究の系譜

カバラーの学術的研究は、「ユダヤ教の科学」が栄えた一九世紀後半にはじまった。ハインリヒ・グレーツ（一八一七～一八九一）のような啓蒙主義の歴史家に、異教や迷信に侵されていると辛辣に非難されることもあったが、れっきとしたユダヤ思想として扱う人々も現れた。先鞭をつけたヨーロッパの研究者のなかには、アドルフ・フランク（一八一〇～一八九三）、モーリッツ・シュタインシュナイダー（一八一六～一九〇七）、アドルフ・イェリネック（一八二一～一八九三）らがいる。彼らは文献研究を通してユダヤ思想史のなかにカバラーの正しい位置を見出そうとした。

特にシュタインシュナイダーは、英国のボードリアン図書館など西欧の主要な文書館でヘブライ語写本のカタログ化に心血を注ぎ、そのなかでカバラーの写本を他の文学ジャンルと同等に扱った。初期のカバラーでは聖書やタルムードの登場人物を著者と偽る文献が多い。そうしたテクストは、実際の素性が闇に包まれていたにもかかわらず、彼の研究によって著者や著作年代が特定されたものもある。フランクの単著、『カバラー、あるいはヘブライ人の宗教哲学』（*La Kabbale ou la philosphie religieuse de Hébreux*, 1843）は各国語に翻訳され、ショーレム以前の研究ではもっとも広く読まれ、高い評価を得た。フランクはフランスのユダヤ人で初めて哲学分野のアグレガシオンを取得し、コレージュ・ド・フランスで教鞭を執った研究者でもある。同時代のイェリネックはさらに体系的な歴史研究を行い、『カバラーの歴史』(*Beiträge zur Geschichte der Kabbala*, 1852)などを著した。彼の著作には相当な量の重要なテクストが掲載されている。当時の一部の知識人が抱いていたカバラーに対する嫌悪感をよそに、彼らの研究は極めて堅実な方法論に基づいていた。

その後、イスラエルのヘブライ大学でカバラー研究を本格化させたゲルショム・ショーレム(一八九七〜一九八二)は、一九四〇〜七〇年代に世界の宗教研究にその重要性を印象づけた。『ユダヤ神秘主義の主潮流』(*Major Trends in Jewish Mysticism*, 1941)や『シャブタイ・ツヴィ』(*Shabtai Tzevi veha-Tenu'ah ha-Shabtait bi-yeme ḥayav*, 1957)は、ユダヤ学を超えて多くの人々にインパクトを与え、日本でも一九七〇年代から徐々に紹介されはじめた。ショーレムはあまりに重厚な業績のために、しばしばカバラー研究の開拓者として名前を挙げられるが、それを可能にした背景には一九世紀後半に活躍した先人たちの積み重ねがあったことを忘れるわけにはいかない。それでも彼が取り組んだ領域は、初期のカバラーからシャブタイ派思想やハシディズムのカバラーにまで及び、通史的な観点から従来の研究を見直していった功績は絶大である。またアレクサンダー・アルトマン(一九〇六〜一九八七)やジョルジュ・ヴァイダ(一九〇八〜一九八一)といった彼と同年代の研究者、それにイェシャヤ・ティシュビー(一九〇八〜

一九九二)、メイール・ベナヤフ（一九二六〜二〇〇九)、ハイム・ヴィルシュブスキー（一九一六〜一九七七)、ヨセフ・ダン（一九三五〜）といった初期の弟子の貢献も計り知れない。こうした研究者はほとんどが世俗的なユダヤ人で、カバラーの実践を個人の問題としない人々であった。この頃からカバラー研究は大学という世俗的な場所で新たなステータスを得ることになる。カバラーはまったく新しい局面に差しかかったと言えるだろう。

現在はユダ・リーベス（一九四七〜)、モシェ・イデル（一九四七〜)、ラヘル・エリオール（一九四九〜）といった研究者が若い世代を牽引し、聖書文学、ユダヤ法、哲学に劣らないほど多くの優れた研究成果を発表している。なかでも古典カバラーの専門家、ダニエル・アブラムスの試みは特筆に価する。彼が主宰するチェルブ出版（*Cherub Press*）は、世界で初めてのカバラーを専門とする学術出版社で、ヘブライ語写本の校訂版や学術誌『カバラー』（*Kabbalah: Journal for the Study of Jewish Mystical Texts*）を精力的に世に送り出している。写本の比較やテクストの変遷を考慮した校訂はこれまでにもなされてきたが、まだ十分とは言えない。それを考えると、チェルブ出版の存在意義は大きい。アブラムスの貢献に加えて重要なのが、『光輝の書』の英訳、プリツカー版（*The Zohar: Pritzker Edition*）である。ダニエル・マットを中心にして進められてきたこのプロジェクトは、さまざまな写本や印刷本が存在する『光輝の書』を比較し、アラム語のテクストを確定したうえで翻訳を行っている。厳密な脚注を併せて読むことで、難解な象徴表現に満ちたカバラーの聖典を多くの人々が味わうことができるという点では、これまでの『光輝の書』のいかなる翻訳よりも格段に優れている。

また、近年では現代カバラーの研究が進みつつあることも付け加えておかなければならない。これまでの研究では、文献学や歴史学の観点からカバラーが捉えられ、二〇世紀以降の新しい展開は分析の俎上に載せられることがなかった。ショーレムや彼の弟子たちは、おおむね一八世紀までカバラーの歴史記述を終えてしまい、もっぱらハシディズムの展開に関心を集中させた。それによって、多くの人々にカバラーが過去の宗教現象、あるいは古典文学であるような印象を与えてきた。ところが、実際にはすでに述べたように、「ベイト・エル」を経由したルーリア派のカバラー、アシュラグやラヴ・クック、ニューエイジのカバラーなど、二〇世紀には多彩な広がりを見ることができる。現代カバラーの研究はまだはじまったばかりだが、このテーマにはユダヤ思想史において堅実な業績を残した研究者が携わっている。なかでも、ニューエイジとカバラーの関係を論じるボアズ・フス（一九五九〜）、そして近現代カバラーだけでなく啓蒙主義《ハスカラー》とハシディズムの関係性を緻密に描き出すヨナタン・メイール（一九七五〜）は注目を集めている。

日本におけるカバラーの紹介

日本で最初にカバラーに言及した資料は、一九一五年に出版されたドイツ系のシオニスト、アルトゥル・ルッピン（一八四八～一九一八）の翻訳、『現今之猶太種族《げんこんのユダヤしゅぞく》』（*Die Juden der Gegenwart*, 1904）である。社会学の観点から二〇世紀初頭のユダヤ人の現状を記録したこの著作で、ルッピンは後退的なハシディズムの起源としてカバラーに触れている。ハシディズムの宗教性など、ルッピンのようなシオニスト知識人には葬るべき俗習だった。一方、翻訳した大日本文明協会はもっぱらユダヤ人を取り巻く外事を日本で紹介することを目的としており、カバラーに無関心だったことは言うまでもない。

古い資料のなかでより重要なのは、館岡剛が『聖書解釈法』（一九三四年）に残した記述である。館岡は中世の神秘神学の展開に関する研究で博士号を取得したキリスト教神学者である。『聖書解釈法』は彼が師事したハートフォード神学院の聖書学者、アンドリュー・C・ゼノスの講義をまとめたものであり、日本語で初めてラビ・ユダヤ教の聖書解釈を体系的に解説した点で注目に値する。カバラーはその一部として扱われているが、類型論やヘブライ文字のゲマトリアについての記述を中心に、かなり学術的なアプローチをとっている。しかしこのような例は極めてまれで、ユダヤ人やユダヤ教の歴史について多くの調査や研究が行われるようになってからも、カバラーに関する信頼性の高い資料が日本語で書かれることはなかった。

カバラーが日本で盛んに紹介されるようになったのは、ずっと時代が下った一九七〇～八〇年代、ミルチャ・エリアーデが人気を博し、ユング派心理学の色調を帯びた宗教研究が多くの人々の心をとらえた時代だった。とりわけ学術的な研究の紹介は、ゲルショム・ショーレムの活躍がきっかけになった。この頃、すでにショーレムはユダヤ神秘主義研究の草分けとして世界的な名声を獲得していた。聖書学者の高尾利数（一九三〇〜）やドイツ研究者の山下肇（一九二〇〜二〇〇八）、小岸昭（一九三七〜）、岡部仁（一九四七〜二〇〇三）らが、ゲルショム・ショーレムの研究書を翻訳した。また、井筒俊彦は、スイスのアスコーナで開かれた宗教研究者の学術会議、エラノスでショーレムと知り合い、彼の著作から多くを学んだ一人である。その一部は『意識と本質』（一九八三年）のなかに組み込まれ、東洋思想における人間意識を構造論的に研究する一例として用いられた。さらに、精神科医の箱崎総一（一九二八〜一九八八）が著した『カバラ：ユダヤ神秘思想の系譜』（一九八八年）は、ショーレムの研究に加え、フロイトやユングの心理学に触発されて書かれたものである。箱崎の著作は独立した研究の水準には達していないが、今日に至るまで一定の読者を得ている。

こうしてカバラーに関する研究が紹介される一方で、人々がカバラーに目を向けるようになったきっかけに、ニューエイジ運動の世界的な広がりがあったことは間違いない。日本にニューエイジの波が押し寄せたのは一九七〇〜八〇年代である。人々は意識の変容や自己の覚醒の名のもとに精神世界を探究した。神秘思想への関心も高まり、一部は現代的な実践へと姿を変えていった。そのような時代に、とりわけ日本ではカバラーが本来のユダヤ思想の文脈からは切り離されて注目されはじめた。すでにユダヤ人の世界侵略を疑う陰謀論や日本人とユダヤ人が同じ起源を持つという日猶同祖論は、二〇世紀初頭からユダヤをめぐる言説空間の動かし難い一角を占めてきたが、そうした猜疑的な国際政治論や誇大妄想的な民族主義とは異なり、新たに現れたカバラーへの関心は、現代のスピリチュアリティに向けられた強烈な憧れに動機づけられていた。

この点でもっとも重要な役割を果たしたのは大沼忠弘(一九四〇〜)である。大沼はカバラーの歴史や地理的な差異、文献学を一切顧みることなく、瞑想による意識の変容によって人間の隠された可能性が開かれると説く。また、ダイアン・フォーチュン(一八九〇〜一九四六)、ウォルター・アーネスト・バトラー(一八九八〜一九七八)、マンリー・パーマー・ホール(一九〇一〜一九九〇)、ズエヴ・ベン・シムオン・ハレヴィ(一九三三〜)といった錚々たる神秘的な著述家たちの翻訳を通し、オカルティズムやニューエイジのカバラーを紹介して多くの読者を集めたことでも知られる。特に『実践カバラ：自己探求の旅』(一九八八年)は大沼の代表作である。現在はイシス学院という私塾を運営しながら、タロットや占星術と結びつけてカバラーを教えている。大沼がカバラー・センターの創設者、フィリップ・バーグの息子のマイケル・バーグ(一九七三〜)の著作に重要性を見出して翻訳していることからも、彼のカバラー理解が大きな意味でニューエイジの系統に親和的であることがうかがえる。こうした流れに見出されるカバラーは、本書がおもに扱ってきたユダヤ教の歴史に根ざしたものからは逸脱しているが、それでも歴史的な展開の一側面として興味深い。

日本のユダヤ教研究者のなかでカバラーに関心を持った人物として最初に挙げられるのは手

島佑郎（一九四二～）である。手島はエルサレムのヘブライ大学やニューヨークのユダヤ神学院（*The Jewish Theological Seminary*）に学び、禅とハシディズムの精神性に関する比較研究で博士号を取得した。彼のハシディズムへの関心は、父であり「キリストの幕屋」の創設者である手島郁郎（一九一〇～一九七三）の思想が源泉である。無教会派の流れを汲む手島郁郎は、マルティン・ブーバーやアブラハム・ジョシュア・ヘシェル（一九〇七～一九七二）のハシディズム理解に触れ、そのなかにユダヤ教固有の精神性と原始キリスト教を復活させるための活力を見出した。手島佑郎のハシディズム研究は、『禅仏教とハシディズムの比較研究』（*Zen Buddhism and Hasidism: A Comparative Study*, 1995）や『ユダヤ教の霊性：ハシディズムのこころ』（二〇一〇年）に結実している。

大きな貢献を果たしたもう一人のユダヤ教研究者は市川裕（一九五三～）である。同じくヘブライ大学に学んだ市川は、のちにいくつかのカバラーに関する論考を翻訳した。なかでも、ショーレムの弟子、ヨセフ・ダンの「ユダヤ神秘主義：歴史的概観」（岩波講座東洋思想『ユダヤ思想2』所収、一九八八年）の翻訳は、当時の学説を的確にまとめた秀逸な論文である。さらに市川はラヘル・エリオールやヨナタン・メイールといった著名なカバラー研究者をイスラエルから招聘し、日本における研究の窓口を開いた。本書もそうした学術的な交流の恩恵を受けて書かれたものである。

第二部　カバラーの思想

第6章　セフィロート体系

唯一神のなかの複数性

ユダヤ教、キリスト教、イスラーム教は唯一の神を信仰する一神教である。三つの宗教のあいだには多くの違いがあるが、神が唯一無二の存在であるという理念は共有されている。その源泉は唯一神が行った世界創造にある。「はじめに神は天と地を創造した」（創世記1・1）。そこに他の神々が登場することはない。のちにモーセに向けられた神の言葉のなかには、一神教の理念がさらにはっきりと表明されている。「私こそがエジプトの地、奴隷の家からおまえを導き出した主であり、おまえの神である。私の前に他の神々があってはならない。上は天にも下は地にも、地の下の水にも、いかなる偶像や形象も作ってはならない。そのようなものにひれ伏しても、仕えてもならない」（出エジプト記20・2〜5）。シナイ山でモーセとイスラエルの民に与えられた啓示はもっとも明確な一神教の根拠である。それはキリスト教では三位一体として新たな表現を得、イスラーム教では「唯一性《タウヒード》」（*tawhid*）の概念のなかに継承されることになる。

一神教の理念を貫くには困難が伴う。多神教や偶像崇拝との戦いは聖書の時代に終わったわけではなく、その後もさまざまに形を変えて、民間的な信仰だけでなく思弁的な神学にまで暗い影を落としてきた。だが、神についての厳格な規定があるからこそ、一神教は多神教や汎神論に対して明確な立場をとることができる。

他方で唯一神が地上の人間に示す性格を探求するとき、そこに備わる多様性に気づかずにはいられない。たとえば、ユダヤ教の聖書に描かれる人間的な神は、イスラエルの民に対してときに慈悲深く救いの手を差し伸べ、そしてときに厳格な罰をくだす。そうかと思えば、神殿の至聖所には凡愚の大衆が近づくことすら許されず、その力は民族の区別を越えてあまねく地上に及ぶこともある。それでも、この多様な神の現れを唯一性のなかに昇華するのが一神教である。この考え方は、神をめぐるユダヤ教の思弁に深く根ざしている。

そして、多様な神の性格が世界の法則をつかさどっているという認識を理論化し、それを独特のシステムとして体系化したのがカバラーである。神は「一者《エハド》」(*ehad*)、あるいは「完全なる統合《アハドゥート・シュレマー》」(*ahdut shlemah*) などと呼ばれ、もちろん唯一性が前提となる。しかし、カバリストはそうした唯一性に内在する複数性に世界の法則と調和の秘密があると考えた。タルムードの思想や中世ユダヤ哲学よりも、カバラーではこの複数性が決定的な役割を果たしている。

それによると、神は一〇個のセフィロート(単数形はセフィラー)と呼ばれる言葉で概念化することができ、それぞれが有機的な結びつきをもって神を構成している（178〜179ページ参照）。このセフィロート体系は神の多様な性格を示していると同時に、聖性の位階構造によって秩序づけられている。天に近い上位のセフィラーは、地上に近い下位のセフィラーよりも聖性が高い。光や流れで表象される神の充溢は、この位階構造に従って上から下へと流れ、逆に人間が作用を及ぼすことで下から上へとのぼってくる。また、神の慈悲深さを表す右側と厳格さを表す左側の対称性は世界の対立原理を支配している。それはあたかも正負の関係にあり、神の中枢において均衡を保っている。このように唯一神に複数性が内在していることで、そのなかに構造と序列が生じ、さらにエネルギーの対流が起こる。セフィロートがもたらすダイナミズムはカバラーの不可欠な特徴である。

たしかにすべてのカバリストがセフィロート体系に絶対的な価値を見出したわけではない。たとえば、アブラハム・アブーラフィアの預言カバラーやルネサンス期の呪術的なカバラーにおいて、セフィロート体系はスペインの主流派ほど中心的なテーマにはならない。セフィロート体系は神の世界の見取り図のようなものであったが、神秘家の体験や地上への神の顕現について多くを語る神秘家にとって、神の世界を細かく記述することはそれほど重要ではなかった。それでも、セフィロート体系はあらゆる時代のカバラーを理解するうえで避けて通ることができない。ここではまずその位階構造、対立原理、象徴体系について解説しよう。

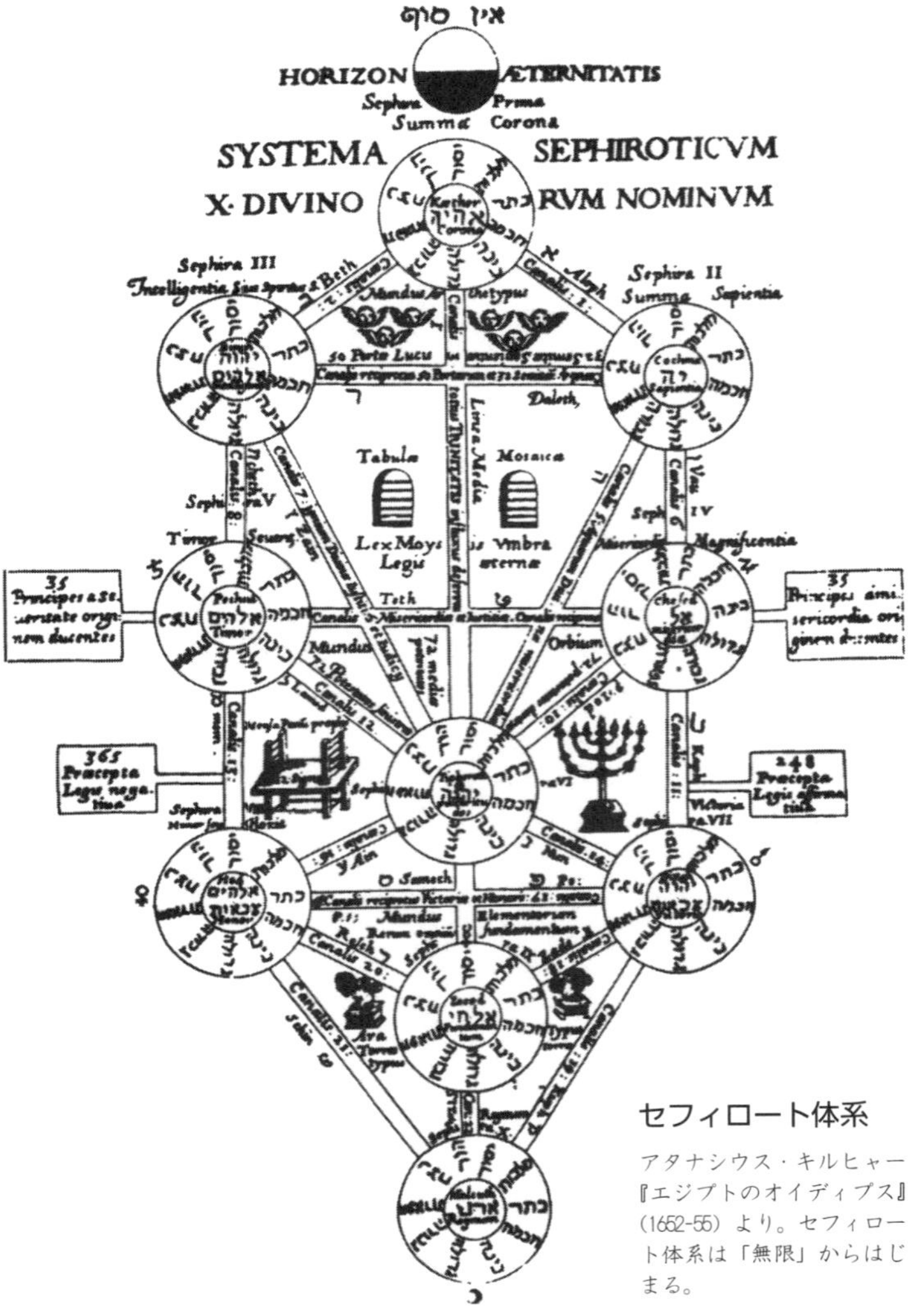

セフィロート体系

アタナシウス・キルヒャー『エジプトのオイディプス』(1652-55) より。セフィロート体系は「無限」からはじまる。

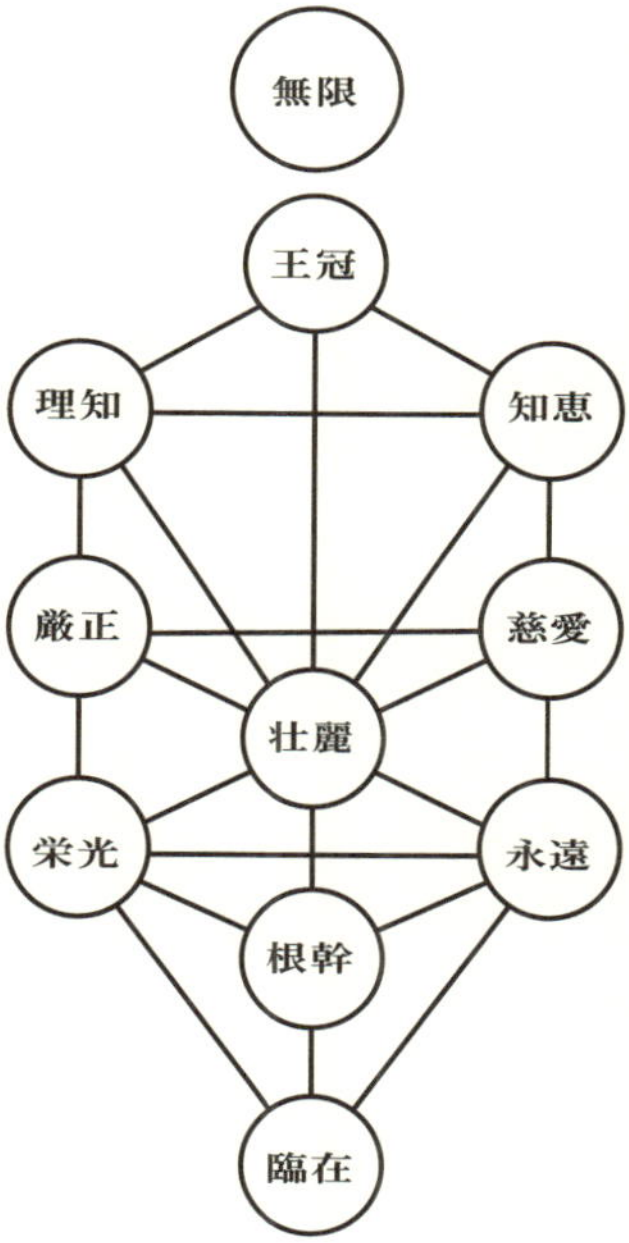

セフィロートの名称と構造

それぞれの性質については
185-189ページ参照

人間の認識を超越する「無限」の神

セフィロート体系という神の内部構造を論じるにあたって、まず一〇個のセフィロートの源泉について述べておかなくてはならない。その源泉は終わりのない「無限《エイン・ソーフ》」(*Ein Sof*)と呼ばれ、セフィロートの上位に位置づけられる。すべての創造はこの一点からはじまり、神の光はここから流れ出る。超越性と言表不可能性を凝縮したこの言葉は、聖書にもラビ文学にも現れないし、同時代のイスラーム哲学から借用されたものでもない。初めて用いたのは一二世紀、フランス南部で活動した盲目のラビ・イツハクとその弟子たちだった。それからスペインのカバラーに継承され、カバラーの流出論を語るうえでなくてはならない概念として普及した。セフィロートは人間の性質や身体部位に喩えられるが、「無限」は多くの場合、非人間的である。人間を形容するような言葉で語られるより、むしろ言葉を超えた非存在として記述されることが多い。つまり、聖書のなかで生き生きと人間に接してくる神と違い、知覚で把握することができない形而上的な概念と見られていた。たとえばジローナのカバリスト、アズリエル・ベン・メナヘムは、『探求者の門《シャアル・ハショーエル》』（*Sha'ar ha-Shoel*）で次のように述べている。

無限は完全な統一体であり、絶対に分けることはできない。そのなかに変化は起こらない。限界がないため、その外部には何も存在しない。あらゆるものを超えているため、隠されているものも目に見えるものもすべてがそこで出会うことになる。隠されているため、信仰と不信仰の根源である。否定によってしか理解することができないと述べる者がいれば、それを探求する賢者は同意するだろう。

（『探求者の門』第二節）

つまり、さまざまなものに「無限」の顕現を見ることができたとしても、それは思考の対象ではなく、まして言葉で言い表せるものでもない。それゆえに、「無限」を表す言葉もない。このような非人格的な神概念は聖書やそれまでのミドラシュ文学の神とはまったく異なる。むしろ「無限」という表現に独自性はあっても、ヘレニズム的な神概念を思わせる。実際に至高の神が「原因のなかの原因《スィバット・ハスィボート》」(*Sibbat ha-Sibbot*)や「根源のなかの根源《ショーレシュ・ハショラシーム》」(*Shoresh ha-Shorashim*)という言葉で言い表されることもある。ただし、初期のカバラーでは非人格性が徹底されていたわけではなく、アズリエルと同時代のアシェル・ベン・ダヴィド、あるいはゾーハル文学の「忠実な羊飼い」と「光輝の修復」のように人間的な表現を用いて「無限」について記述する例もある。

ゲルショム・ショーレムは「無限」の着想がカバラーよりも古い可能性を指摘している。ショーレムによると、メルカヴァー神秘主義のある文書には、すでにこのような言葉があるという。「原因のなかの原因と呼ばれる主は、有《イェシュ》(*Yesh*)としても無《アイン》(*Ain*)としても語ることはできない。大きさも高さも長さも幅も持たない。末端も、境界も、分岐もなく、動くわけでも留まるわけでもない。主には外部がなく、主を分けるものなどないからである」。カバラー以前から、神をこのような認識不可能な存在として語る伝統があって、それがカバラーに継承されたのかもしれない。

宗教の歴史を見渡せば、神的存在が人間の認識を超えている、あるいは否定によってしか表現できないという考え方は珍しいものではない。それは神の深みに到達しようとする人々が往々にしてたどり着く表現である。たとえば、スコットランドの新プラトン主義者、ヨハネス・スコトゥス・エリウゲナ(八〇〇?〜八七七?)によると、神の暗い非存在が存在の光へと展開することで創造がはじまった。その神は「卓越せる無」(*nihil per excellentiam*)あるいは「無限なる無」(*nihil per infinitum*)だという。また、神聖ローマ帝国の神学者、マイスター・エックハルト(一二六〇?~一三二八)は、神がロゴスとして展開する以前には名を持たない純粋なる「無」(*Nicht*)であったと言う。あるいは、スペインの神秘家、十字架のヨハネ(一五四二~一五九一)は、キリストとの合一の道程を描く『カルメル山登攀』(*Subida del Monte Carmelo*)において神を「無」(*Nada*)と表現した。神の秘密を求める者たちは唯一神を純粋な概念として抽出しようとするとき、口をそろえて、無、非存在、言表不可能性を挙げる。それを考えれば、カバラーにおいて神の真髄と世界の源泉が「無限」という言葉で表されたことに不思議はない。

知覚可能な神としてのセフィロート体系

カバリストたちは語り得ない「無限」に言葉を尽くすよりも、語り得る神のためにずっと多くの文学的な努力を重ねてきた。彼らによると、被造物の世界に顕現し、人間が知覚できる神も存在するという。それは「無限」から湧き出したセフィロートと呼ばれる神の内部構造である。たとえば一三世紀にヨセフ・ジカティラが著した『光の門《シャアレー・オーラー》』はセフィロートの解説書で、この頃すでにかなり体系化が進んでいたことをうかがわせる。また、『光輝の書《ゾーハル》』ではセフィロートが神学のもっとも基本的なモチーフとして、繰り返しさまざまな表現によって描き出される。

　セフィロートの構造はプラトンのイデア論に基づく位階構造とよく似ている。新プラトン主義の創始者、プロティノス（二〇五～二七〇）によれば、すべてを超越する「一者《ト・ヘン》」（*to hen*）から創造の原動力である「知恵《ヌース》」（*nous*）が生じる。そこからさらに「世界霊魂《プシュケー・コスムー》」（*psyche kosmou*）が生まれ、段階的に物質的な世界が形成される。「一者」をありのままに知ることはできないが、「知恵」よりも下の存在は人間にも捉えることができる。この流出のヒエラルキーはセフィロート体系にも見られる構造と似ている。しかも至上の「無限」の下に展開する神の流出が人間の思惟の対象になり得るというところも共通している。しかし、新プラトン主義では流出が「一者」の外部へ向かっていくのに対して、セフィロート体系は神の内部に展開している。つまり、あくまでも流出は神のなかで生じる出来事とされる。

ヨセフ・ジカティラ『光の門』のラテン語訳（1516年）。

　互いに連結したセフィロートは樹木に喩えられ、しばしば「発散の樹《イラン・ハアツィルート》」（*Ilan ha-Atzilut*）、「セフィロートの樹」（*Ilan ha-Sefirot*）、あるいは「生命の樹《エッ・ハイム》」（*ʿEtz Hayyim*）と呼ばれる。『清明の書《バヒール》』で「主の諸々の力は互いにつながり合い、樹木に似ている」（一一九節）と言われていることから、イ

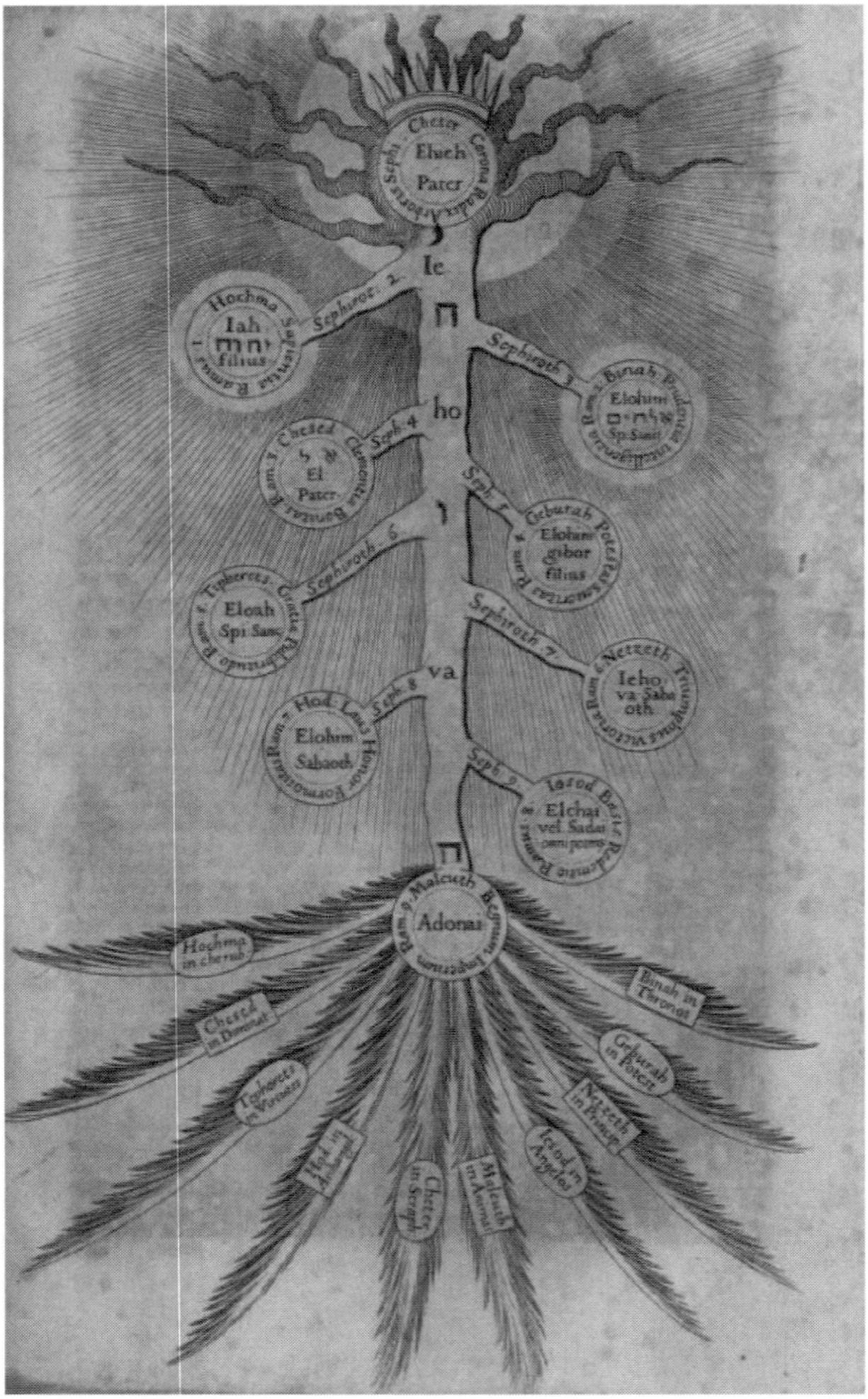

ロバート・フラッド『両宇宙誌』第２巻（1617 年）より。「セフィロートの樹」は上が根、下が葉になっている。

メージは一二世紀にまでさかのぼることができる。私たちがよく目にする「生命の樹」としてのセフィロートの図像は、一四世紀になって書かれはじめ、徐々に複雑で入り組んだものになっていく。「生命の樹」は最初のセフィラーから天地を逆にして下に向かって伸びていくため、根はもっとも神に近い部分から滋養を得ていると考えられる。

神は一〇の性質を備えている。その性質を表す一〇個のセフィロートのなかで、もっとも高い聖性を備え、「生命の樹」に活力を与えるセフィラーは王冠《ケテル》（*Keter*）と呼ばれる。この至高の性質は「無限」から生まれ、一般的にセフィロート体系の頂点をなすと考えられる。『光輝の書』では、「無限」も王冠も高い聖性を備えているが、人間が知ることができるかどうかで、はっきり区別されている。「無限を知ることはできない。始まりと終わりをもたらした原初の無と違い、終わりも始まりも生み出すことがない。［…］無限には、終わりも意志も光も輝きもない」（第二巻239a）。それに対して、王冠は「無限」の下位に位置づけられる。「王冠は至高のなかの至高であり、あらゆる始まりの始まりである。だが、その上には我々が知ることができない存在がある」（第三巻288b）。

その一方で、王冠はときに「無限」と同一視され、その下に展開するセフィロートとは別格に扱われることもある。たとえば、ヨセフ・ジカティラは王冠も「無限」に似た不可知性を秘めていると考えた。「王冠のセフィラーはあらゆる被造物から完全に隔てられて隠されているため、目にすることはかなわず、その音を感じることができるにすぎない」（『光の門』2・118）。

セフィロート体系の頂点は人知を超えている。神の構造はこの王冠から生じ、地上に向かって展開していく。これが神の内部で起こる最初のプロセスである。

第二のセフィラーは知恵《ホフマー》（*Ḥokhmah*）と呼ばれる。神の絶対性を表象する王冠に比べ、知恵はあらゆることを知る神の性質として際立っている。ユダヤ教において、神をある種の知性と結びつける考え方は珍しくない。「知恵のはじめは主への畏れ。それを行う人々は誰もが聡明。主は永遠に称えられる」（詩篇111・10）。この聖句はこうした神概念のもとになっている。サアディア・ガオンやマイモニデスといった中世ユダヤ哲学者は、知恵こそが神の本質だと考えた。それに対して、カバラーでは隠された王冠が神の存在としてはっきりと見える点が知恵の始まりと位置付けられる。つまり、知恵こそがセフィロート体系の実質的な始まりと見ることもできるというのである。

第三のセフィラーは理知《ビーナー》（*Binah*）と呼ばれ、同じく神の知性に関わる。理知は神の身体の中央を占める六つのセフィロートを生み出す源泉でもある。つまり、世界創造のきっかけを作る神の力であり、俗なる平日の六日間がはじまる直前のセフィラーだと考えられる。そして、しばしばユダヤ人の贖い、安息日、ヨベルの年、メシアといった救済の象徴にもなる。

これら知恵と理知のセフィロートは王冠から垂直に展開し、神聖四文字《テトラグラマトン》の最初の二文字、「ヨッド」（*yod*）と「へー」（*he*）で表される。あるいは「父《アッバー》」（*Abba*）と「母《インマー》」（*Imma*）にも喩えられる。父なる知恵からの流出が母なる理知に流れ込み、神の下位領域が生成される。流出のプロセスにはこの種の性的な比喩が頻出する。そして神のエネルギーは王冠、知恵、理知を経て、より地上の人間に知覚しやすいセフィロート体系の中央に移っていく。

神の身体の中央を構成する六つのセフィロートの名称は、「主よ、あなたは偉大で、厳しく、美しく、不滅であり、そして栄光に満ちています。天と地にある万物はあなたのものです」（歴代誌上29・11）という聖句に由来する。神を形容するこれら五つの言葉に、世界の根幹を意味する「万物《コル》」を加えて、それぞれ、卓越、厳正、壮麗、永遠、栄光、根幹という六つのセフィロートが考え出された。これらは上位三つのセフィロートよりも、ずっと人間の近くに展開している。

卓越《ゲドゥーラー》（*Gedulah*）のセフィラーは、多くの場合、慈愛《ヘセド》（*Hesed*）と呼ばれ、創造の第一日に現れた光に喩えられる。「神が光りあれと言うと、光が生じた。神はその光を見てよしとした」（創世記1・3～4）。このように創造の業を認めたことが、世界に対する神の慈愛にほかならない。それに対して、慈愛の左側で対をなす厳正《ゲヴーラー》（*Gevurah*）は神の裁きを意味する。第二日に天上の水と地上の水が分かれたにもかかわらず、他の日のようにその日の仕事がよしとされなかったのは、神の厳しさのためである。慈愛と厳正には、神の世界の対立原理が表されている。そして、この原理は人間の世界にもそのまま反映されている。たとえば、ユダヤ教の食餌規定における乳製品は慈愛に、肉は厳正によって象徴される。「子山羊を母の乳で調理してはならない」（申命記14・21）という戒律も、神の世界の対立原理にもとづいている。あるいは、アブラハムが慈愛を、イサクが厳正を表すとも言われる。三人の天使が現れたとき、アブラハムが彼らを天幕の入り口から出迎えたことが慈愛の現れである（創世記18章）。また、イサクは神の命令を受けた父アブラハムによって、危うく犠牲に捧げられそうになった。これは神の厳正な裁きによって起こった出来事であった（創世記22・1〜19）。

この二つの力の対立を仲立ちするのが、壮麗《ティフェレット》（*Tiferet*）のセフィラーである。創造の第三日に、神が二度にわたってその日の仕事をよしとしたのは、慈愛と厳正の対立を中和させるためだった。六つのセフィロートの中心に位置する壮麗は、第六番目のヘブライ文字、「ヴァヴ」（*vav*）で表される。これは神聖四文字の第三の文字でもある。垂直な線で描かれる「ヴァヴ」は天地を貫く神の中軸であり、王冠から注ぐ天上の光を地上の人々に伝える。一方で人々の祈りは神の王冠に直接届くことはなく、壮麗のセフィラーを通して伝わると考えられている。壮麗は慈悲《ラハミーム》（*Rahamim*）とも呼ばれ、アブラハムとイサクの血を受け継ぐヤコブの象徴である。

壮麗からさらに下ると永遠《ネツァハ》（*Netzah*）と栄光《ホード》（*Hod*）が左右に展開している。これらのセフィロートは預言者の霊感の源であり、モーセとアロンをも表している。それぞれが慈愛と厳正から神の流出を受けているため、ここにも同じように対立原理が現れている。

六つのセフィロートの最下位に位置するのが、根幹《イェソード》（*Yesod*）のセフィラーである。これは永遠と栄光の対立を中和させるだけでなく、すべての流出を一点に集約する。それゆえ、「天と地にある万物」が神の根幹と解釈される。根幹は世界の基盤であり、ときに正義《ツェデク》（*tzedeq*）

や義人《ツァディーク》（*tzadiq*）と呼ばれる。タルムードで義人として言及されるヨセフは根幹と結びつく。根幹から義人への連想は、シャブタイ派やハシディズムのカバラーで特別な意味を持つようになる。シャブタイ派思想では、シャブタイ・ツヴィを根幹のセフィラーに喩えた。ハシディズムでは義人と呼ばれたレッベたちが、地上の人々に天の恩寵をもたらす管《ツィノール》（*tzinnor*）と表現された。そしてもっとも重要なのが、根幹のセフィラーが神の男根を表しているということである。『光輝の書』で根幹は「男性の世界《アルマー・ディデホーラー》」（*ʿalma di-dekhora*）と呼ばれる上位九つのセフィロートの末端に位置する。

カバラーの神学においては、神の両性具有性が前提になっている。王冠から涌き出した神の流出は、壮麗を中心とする男神の身体をめぐり、根幹のセフィラーに集まってくる。この男性的なエネルギーが「女性の世界《アルマー・ディヌクバー》」（*ʿalma di-nuqba*）と呼ばれる一〇番目の臨在《シェヒナー》（*Shekhinah*）のセフィラーにむかって流れ込む。こうして王冠から注がれはじめた神の光は限りなく地上に近い神の女陰へと結びついていくのである。臨在のセフィラーは王権《マルフート》（*Malkhut*）とも呼ばれる。六日間の平日に続く七日目の安息日であり、神聖四文字の最後の文字、「ヘー」（*he*）で表される。また聖書の登場人物としては、ダビデ王ともラヘルとも呼ばれる。ここは世界創造という神の存在と時間の極点である。それゆえ、カバリストたちはこの臨在のセフィラーにもっとも多くの想像をめぐらせてきた。

両性具有と女性としての神の臨在

ラビたちはカバラー以前のいかなる時代においても、神のなかに女性の性質を見出すことはなかった。最下位のセフィラーのもっとも一般的な名前で、ラビ文学のなかでよく目にする臨在《シェヒナー》という言葉も、イスラエルの民とともにある神の顕現を示しているだけである。タルムードには次のような言葉がある。「イスラエルが神の前でどれほど愛されていることか。どこに追放されても、臨在が彼らとともにあった。エジプトで捕囚の身にあったときも、臨在は彼らとともにあった。[…] バビロニアで捕囚の身にあったときも、臨在は彼らとともにあった。[…] そして、いつか贖いの日が訪れるときも、臨在は彼らとともにあるだろう」(バビロニア・タルムード、メギラー篇29a)。ここに女神を思わせる記述は見当たらず、むしろ捕囚や離散の地でイスラエルの民とともにある神の近しさが強調されている。

同じようにカバラーでも、臨在のセフィラーは悪と穢れのはびこる地上にもっとも近い神の顕現である。それでも、カバリストたちが神の世界とイスラエルの歴史の意味を語るために神の女性的な性質を導入したことは、一神教の基盤だけでなく、神を男性の姿でイメージする伝統的な前提を揺るがしかねない大きな跳躍だったと言えるだろう。神は両性具有であり、神の世界の調和は男女の性的な交わりに喩えられる。壮麗や根幹を中心とする男神と臨在の女神の交わりは、「聖なる結合《ズィヴガー・カディーシャー》」(*ziuga qaddisha*)と呼ばれる。それは多神教の神話を思わせるため、慎重に語られなければならなかった。しかしそれと同時に、臨在のセフィラーはカバリストが神に近づくときの唯一の入り口でもある。そこを通過することで神の秘密を知るための階段を上ることができる。カバリストは例外なく男性であるため、当然こうした発想は神とユダヤ人の交わりまでほのめかすことになる。

　臨在のセフィラーをめぐるカバラーの考え方には、いくぶん悲哀が漂っていることがある。女性的な臨在は必ずしも絶えず上位の「男性の世界」に密着しているわけではなく、地上のユダヤ人の行い次第で、九つのセフィロートから切り離されてしまう不安定な存在であるという。これは聖地エルサレムを追われたユダヤ人の離散のイメージとも重なってくる。それゆえに人間は祈りと戒律の生活を送ることで、「聖なる結合」を促さなければならない。それこそが原初の調和を回復させ、地上に救済をもたらす方法である。

　そしてそれがかなったとき、離散の苦難は喜びに変わる。なかでも安息日は神の臨在を上位のセフィロートと結びつける絶好の時間だとされる。古来安息日には入念な準備をする習わしがあったが、一六世紀のツファットではいくつかの儀式が加わった。シュロモ・アルカベツの「さあ行こう《レハー》、我が友よ《ドディー》」という歌は、ラビ・ハニーナとラビ・ヤンナイの逸話（バビロニア・タルムード、シャバット篇119a）をもとにして作られ、神の臨在としての安息日を迎え入れるときに歌われたものである。

　セフィロートは多彩な言葉で表現されるが、とりわけ臨在の表象にはカバリストの想像力が集まってくる。ツファットのモシェ・コルドヴェロはこう述べている。

臨在が持つ諸々の名についてもう少し述べておこう。それらは他の性質の名よりもはるかに数が多い。[…]存在するほとんどすべての名で呼ぶことができるほどである。[…]臨在の名はそれぞれが名を持つ存在の物質的な性質ではなく、存在がそこから受け取る特別な性質を反映しているのである。

(『神の身体の書《シウール・コーマー》』42a)

世界のすべてが神の反映だとすれば、神が「存在するほとんどすべての名」で呼ぶことができても不思議ではない。実際に、大地、西、冠、海、娘、乙女、花嫁、婦人、イスラエルの会衆といったさまざまな呼び方がある。神が万物に宿っていると述べているわけではないが、このような神学は汎神論《パンティズム》と紙一重で、一神教としてのユダヤ教を危うくするのも事実である。実際にカバラーが汎神論的だという批判は、しばしばユダヤ教の内外から起こることがあった。

セフィロートという概念の由来と意味

カバラーに特徴的な概念のなかには、一二~一三世紀の古典カバラーの時代よりあとに出てきたものもある。しかし、セフィロートは最初の段階からかなり体系的に論じられる傾向にあった。一〇個のセフィロートという言葉が初めて現れるのは『形成の書《イェツィラー》』であるため、カバラーの誕生よりずっと以前に原型があったと考えられる。『形成の書』が書かれた年代には諸説あるが、二〜九世紀とされており、明らかにカバラーよりも古いユダヤ神秘主義の伝統を伝えている。

その冒頭には、創世記とはまったく異なる筆致で世界創造のプロセスがつづられている。創造神は一〇個のセフィロートと二二個のヘブライ文字によって世界を生み出したという。しかし『形成の書』では、セフィロートがいったいどのようなものなのか明確に説明されることはなく、神の性質を意味することもない。セフィロートという単語を形作るヘブライ語の語根は、ふつう「語る」あるいは「数える」という意味をもつ。ゆえにこの言葉からは、言語や数字をイメージすることができる。「一〇個の無存在のセフィロートは一〇本の指の数」（『形成の書』1・3）と書かれており、一から一〇までの数字を意味していたと考えられる。

ちなみに、しばしばこの単語がギリシア語で球体を意味するスファイラ（*sphaira*）に由来しているとされるが、それを支持する証拠はない。円形で表現されることはあるものの、カバリストがセフィラーをギリシア語の語源として説明することはない。

謎めいた一〇個のセフィロートは、のちに哲学者やカバリストの想像力をかきたてた。たとえばセフィロートは、境界《スファル》（*sfar*）という言葉に関連するとされることがある。そうだとすると、『形成の書』では創造の要素だったセフィラーが、神の隠れた側面を暗示することになる。境界の向こうには言表不可能な領域が広がっているが、人間の理解には限界があるために、それを超えることはできない。あるいは、ヘブライ語で「サピール」(*sappir*)と呼ばれるサファイアにも関係づけられる。宝石の輝きはいくつもの光を放っているように見えるが、実際にはその輝きは複数の光線ではなく、ひとつの宝石から出ている。それは唯一神がさまざまな形で顕現することのたとえである。こうしてカバラー的な解釈において、『形成の書』のセフィロートは数字を超えて、神の超越的な性質や意思であると考えられるようになった。

最初期のカバラー文学として有名な『清明の書』でも、セフィロートは神の秘密に関わる概念として扱われる。『清明の書』の匿名の著者は、謎めいた言葉で神が一〇の性質から構成される理由をこのように説明している。

ラビ・アモライは言った。『アロンは民に向かって手を掲げ、彼らを祝福した。そして「贖罪の供犠、全焼の供犠、和解の供犠を終えて、祭壇を」降りた』(レビ記9・22)とは、いかなる意味か。アロンはすでに降りてしまったのか。いや、『贖罪の供犠、全焼の供犠、和解の供犠を終えて降り』、それから『アロンは民に手を掲げて彼らを祝福した』のである。手のひらを掲げて祝福を与えることには、いかなる意味があるか。両手には一〇本の指がある。これは天と地が刻印された一〇個のセフィロートを暗示する。この一〇という数は十戒に対応する。

（『清明の書』第123〜124節）

ここでは『形成の書』の説明に基づいて、一〇という数字をアロンの指の数と解釈している。アロンは大祭司の原型となる人物であり、祭司階級の人々に身体的な欠陥があってはならないとされたことを考えれば、セフィロートは完全数を表していると考えることができる。また、この数字はモーセがシナイ山で授かった戒律の数とも一致している。

また別の箇所では、「なぜこれらはセフィロートと呼ばれるのか。それは『天は神の栄光を語り給う』（詩篇19・2）とあるからだ」（『清明の書』125節）とも書かれている。つまり、セフィロート（*SePhiRot*）はイスラエルの民に対して神が語った言葉である。「語る《メサペル》」（*meSaPeR*）ことこそ神が人間にもたらす本質的な行為であり、それゆえに一〇個の要素は「語る」という語根から作られた言葉、セフィロートと呼ばれる。多くの場合、『清明の書』ではセフィロートが「言葉《マアマロート》」（*maamarot*）とも呼ばれるのもこのためである。ミシュナに「世界は一〇個の言葉によって創造された」（アヴォート篇5・1）とあるように、この考え方は必ずしも新しいものではなかった。だが、それが神の性質にまで意味を拡大していくのは、ほかでもないカバラー文学において起こった現象である。

一三世紀後半、スペインのカスティリア地方で、カバラーはもっとも創造的な時代を迎える。

セフィロートをめぐる言説は神の秘密を語るための不可欠な概念と見なされるようになる。フランス南部のカバラーでは、セフィロート体系の源泉が主な関心だったのに対し、この時代は善と悪、あるいは男性と女性という世界の対立原理に関心が集まる。そして、神の性質の複数性が、神の内部に生じる有機的なダイナミズムとして理解されるようになった。『光輝の書』はその最たる例である。数々の寓話や説教のなかで、神の男性的な要素と女性的な要素を結びつけ、原初の調和を取り戻すことが、神を知る者に課せられた使命とされる。

『光輝の書』が説く「聖なる結合」は、錬金術の「聖なる婚姻《ヒエロス・ガモス》」(*hieros gamos*)にも通じるところがある。それは男性的な物質と女性的な物質を反応させて、より完全性の高い物質を生み出すという象徴儀礼であり、世界の対立原理を融和させることで完成がもたらされるという点でカバラーとよく似ている。あるいは、それはヒッポのアウグスティヌスが教会を女性に喩え、十字架で死に行くイエスとの合一を描いていることを思い出させる。「花婿のようにキリストは婚姻の部屋から進み出た。[…]彼は十字架という婚姻の臥所に至り、それを上って婚姻を成し遂げたのである。そして、被造物の嘆息を感じると、愛の交歓のなか、花嫁の場所で苦しみに身を委ねた。そして永遠にその女《マトロナ》とひとつになったのである」(*Augustinus, Sermo suppositus*, 120.8)。アウグスティヌスの場合は、一神教の神学的な枠組みのなかで語られるため、錬金術よりもカバラーの「聖なる結合」に近いかもしれない。

多くの瞑想技法を書き残したアブラハム・アブーラフィアにとって、セフィロートはそれほど中心的な問題ではないが、それでも神に近づく体験と深く関わっている。彼は『形成の書』の注解、『閉ざされた楽園《ガン・ナウール》の書』(*Sefer Gan Na`ul*) で次のように述べている。

> 『形成の書』に言及される二つのことがらは、すべての伝承《カバラー》を包摂している。そのうちのひとつは、セフィロートの門のことであり、もうひとつは二二個の文字を知ることである。セフィロートの名を享受する者(カバリスト)は、神の力に従って、自らその横溢を受け取るよう努める必要がある。そして、セフィラーというセフィラーにひとつずつ身を捧げ、すべてのセフィロートへの密着をひとつにまとめ、枝を切り落とすことがあってはならない。まずはとりわけ第一〇番目のセフィラー(臨在)に思索をめぐらせることである。
>
> (『閉ざされた楽園の書』アムノン・グロス版一一頁)

アブーラフィアの特徴は、カバリストがセフィロートを通して神を体験することができると考えているところにある。「セフィロートへの密着」とは瞑想において、神の性質を知り抜いたうえで、精神を集中させることである。そのためには、神の名を様々な母音と組み合わせ発音する特殊な技法を体得することも必要となる。アブーラフィアは最下位のセフィラーから徐々に上昇しながら、王冠のセフィラーにたどり着く瞑想の道のりについて語っている。これはセフィロートが神秘体験のプロセスとして語られる独自の見方である。

第7章　世界の創造と神の身体

秘教になった創造論

神は六日間かけて天地や水、光と闇、太陽と月、植物と動物、そして人間を創り、七日目に安息した（創世記1・1〜2・3）。この創造は神の知恵によって行われ、地上の生物は神の意志によって生死を定められている（詩篇104・24、28〜30）。それは一回きりの出来事ではなく、つねに新たな生命を与え続ける。だが被造物である人間がどれだけ信仰に篤くても、あまりに非力で創造の原理の一端すら知ることはできない（ヨブ記38〜41章）。聖書が書かれた時代、世界創造が人間の英知をはるかに超えた神の営為であることは十分に認識されていた。

そして、その認識はユダヤの神秘家たちにも受け継がれた。彼らもまた神による創造を不可思議な出来事だと考えた。創世記には克明に描かれていても、そこには人間の言葉では表現できないほど深い神の知恵が介在していたとされた。こうして、創造に関する多彩な伝承が生まれ、神秘を明かすための膨大な量のテクストが書かれた。時の流れとともに捉え方の違いはあっても、創造は人類史を通して人間にインスピレーションを与え続けてきた。それは創世記の記述の向こうに、計り知れない神の知恵があると信じられたからである。知られざる創造とそれを知ろうとする人間のあいだに隔絶があるからこそ、そこにさまざまな神秘主義文学が生まれる。有名なユダヤ思想研究者、ユダ・リーベスはこう述べている。「人類文化の発展のなかで、人間と神は絶え間なく互いを創造し合い、互いの形に創造され続けている」。

　これから私たちはカバラーの創造論をたどっていく。だが、創造の秘密に気づいていたのは何もカバリストだけではない。おそらくそのような人々は聖書の時代から存在し、古代のラビ・ユダヤ教においてははっきりと秘教の概念が現れてくる。ただし、それは創世記から生まれた神話や寓話ではない。太陽や月、天使が現れて生き生きと神と語り合う様子を描くミドラシュ文学があることもたしかだが、そこには神秘の痕跡はない。創造に隠された秘密があるという意識はやはり特殊なものだった。

　創造の深層をのぞきこもうとするとき、ラビたちが居住まいを正して声をひそめることがある。タルムードにおいて、それは「創造の御業《マアセー・ベレシート》」と呼ばれ、預言者エゼキエルが目撃した神の「玉座の御業《マアセー・メルカヴァー》」の秘密と並んでもっとも神聖な領域に属しているとされた。あるミシュナには次のように書かれている。

禁じられた関係について、三人で論じてはならない。創造の御業について、二人で論じてはならない。玉座［の御業］については、たとえ賢者であって自らの見識を理解していようが、一人でも論じてはならない。次の四つの事柄について目を凝らそうとする者は、この世界に生まれるべきではなかった。すなわち天上のこと、地下のこと、未来のこと、過去のことである。

（バビロニア・タルムード、ハギガー篇11b）

このミシュナをめぐってハギガー篇で繰り広げられるラビたちの議論を読むと、「創造の御業」、「玉座の御業」、七つの天界に関する教えが存在し、しかも密かに学ばれていたことがわかる。それは物語的なミドラシュとは一線を画するものだったはずである。

ラビが交わす法に関する議論は、多くの場合、地上の実際的な問題をめぐって繰り広げられる。そこに神学的な要素が現れないわけではないが、神や天の構造を詳細に描き出そうとすることは憚《はばか》られた。だがそれゆえに、秘密の教えはある種の威厳を帯びることになった。秘教の魅惑は語り得ないことを語ろうとするところにある。なかでも創造はユダヤ教の世界観の基礎をなすものであり、実際には創世記の冒頭に描かれていない出来事が起こっていたと考えられた。つまり、世界創造には聖書の表面的な物語とは別の様相があるということである。そして、それは誰もが容易に手に入れられる知識ではなく、優れたラビだけに垣間見ることができる境地だった。

そのような秘教と神秘体験を記録した最初の文学を生み出したのがメルカヴァー神秘主義である。ただし、メルカヴァー神秘主義の場合、神の玉座や宮殿への上昇を物語る文書のなかに世界創造に関する記述がそれほど多く現れるわけではない。たしかに『創造の御業のバライタ』(*Baraita de-Ma`aseh Bereshit*) のように世界創造を扱った作品も知られているが、メルカヴァー神秘主義のラビたちは往々にして天の宮殿や天使の階層を描き出すことに多くの努力を傾けた。

それに対して、『形成の書《イェツィラー》』はのちにカバリストが用いる象徴表現によって創造論を説いた。その冒頭で神が創り出すのは、天地でもなければ生物でもない。「無存在の一〇個のセフィロート、および礎となる二二個の(ヘブライ)文字」からなる「三二本の知恵の不可思議なる小径」であるという。世界創造が自然物の生成ではなく、セフィロートや文字といった数字と言葉、神のロゴスの誕生とともにはじまったというヘレニズム的な発想は、ユダヤ思想の歴史に新たな思索の可能性を開いた。

『形成の書』は次のような言葉で世界の創造を語りはじめる。

三二本の知恵の不可思議なる小径によって刻まれた
神、万軍の主、イスラエルの神、生ける神、世界の王、万能の神

慈悲深く慈愛に満ち、いと高く昇り永遠に臨みて
その御名は神聖にして尊く気高い
自らの世界を創造された
三つのスファリームを
セフェルとセファルとスィプールによって
一〇個の無存在《ブリーマー》のセフィロート、および礎となる二二個の文字
三個の母字、七個の複字、一二個の単字によって

（『形成の書』1・1〜2）

一〇個のセフィロートは「語る」、「数える」という意味のヘブライ語の語根 *SPR* から生まれた造語で、神の言葉であり、完全な数字を表している。それとともに二二個のヘブライ文字を用いて、神は世界を作り上げていったという。二二個のヘブライ文字は三つの種類に分類されている。三個の母字とは「アレフ」、「メム」、「シン」の軸となる文字、七個の複字は「ベイト」、「ギメル」、「ダレット」、「カフ」、「ペー」、「レシュ」、「タヴ」の子音の強弱を区別した文字、一二個の単字はそれ以外の文字である。

たしかに創世記には神が言葉を発することで世界が形を取りはじめ、生き物が生まれ出る様子が描かれている。神のロゴスが創造の引き金になったという考え方は、のちにキリスト教や

グノーシス主義に直接的な影響を及ぼすことになる。ところが、同じように創世記を発想の源としていながら、『形成の書』における言葉そのものの重要性は際立っている。アルファベットは世界の構成要素として分類され、文字が書かれつづられることによって被造物が姿を持ちはじめたという世界観がはっきりと現れている。しかし、『形成の書』では神が人間の姿をしていると明言されることはない。

神の身体と擬人表現

神は一体どのような姿をしているのか。これは一神教の思想家、特に神秘家にとっては、神を知るうえで究極的な問いである。なぜなら、誰もが神を目にすることができるわけではなく、その認識は神という存在を把握するためのひとつの到達点となるからである。神の図像化が進んだキリスト教の神秘主義では、逆説的なことに視覚よりも味覚や嗅覚のほうが神秘体験を記述する表現として頻出する。

しかし、偶像を厳しく禁じたユダヤ教では神を見るという体験は、もっとも特別なものだったに違いない。つまり、神の姿はふつうの人間の視覚では捉えられないのである。ゆえにユダヤ神秘主義では、ありのままに神を見る技法だけでなく、身体部位の詳細な描写、その大きさの測定さえもが秘密の知恵の範疇に入ってくる。視覚的に捉えられた神は、「神の身体《シウール・コーマー》」（*Shi`ur*

Qomah）、あるいは「臨在の身体《グーフ・ハシェヒナー》」（*Guf ha-Shekhinah*）などと呼ばれ、メルカヴァー神秘主義からカバラーにいたるまで、繰り返し神秘的な思索の対象とされてきた。カバラーではセフィロート体系が人間の身体の原型としての神の身体に重ね合わせられる。ここでは世界創造のプロセスとともに、神が人間と同じ身体構造で描かれる神人同形論《アントロポモルフィズム》について論じることにしよう。

ギリシア神話や神道や仏教では、神々や仏菩薩のパンテオンが鮮やかに、そしてなんの臆面もなく描き出される。彼らにも目鼻があり、手足がある。神が人間と同じ姿形をしていても、疑問をさしはさむ必要はない。しかし、神を唯一とし、その似姿を造形してはならないと命じたユダヤ教では、神を人間と同じ言葉で表現しようとするとさまざまな問題が起こってくる。たしかに、神の姿について創世記では、「神は自らの形状に人間を創造し、神の形状に創造した」（創世記1・27）と書かれている。ここから、聖書の創造神は形而上学的な存在でも異形の生き物でもなく、人間の姿に似ていることがわかる。それでも、イスラエルの民がシナイ啓示で偶像崇拝を禁じられたことで、神を複製することは最大の禁忌となり、いかなるイメージでもその形状を描き出すことは許されない。「私の前に他の神々があってはならない。偶像を作ってはならず、天と地、水と地下にあるいかなる形のものも作ってはならない。それに平伏したり、仕えたりしてもならない」（出エジプト記20・4〜5）と書かれているからである。

比較的寛容なキリスト教の図像表現でも、神を直接描くことが憚《はばか》られた時代はあった。中世初期までは神の全身像ではなく、虚空から差し延べられる神の手《マヌス・ディ》（*manus dei*）が好んで描かれた。イスラーム教は神の図像化にさらに厳しい。預言者ムハンマドが目指したのは、偶像崇拝と当時のアラブ社会に見られた土着の多神教を根絶することだった。「そのお方こそが唯一の神。神は永遠である。そのお方は何も生まず、生み出されることもない。そのようなお方は他にない」（クルアーン112・1〜4）。クルアーンのこの文言は、多神教と偶像崇拝の禁止を意識しながら、イスラーム教が古来の一神教の理念を継承していることを強調している。

ユダヤ教もイスラーム教と理念的な共通点を持っていたはずである。ところがその理念とは裏腹に、古代のイスラエルの民は十戒を無視するように偶像崇拝の罪を繰り返す。たとえ偶像が金の仔牛だったとしても、異教の神だったとしても、それを作ることはユダヤ教の神を複製することにつながりかねない。ユダヤ教の場合、神の姿を描くことは自らの先祖の過ちに結びつき、苦い過去を思い起こさせる。そうした意味で、偶像崇拝の禁止はキリスト教やイスラーム教よりもいっそう内在的な問題として捉えられてきた。同時にこの禁止があるからこそ、ユダヤ神秘主義の想像力は豊かに育まれたと言ってもいいだろう。

あるメルカヴァー神秘主義の文献には、「神の身体」が秘密の教えに関わることがほのめかされている。天使メタトロンがラビ・イシュマエル（一〜二世紀）に向かって、神が巨大な身体を持つことを明らかにする場面である。この秘密の知恵は弟子のラビ・アキヴァ（一〜二世紀）にも伝えられる。ラビ・アキヴァが神の姿が人間に似ていると述べたことに対して、モーセはそれ以上踏み込んではならないと制止する。

ラビ・アキヴァは言った。「そのお方は我々に似ている。しかし、いかなるものよりも偉大であり、それこそが我々には隠されているそのお方の栄光である」［ラビ・アキヴァに対して］言われた。「お前はその言葉について考えをめぐらせてはならない。そのお方はご自分の場所で祝福されなくてはならないからだ。それゆえに、こう言われているではないか。『栄光はそのお方の場所から祝福される』（エゼキエル書3・12）」

（Ms. New York JTS 8128）

モーセが神に想像をめぐらせることを禁じたにもかかわらず、メルカヴァー神秘主義の文献では「神の身体」について多くのことが語られる。

メタトロンの言葉によると、神の身体の部位はそれぞれが途方もない長さで、おびただしい数の名で呼ばれる。そのような名称はヘブライ文字の羅列であり、表面的には意味をなさない。たとえば、神の心臓には七〇の名、額には七二の文字が刻まれているというが、その文字列はまったく無作為にできあがっているように見える。こうして神の巨大な身体は次々と文字によって埋め尽くされながら、その一方で人間とまったく同じ身体構造を備えていることが明らかにされる。

神秘主義文学ではなくても、往々にして神が人間のように振る舞う様子が描かれることはあった。たしかにラビ文学では、聖書に比べればそのような表現は少ない。それでも、タルムードのラビたちは、神が神殿の破壊に涙を流したり、テフィリーンを身につけたりするとつい口にしてしまう。もちろん、あからさまな神の擬人表現を認めず、単なる暗喩だと解釈することもできるだろう。だが、こうした擬人表現は神の偶像化を禁じた戒律を思い出せば、かなり難しい議論を引き起こすことになりかねない。

それゆえ、中世ユダヤ哲学は神の比喩的な表現に敏感だった。マイモニデスが『迷える者の手引き《モーレー・ネヴーヒーム》』(*Moreh Nevukhim*)を、まずは神の統一性と非身体性から書きはじめたのは偶然ではない。マイモニデスの言葉を借りるなら、人間が神の姿を知覚できないならば、理論的には神についてのいかなる比喩も疑わしいはずである。バルーフ・スピノザ(一六三二〜一六七七)も神の人身形態論を退け、神を非人格的な存在とみなした。神が人間の姿で描かれるのは、人間が人間の姿をしているからにすぎない。「もし三角形が言葉を話せるなら、神は自分と同じような卓越した三角形だと言うだろう」(スピノザからボクセルへの書簡56『スピノザ書簡集』)。神の形状をめぐる議論は、宗教的な禁忌を越えて、神学上の普遍的な問題になっていることがわかる。

『光輝の書』の創造論と神人同形論

カバラーの創造論は創世記の描写をもとにしながら、さらに『形成の書』のセフィロートとヘブライ文字による創造論から大きなインパクトを受けてきた。カバリストにとって聖書は秘密の源泉であり、『形成の書』はその秘密を授かった父祖アブラハムが書きつづった言葉であると信じられた。『清明《バヒール》の書』やフランス南部で展開した議論を経て、創造論をめぐるこうした秘教的解釈を一連の文学的な表現に組み入れたのが『光輝《ゾーハル》の書』である。『光輝の書』では創世記で語られるような神話的な創造の物語は影を潜め、神の世界に生じる光とエネルギーの流れとして表現される。『形成の書』とは異なり、セフィロートはダイナミックで有機的な連関として捉えられる。ここでは、『光輝の書』を例にとって、初期のカバラーの創造論と神人同形論を見ていくことにしよう。

『光輝の書』の創造論では、まずすべてを決定づける最初の光がほとばしり、そこから徐々に複雑な光の経路と体系が形成される。『光輝の書』の著者が思い描く原初の世界を満たすものは、闇から発する光と色である。「はじめに《ベレシート》（*be-reshit*）神は天と地を創造した」（創世記1・1）という聖句を、彼は次のように説明している。

「はじめに」。王は力の始まりに、気高き清廉さによって（世界を）彫った。闇の光が秘奥のなかの秘奥に閃いた。無限のはじめから。形のない蒸気は輪のように発した。白でもなく、黒でもなく、赤でもなく、緑でもなく、まったく色はなかった。［…］輝く色が生まれた。光のなかに深く、流れが起こり、下へ向かって色がまかれた。秘奥のなかの秘奥。無限の秘密。大気を分けても、分かれなかった。分かれてしまうまでは、認識することができなかった。隠されたひとつの至高の点が輝いた。その点のむこうのことは何も認識できなかった。ゆえに、それは原初《レシート》（*reshit*）と呼ばれる。それはあらゆるもののなかで最初の言葉だった。

（『光輝の書』第一巻15ａ）

漆黒の闇の前に存在したものが語られることはなく、すべては「無限」と呼ばれる「闇の光」からはじまったという。神を表す「闇の光」という一見矛盾する言い回しは、さまざまな神秘文学に頻繁に表れる撞着表現であり、あえて反対の意味の言葉を用いることで光の本質が際立ってくる。

たとえばシリアのキリスト教神学者、偽ディオニシオス（五世紀）は神を光で表象しながら、そこに闇を見出す。それは「近づくことのできない（神の）光の触れることも見ることもできない闇」（『神名論』７・２）である。あるいは、神秘家は絶えず自己を滅却することによってあらゆるものごとから解放され、清らかな状態で神の光へと導かれる。この光は「あらゆる存在を超脱する神が放つ闇の光線」（『神秘神学』１・１）であるという。まったく歴史的な関係で結ばれることのない二人がよく似た表現を使っているのは、神描写が行き着く一つの極致を示していて興味深い。

『光輝の書』によると、最初の光には色さえなかった。ここでいう「大気」とは王冠のセフィラーのことで、それは分節不可能な要素である。つまり、分けることができないほど単純かつ高貴な気体が発散した。ところが、続いて「至高の点」といわれる知恵のセフィラーが現れると分節と複雑化が進み、人間の知覚の対象となりはじめる。創造のプロセスが進むにつれて、色が生じて徐々に人間の認識でも捉えることができるようになる。依然として彼方にある王冠を把握することはできなくても、この「至高の点」から目に見える創造が展開していく。

「無限」は王冠のセフィラーを通して光を放ち続けると、今度は知恵のセフィラーが生じる。そして、知恵に続いて理知のセフィラーが形成される。理知は知恵から出た「聖なる種子」によって生じたもので、宮殿とも神とも呼ばれる。


「知恵ある者たちは蒼穹の光輝《ゾーハル》のごとく輝き、多くの人々を善へと導く者たちは星々のごとく永遠である」（ダニエル書12・3）。光輝。秘奥のなかの秘奥は大気を打つ。その点にたどり着きつつも、たどり着かない。原初が広がると、気高さと賞賛のために宮殿が造られる。そこで聖なる種子が撒かれ、世界に恩恵がもたらされる。この秘密は「聖なる種子はその切り株から」（イザヤ書6・13）という聖句に示されている。［…］この原初において、知られざる秘奥がこの宮殿を創造した。この宮殿は神と呼ばれる。その秘密は「はじめに神は世界を創造した」（創世記1・1）という聖句に示されている。光輝。そこからすべての言葉が創造された。隠された輝きの点が広がっていく、その秘密によって。

（『光輝の書』第一巻15ａ）

宮殿ができると、上位の三つのセフィロートが出揃う。「すべての言葉」とは、さらにここから生まれ出る下位の七つのセフィロートであり、『光輝の書』の冒頭は象徴的な言葉を用いながら、それぞれの発散の段階を描いていく。そこに立ち現れてくるのは、創世記の冒頭からは想像もつかないような目まぐるしいほどの光の運動である。天も地も私たちが知っている自然の形象とはかけ離れ、聖書の一言一句に神の性質が表れていることが明らかにされる。

たとえば、大地の混沌が意味するのは不浄である。実は地上の悪や罪の根源はすでにこのとき、神のなかに生み出されていたという。

「地は混沌とし空虚であった。云々」（創世記1・2）「であった」というのは、まさに以前そうだったということである。水のなかの雪。その水のなかの雪において、そこから穢れが生じ、力強い炎がそれを打った。不純物が生じた。穢れの場所と不純物の巣から混沌が生じた。空虚。それをふるいにかけ、不純物のなかからふるいにかけられた。

（『光輝の書』第一巻16ａ）

セフィロート体系のなかで、水は慈愛のセフィラー、雪はそれを凍らせて硬くする厳正のセフィラーに対応する。つまり、ここでは神の慈愛のなかで次第に地上の穢れの原型が生まれていく様子を描いている。

「闇が深淵の上にあった。神の霊が水の上を漂っていた」(創世記1・2)という一節も、『光輝の書』によれば、セフィロート体系という神の内部で起こった出来事である。穢れの原型は神の霊によって浄化されていくという。

> 闇がそこに降りた。力強い炎の秘密。闇がその混沌と不純物を覆い、そこから力を得た。神の霊は生ける神から出る聖なる霊。それが水の上を漂っていた。この霊が吹いてくると、穢れが飛び去るように不純物からひとつの小さなものが現れた。そしてこの穢れがまったくなくなるまで、何度も現れては精錬されていった。
>
> (『光輝の書』第一巻16a)

原初の世界を吹き抜ける神の霊は壮麗のセフィラーのことであり、慈愛と厳正を中和する力を備えているとされる。セフィロート体系における壮麗の中心的な位置は、神の均衡点を意味している。この均衡点において、厳正のセフィラーに由来する穢れが浄化されていく。このように神の内部に悪や穢れの原型が存在することが暗示されながらも、それはいつも善によって中和されることが繰り返し説かれる。

このプロセスで人間の創造についてはあまり語られない。セフィロート体系はどこまでも神の内部構造であり、創造はそのなかのエネルギーの運動である。それでも、王冠から溢れ出る至高の光が人間の世界に及ぼす作用について述べているところがある。そこには地上のカバリストが神の世界とつながる様子が描かれている。地上の義人、つまりカバリストは律法の学習を通して、セフィロート体系から注がれる神の光に浴することができるという。

「天地とすべてのものが完成した」(創世記2・1)。ラビ・エルアザルは「あなたを畏れる者たちのために取っておいてくださった善は何と豊かなことでしょうか。[…]」(詩篇31・20)という聖句で語りはじめた。「さあ、ご覧なさい。主は世界に人間をお創りになり、主に仕えて自らの道を整えることで完全な者になれるように計らってくださった。義人のために主が隠しておかれた至高の光を得ることができるように。[…]どのようにしてその光にたどり着くことができるのだろうか。律法を通してである。毎日律法に携わろうとする人は、来たる世界の分け前に与ることができる」

(『光輝の書』第一巻47a)

律法に隠された真の意味を探究するカバリストは、終末が訪れたあとの世界で報われる。神が世界を創造したのは、まさに人間が自らの努力でそうした境地にたどり着くことができるようになるためである。『光輝の書』の創造論は神の内部で自発的に展開しているように見えるが、実はそうではない。セフィロート体系の外部には、つねに律法を通してそこに関わろうとするカバリストが意識されているのである。

『光輝の書』では創造のプロセスがさまざまな角度から説明される。そして、ときには神の顔や身体の構造が織り込まれることがある。『光輝の書』の著者をはじめとした初期のカバリストは、メルカヴァー神秘主義のラビと同じように、神の身体性、しかも人間に酷似した身体を認めた。ただし、彼らはもはや神の身体部位がどれほどの大きさか、ひとつひとつにどんな謎めいた文字が刻まれているかには関心を示さない。その代わりに、独自の象徴表現で神の姿を記述していく。それがセフィロート体系であり、「無限」から発散が展開するなかで、人間の身体的な特徴も現れるようになる。

『光輝の書』の神人同形論に影響を与えたのは、一二世紀に書かれた『清明の書』である。次の引用では、最上位を占める王冠《ケテル》、知恵《ホフマー》、理知《ビーナー》のセフィロートが触れられていないが、その下に展開する慈愛《ヘセド》から王権《マルフート》にいたる七つのセフィロートを神の七人の息子に喩えている。そして、それらが人間の身体部位に対応していることが明かされる。

王［神］には七人の息子がおり、それぞれにひとつの場所を与えた。［…］息子とは何のことか。主には七つの神聖な形があると言ったとおりだ。どれも人間《アダム》に対応している。「神は人間を自らの形状に創造した」（創世記9・6）。右と左の脚、右と左の手、身体、そして契約。［全部で］六つだが、七つあると言ったではないか。七つ目はそのお方の妻（神の女性的性質）にある。「ひとつの肉になる」（創世記2・24）と書かれているように。

（『清明の書』第171～172節）

四肢と胴体に加えて、「契約《ブリート》」（*brit*）と呼ばれているのは「割礼《ブリート・ミラー》」（*brit milah*）を意味する神の男根、つまり根幹《イエソード》のセフィラーである。神の身体はこれで一応の形をなす。だがメルカヴァー神秘主義と違って、カバラーの場合、そこに女性的な象徴が加わることはすでに述べた通りである。「そのお方の妻」とは王権のセフィラーのことで、スペインのカバラーで一般化する「聖なる結合」もはっきり言及されている。

ゾーハル文学ではメルカヴァー神秘主義や『清明の書』にも増して豊かな表現が用いられる。特に「秘匿の書《スィフラ・デツェニウータ》」、およびそれをもとに議論を展開する「大きな集会《イドラー・ラッバー》」と「小さな集会《イドラー・ズーター》」は、神の威容をより緻密に再現しようとした。たとえば、「秘匿の書」の神人同形論は不可解な表現のせいで難解を極めるが、『光輝の書』の主要部分と異なるセフィロートの描き方は読者の想像力をかきたてる。セフィロート体系の発散の舞台となるのは、神の胴体ではなく、白い髭をたくわえた顔であると言われる。

秘密のなかの秘密は、水晶の雫に満たされたひとつの頭骨のなかに成り立ち、収められる。大気の膜は清められ、封じられる。それらは天秤にかかった清き羊毛。意思のなかの意思は、地上の祈りのなかに明らかになる。目を開き見て、眠らず、まどろみもしない。天上の光を眺めることで、地上を眺める。そのなかで、聖櫃の二つの穴は万象にむかって霊を上げる。[…]信仰の髭は万象のうち高貴なもの。それゆえ言及されることはない。それは耳から現れ、口を囲んで、白く明るい束が昇っては落ちる。[…]耳が開く前に、気高さが生まれて、唇の頭へ美しく降り、この頭から出てあの頭にとどまる。

(『光輝の書』第二巻176b〜177a)

「ひとつの頭骨」と呼ばれる王冠のセフィラーは、「秘密のなかの秘密」で人間には知覚することができない。そこから地上に向かって光が溢れ出す。それは神の鼻の「二つの穴」を通して、人間の「地上の祈り」に呼応して霊の風のように流れていく。また、神の目はつねに地上に注がれている。「信仰の髭」は神の慈愛を表すが、ここまでは飽くまで最上位のセフィロートの話である。慈愛の光は「この頭から出てあの頭」へと注がれる。「あの頭」とは神の中心部分をなす六つのセフィロートのことである。

神は白い髭をたくわえた老人の姿で描かれ、目や鼻や耳から光を発する。しかも、どうやら双面神であるように読める。「秘匿の書」の作者は、大胆にも神の容貌を仔細に描きながら、セフィロート体系の内部で起こる発散について説明した。

さてここで、本来の問いに立ち戻ってみなければならない。創世記を読めば、神が人間に似ていると誰もが当たり前のように考える。だが、そもそもそれを描写してしまってよいのだろうか。とりわけカバラーでは、上位のセフィロートについて語ることは憚《はばか》られるのではなかったのだろうか。この問いをめぐっては、ゾーハル文学においても葛藤があったと思われる。それは語り得ないものを語ろうとする、神秘主義の本質にかかわる問題である。

「秘匿の書」を下敷きにして書かれた「小さな集会」の作者は、神の容貌をたどりながら、神が認識を越えた存在であることを強調する。「聖なる老いたお方は隠され、至高の知恵は頭骨のなかに封じられている」(『光輝の書』第三巻228a)。頭骨とは王冠のセフィラーを指している。ということは、やはり被造物にすぎない人間の目が超越的な神を見ることはできない。そして、第二の知恵のセフィラーもその内部にある。第三の理知のセフィラーについても、「そのなかにあるものを知ることはできない」(同)と言われる。すなわち、神を人間の顔として描きながらも、上位三つのセフィロートは認識を越えているということである。「聖なる老いたお方は無《アイン》(*Ain*)と呼ばれる」(同228b)のだから、なおさら最奥の「無限《エイン・ソーフ》」にまで踏み込むことはできない。本来なら、この無こそが「秘密のなかの秘密」であり、人間の相貌として描くことはおろか、いかなる言語表現も不可能なはずである。

さらに「小さな集会」の作者は、二つの顔を持つ神を描くときに、「聖なる老いたお方」という至高神に続いて「短い顔」《ゼイール・アンピン》(***Ze'ir Anpin***)と呼ばれる概念を導入した。「短い顔」は神の胴体、六つのセフィロートを指している。これはのちにルーリア派のカバラーで、さらに緻密な体系へと発展していくことになる。

このように、ゾーハル文学では神の姿を果敢に描き出すだけでなく、双面神であるかのような記述にまで手を染めはじめる。それでも、「小さな集会」の作者はいぶかしむ読者に、シムオン・バル・ヨハイの口を借りてこう念を押す。

> ラビ・シムオンは言った。「老いたお方と短い顔について私が言ったことは、すべてがひとつのことだ。すべてひとつの言葉。そこに分節などない。そのお方も天もとこしえに讃えられよ」
>
> (同290a～b)

ここにはセフィロート体系について語るときと同じ慎重さを読み取ることができるかもしれない。セフィロートの複数性は一神教の基本的な原理を脅かす可能性があったが、カバリストは一〇個のセフィロートはどれも神の唯一性の多様な現れにすぎないということを強調する。

それと同じように、セフィロート体系のなかに現れる二つの神の顔も、唯一の神の異なる側面にすぎないのである。

ルーリア派の創造論と神人同形論

ゾーハル文学の創造論と神人同形論をめぐる秘密の教えは、一六世紀にツファットで活躍したカバリストたちに継承されていく。モシェ・コルドヴェロは「大きな集会」と「小さな集会」を補完するために『神の身体の書《シウール・コーマー》』(*Sefer Shi'ur Qomah*)を著した。そこでは髭を含めた神の顔の各部位、胴体、四肢、さらには子宮までもが言及されている。まさに神の解剖学である。また、それぞれの身体部位とヘブライ文字の関連も詳しく書かれている。議論のスタイルはずいぶん異なるが、メルカヴァー神秘主義の「神の身体」という概念も、依然としてコルドヴェロの思想に生きている。

ツファットで神人同形論に深い思索をめぐらせたのはコルドヴェロだけではない。イツハク・ルーリアも神人同形論や原初の人間について教えたと考えられている。『光輝の書』をはじめとする初期のカバラーがそうであったように、ルーリア派のカバラーの創造論でも、セフィロートが形成される過程で神は人間の身体を表す言葉で語られる。ルーリア自身の神学的な著作は残されていないため、ここではルーリアの弟子、ハイム・ヴィタルの記述に従って、神の身体や神の顔が創造のプロセスにおいてどのように描かれるのかを見ていくことにする。

『光輝の書』では「無限」が王冠のセフィラーの上位に位置する創造の源泉であったのに対して、ルーリア派のカバリストは原初の世界を「無限」によって満たされた空間のイメージとして捉える。この際限のない神は、やはり聖書に現れる人格神とは異なり、どのような言葉でも表現することができない超越的な存在だとされる。創造の最初の流出に踏み切るまで、神はいかなる構造も持たない単純で均一な光である。

すべての世界を発散する至高の発散者は無限と呼ばれる。いかなる形状も持たず、名前も文字もなければ、文字の片鱗すらない。それゆえ、無限については思索をめぐらせることも禁じられている。

（『聖性の門の書』３・１）

しかし、「無限」が空間をくまなく満たしているとすれば、どのように世界は創造されるのだろうか。被造物が住む世界はどこに生まれるのだろうか。初期のカバラーでは、「無限」がセフィロート体系の連鎖を生み出していくと考えられた。それは天から地上へ下る一方向的な創造だった。これに対して、ルーリア派のカバラーの創造論では、神の「無限」そのものがまず縮むことによって創造がはじまるとされる。「収縮《ツィムツーム》」（*tzimtzum*）と呼ばれる最初の段階がそれである。「無限」は自らの内部に世界を生み出すために、中心点から周辺の外側に向かって後退する。中心部分に現れた神の隙間は「清浄空間《テヒールー》」(*tehiru*)と呼ばれ、「無限」はその隙間に向かって新たな創造の光を放つ。

そのとき、無限は中心点から自らを収縮した。その中心には本物の光があり、この光が収縮して中心点の周辺部に向かって遠ざかっていった。そのとき、中心点を除いては、何もない場所と大気と空間が残された。[…]さて、すでに述べたような収縮のあとには、本当の無限の光のなかに、何もない空虚な空間と大気が残された。発散されるもの、創造されるもの、形成されるもの、造形されるものが存在できる場所がすでにあった。そして、一条の直線が無限の光から続いて、上から下までその円形の光から直進し、このような空間のなかへと鎖のように降りていった。

(『生命の樹の書』1・2)

こうしてみると、「無限」の収縮は自然に生じた出来事のように見えるかもしれないが、実際はそうではないという。「収縮」は神の意志である。ならば「無限」という完全な存在が、あえて不完全で罪深い被造物が生まれるきっかけを創り出した理由も明らかである。そもそも世界を創造するという自発的な行為が神の慈悲深さに由来し、人間はこの慈愛がなければ存在することはできなかった。すなわち、神が自らの存在を後退させようという意思から創造がはじまったということである。

あるいは、もともと「無限」のなかには神の「裁き《ディーン》」（*din*）と呼ばれる負の要素が含み込まれていたと言われることもある。それは一見して見分けることのできない微小なものだった。神の慈愛という大海にわずかに溶け込んだ苦い塩を思い浮かべてもよい。神の厳正な裁きが慈愛の対極にあるということは、すでに初期のカバラーで説かれる基本概念である。それをルーリア派のカバラーでは、「無限」が自らを浄化するために、隙間を作ってそこに裁きの要素を排出したのだという。これが「残滓《レシームー》」（*reshimu*）と呼ばれる悪と汚穢と物質性の原型で、いつしか被造物の世界で罪がはびこるきっかけとなる。このように考えるなら、人間の罪さえも本来は神から生まれ出たものだということになる。絶対的に聖なる神は悪の原型さえも含み込んでいるのである。

「無限」から注がれる新たな直線の光は、混沌に秩序を与えることができる。ゆえに「残滓」が散らばる神の隙間には光が降り注ぎ、そこにはさまざまな構造体が出現する。創造のために用意された「清浄空間」には、まず「原初の人間《アダム・カドモーン》」（*Adam Qadmon*）が現れる。これはエデンの園で最初に創造された人間そのものではなく、カバラーの創造論で語られる神の似姿、あるいは神と人間の中間的存在である。ゆえにそれは一方で神の不完全な模写であり、他方ですべての被造物の霊魂を包摂する人間の巨大な原像である。

「原初の人間」はすでに被造物の身体部位の原型を備えていた。そして、それぞれの部位が創造のプロセスに密接にかかわっている。神の身体が創造を引き起こすという考え方は、日本の記紀神話やギリシア神話の世界創造を思い起こさせる。ヴィタルの説明によると、まず清浄空間に現れた「原初の人間」の耳、鼻、口から順に光が下方に向かって放たれる。このとき、口から出た光によって「線状の世界《オーラム・アクディーム》」（*ʿolam ʿaqudim*）が展開し、ここではじめて一〇個のセフィロートの萌芽が確認されるという。ただし、この段階では、まだセフィロートはひとつの大きな統一体として束ねられていて、それぞれの区分ははっきりとしない。そのあと、さらに目から光が出て、今度は「点在の世界《オーラム・ネクディーム》」（*ʿolam nequdim*）が展開した。ここで一〇個のセフィロートがそれぞれの「容器《ケリー》」（*keli*）として点在しはじめる。セフィロートは整然と並び、神の世界にある程度の秩序がもたらされる。このあいだ、「原初の人間」からは依然として光が降り注ぎ、「容器」は神聖な光によって満たされていく。

　ところが、この強烈な光を真っ向から受け入れるには、セフィロート体系の「容器」、特に壮麗のセフィラーを中心とする七つの「容器」はあまりにもろかった。その結果、神の光をたたえた「容器」は崩れてしまう。これが「容器の破裂《シュヴィラット・ハケリーム》」（*shvirat ha-kelim*）である。聖書でエドムを支配した王の系譜がつづられるところがあり、そのうち七人については死んだことが明記されている（創世記36・33〜39）。ヴィタルによれば、これら七人の王の死に隠された意味が「容器の破裂」であった。こうして、聖なる光が「容器」の破片とともに地上へと落下していった。「点在の世界」が「混沌の世界《オーラム・トーフー》」（*ʿolam tohu*）とも呼ばれるのはこのためである。

ほとんどの光が上昇してもとの位置に戻っていったにもかかわらず、砕け散った「容器」には神聖な光が付着していた。地上には「外殻《ケリッパー》」（*qelippah*）と呼ばれる悪がはびこり、この聖なる光から滋養を得てますます力をつけていくという。地上のユダヤ人に課せられた使命は、その光を天に上昇させること、つまりもとの状態に戻すことである。

［エドムの］王たちが崩れ去ったというのは、［神の］光が上昇してもとの場所に戻ったということである。それでも、まだわずかながら聖なる閃光が容器のなかに残されていて、砕けた入れ物とともに落下した。そこから外殻の根源が生じたのである。［…］これこそが我々が祈りと善行によって修復しなければならないものである。義人がこの世を去るとき、その霊魂とともに造形世界を通過し、外殻のなかの聖なる閃光は形成世界に上昇する。こうしてそれらが形成世界から創造世界へ、創造世界から発散世界へと昇り、大いなる光がもとの場所に戻っていくのである。

（『生命の樹の書』「全体の門」第一章）

神の世界に悪の象徴、異教の王たちが潜んでいる。つまり、絶対善のなかに悪の要素が含まれるというこの考え方は、カバラーのダイナミックな原理を雄弁に物語っている。本来男性的な神の内部に女性原理が加わることで対立と交流が生まれるように、悪の要素もさまざまな動きを引き起こす。そもそものプロセスの目的は、悪の原型としての「裁き」を徹底的に排除することである。それと同時に、同じ悪の原型が世界創造の引き金にもなっている。地上に落ちたあと、神の「裁き」は「外殻」という悪の要素に姿を変える。「外殻」はあたかも異教徒の支配者がユダヤ人を搾取するかのように、聖なる閃光から活力を得てますます強大になるといわれる。ここまでが「原初の人間」と呼ばれる段階で起こる出来事である。

さらに創造が進むにつれて、徐々に地上の人間の原像が浮かび上がってくる。原初の人間と呼ばれる段階の下には、「発散世界《オーラム・アツィルート》」（*ʿolam atzilut*）、「創造世界《オーラム・ブリアー》」（*ʿolam briah*）、「形成世界《オーラム・イェツィラー》」（*ʿolam yetzirah*）、「造形世界《オーラム・アスィヤー》」（*ʿolam ʿasiyah*）が展開していく。「発出世界」は「混在の世界《オーラム・ベルディーム》」（*ʿolam berudim*）とも呼ばれる。「容器の破裂」によっていったんは滞ったかにみえる創造のプロセスは、地上の敬虔なユダヤ人の祈りと善行によって再開される。こうして、「容器」の破片とともに散らばった神の閃光が、天に返されてセフィロート体系が復元されてゆく。これが「修復《ティクーン》」（*tiqqun*）と呼ばれる作業であり、それを通じて人間は神の世界に働きかけることができる。ゆえに、この段階は「修復の世界《オーラム・ティクーン》」（*ʿolam tiqqun*）とも呼ばれる。ちなみに「線状（縞）」、「点在（ぶち）」、「混在（まだら）」という三つの段階の名称は、ヤコブが夢で見た雄山羊の毛色に由来する（創世記31・10）。

神の世界の「修復《ティクーン》」のプロセスでは、今度は「神の顔《パルツーフ》」（*Partzuf*）という区分が出てくる。「神の顔」は五つの部分からなり、それぞれはセフィロート体系をもとにしている。まず王冠のセフィラーは「長い顔《アリーフ・アンピン》」（*Arikh Anpin*）と呼ばれ、寛容な神を表す。あるいは王冠の内的な本質を「老いたるお方《アティーク・ヨーミーン》」（*ʿAtiq Yomin*）と表現することもある。知恵のセフィラーと理知のセフィラーは、それぞれ「父」と「母」である。壮麗のセフィラーを中心にした中央六つの連結は、「短い顔《ゼイール・アンピン》」（*Ze'ir Anpin*）としてひとつに括られる。これは神の非寛容な性格を表す。あるいは、父と母から生まれた息子として神の男性的性質を表象する。そして、最後の顔は臨在《シェヒナー》のセフィラーで、「短い顔」の「女《ヌクバー》」（*Nuqba*）と呼ばれる。つまり、同じ父と母から生まれた娘であり、神の女性的性質を体現する要素である。

ここからはさらに複雑さを増していく。それぞれの「神の顔」には一〇個のセフィロート体系が包摂されている。これが発散、創造、形成、造形の四つの世界にそれぞれ展開する。そうすると、「発出世界における長い顔の知恵のセフィラー」や「形成世界における短い顔の根幹のセフィラー」といった極めて複雑な神の世界の地形図が広がっていく。それらはいわば神の三次元座標に刻まれた特異点である。あるいは、合わせ鏡や入れ子構造に喩えることもできる。ゾーハル文学の「神の顔」がせいぜい二つだったのに対して、ルーリア派のカバラーの神人同形論はさらに複雑な様相を呈している。言うまでもなく、この複雑な描写はすべて創世記に語られる世界創造の物語と同じ出来事である。セフィロート体系のなかで語り直したときに、物語ではなく対立と交流の記号論として現れるのである。

さらに人間の創造についても語られる。彼は「最初の人間《アダム・ハリショーン》」と呼ばれるが、神が土から作って息を吹き込むのではなく、セフィロート体系の内部に生じるエネルギーの結合によって生まれる。

六日目になると短い顔と女が父と母の段階で結合し、まさにこの段階で最初の人間が創造された。もし最初の人間が罪を犯さなければ、最初の安息日に女の水が生じ、それによって短い顔と女が対面してさらに高い段階で結合したことだろう。二つは一つの王冠［のセフィラー］を介して対面したことだろう。［…］だが最初の人間が罪を犯したとき、六日目は再び根幹［のセフィラー］の下へと戻ってしまったのだ。

（『生命の樹の書』36・2）

つまり、男性としての「短い顔」と「女」は神の光を受けて上昇し、父と母の段階で結ばれる。この結合によってセフィロート体系のなかに「最初の人間」が誕生する。これは創造の初期段階で神の光から現れた「原初の人間」とは異なり、創世記の人間のもうひとつの形態だと考えることができる。ゆえにこの人間は、神の世界に生まれていながらも罪を犯してしまう。あと一息ですべてが融合して原初の調和に戻るはずであったにもかかわらず、罪が引き金となって再び「短い顔」と「女」は分離して下降することになった。

こうして神の世界は地上の悪にますます近づいていった。とりわけ「造形世界」の一〇個のセフィロートと「形成世界」の下位四つのセフィロートは、悪がはびこる「外殻」の領域にまで落ちてしまう。そして、ここからの「修復」はユダヤ人の手に委ねられる。分断された神の世界が調和を取り戻すのにふさわしいのは神聖な安息日であり、ユダヤ人の祈りと戒律遵守によってもう一度最初の人間が創造されたときの状態に戻すことができる。

このように、ルーリア派の世界創造において重要なのは神の閃光を天に返す「修復」の作業である。ユダヤ人のなかでも、神の秘密に通じた人々だけが、悪の「外殻」のなかに混じっている聖なる閃光をもとの場所に戻すことができる。そのためには祈りと善行だけでなく、律法と戒律の深い意味まで知り抜いていなければならない。言い換えるならば、神秘家という特殊な人々の力によって、創造のプロセスが遡行し、歴史の円環が最初の点に戻っていくのである。この状態こそが歴史の終末であり、贖いの完成である。それはユダヤ人全体の絶えざる努力によってしか終わらせることができない。あるいは、最後に残された閃光を上昇させる作業はあまりに困難なので、メシアにしかなし得ないと言われることもある。

第8章　終末論とメシアニズム

ユダヤ教のメシアニズム

創造が歴史の開始点であるならば、人類がいつか迎えることになる終末はその終着点である。そのとき、正しい人間だけを選り分けるために救済者が現れる。こうした考え方は世界中の救済宗教に見られる。共通しているのは、この世界に排除されるべき悪が存在し、終末の日にはそれが善によって完全に制圧されるという物語である。この物語には誰もが正しく生きなければならないという警句が埋め込まれている。

だが多くの場合、決着をつけるのは民衆の信仰心ではなく、正義の救世主の圧倒的な力である。それは宗教的な善の勝利だが、ときとして善が報われない現状に対する想像上の復讐のようにも見える。そして、地上にはびこる悪の征伐は、虐げられた者からの反逆であることが暗示される。典型的な黙示文学では、世界の終わりに現れる救済者は力で悪をねじ伏せようとし、しばしば血なまぐさい破局的な戦争につながることもある。

救済の原型はすでに申命記のモーセの言葉に見出せるが、そこでは暴力は伴わない。モーセは自らの死を目前に控え、イスラエルの地に入るまえに、神の祝福と呪いについてイスラエルの民に語って聞かせた。神の言葉に従えば祝福され、背けば呪われる。イスラエルの民が各地に離散しても、これを思い起こして神に立ち返れば、神はイスラエルの地に導き入れてくれるという（申命記30・28〜30）。約束の地は正しい人間が最後に行きつくべき場所であり、時代を通じてユダヤ人の救済の象徴となる。

ユダヤ教では救済者を「油注がれた者」という意味でメシアと呼ぶ。ヘブライ語では「マシーアハ」（*mashiah*）である。もともとは民を率いる人物に聖油を塗る儀式があり、メシアはその指導者を指す言葉だった。聖書では聖別された祭司（出エジプト記30・22〜33）や預言者が認めた王（サムエル記上10・1、16・13）、ときにはユダヤ人を解放した外来の為政者（イザヤ書45・1）もメシアと呼ばれた。ユダヤ教文学では、モーセ、ヒゼキヤ王、義人ヨブなどメシアの原型的なイメージを託された人物がいる。なかでも代表的なのはダビデ王である。メシアはユダヤ民族の国を統治するという伝説があるため、ダビデの家系からメシア王が誕生すると考えられた。新約聖書でイエスがダビデの末裔とされるのも、ダビデの町、ベツレヘムで生まれたとされるのもこのユダヤ教の伝承に沿ったものである。

世界の終末や破局的なメシアニズムが盛んに語られる作品を黙示文学と呼ぶ。起源はマカベア戦争（紀元前一六七〜一六〇年）の時代にさかのぼり、古代から中世を通じていくつもの黙示的な作品が書かれてきた。ダニエル書やヨハネ黙示録は初期の特徴をもっともよく表している。著者や実在の人物がメシアを名乗るわけではなく、終末の啓示を受けるのはモーセ、イザヤ、エノク、ゼルバベルといった聖書の登場人物であることが多い。

メシアが二人現れるという伝承もよく知られている。まずヨセフの子のメシアが悪の権化との戦いに敗れ、そこにダビデの子のメシアが参戦して最終的な勝利を収めるというものである。二人のメシアという発想は、実際のメシア運動で救済の遅延を説明するための論理構造として機能する。つまり、誰かがメシアを名乗っておきながら目的を遂げられなくても、事後的にヨセフの子のメシアであることにしてしまえば、次に名乗りをあげる者は本物のダビデの子のメシアだということになる。メシアの挫折が次のメシアの出現を正当化するこの論理構造のおかげで、ユダヤ教ではメシアが途切れることなく次々と現れる。

こうした黙示文学のなかに厳密な歴史認識がないのは明らかである。それよりも、異教徒の支配下に暮らすユダヤ人の鬱屈とした気分、そして為政者に対する復讐の暗い願望が色濃く現れている。ユダヤ教のあらゆる黙示文学は、政治的な抑圧に対してユダヤ人が企てた想像上の反抗である。

しかし、倫理や戒律を扱ったラビ・ユダヤ教の思想のなかでは、黙示的なメシアのイメージが著しく後退する。タルムードのラビたちもメシアがユダヤ人に解放をもたらすと考え、歴史の終わりやメシアの名前について様々な意見を述べ合った（バビロニア・タルムード、サンヘドリン篇93b～99a）。だがそこで語られるメシアの役割は穏健で、破滅的な戦争や異教徒の殲滅《せんめつ》などが具体的に語られることはない。基本的に中世のラビも、終末に対するこうした穏健な立場を受け継いだ。たとえば、哲学者マイモニデスによれば、メシアは奇跡を示すこともなく、人々を律法の学習に導く者であるという（『ミシュネー・トーラー』「王の法」11・4）。それは統治者というより賢者のイメージに近い。同様にカバラー文学のなかでも、メシアが暴力的な救世主の姿で描かれることはなく、地上の政治的な王権と結びつく事例はほとんど見られない。おそらく唯一の例外は初期のシャブタイ派くらいであろう。とはいえ、メシアをめぐるカバリストの解釈は伝統的なラビのそれとはかなり異なる。

本章ではこのようなユダヤ教のメシア観を念頭に置きながら、カバラーとメシアニズムが結びついた事例を考察する。注目するのは、『光輝の書《ゾーハル》』、アブラハム・アブーラフィア、シャブタイ・ツヴィ、そしてハシディズムのメシアニズムである。

『光輝の書』と記号論的なメシア

一二～一三世紀のカバラーでは、メシアニズムが現実的な力として作用することはなかった。同じ時代の思想地図を席巻した中世ユダヤ哲学でも、終末とメシアを世界の破局や秩序の転覆に直接結びつけることは憚《はばか》られた。この二つの事実には共通の歴史的かつ地理的な背景がある。

当時、フランス南部からスペインにかけて居住するユダヤ人は、フランスやドイツの共同体を蹂躙《じゅうりん》した十字軍の被害にさらされず、経済的にも学問的にも恵まれた状況にあった。ユダヤ教の終末論が勢いを持つきっかけのひとつが迫害であることはよく知られているが、そのような観点から見るならば、初期のカバリストが現実のメシアに大きな関心を示さなかったのは環境的な要因による。

むしろ、メシアはセフィロート体系のなかで記号として働く。たとえば、カバリストはメシアが理知《ビーナー》のセフィラーのなかで完成するという。こうした表現はかなり早い段階に見られ、ジローナのアズリエル・ベン・メナヘムは、理知のセフィラーをメシアと同一視したうえで「神の力」と呼んだ。アズリエルによれば、この非人格的なメシアは下位の七つのセフィロートを支配する。同じように『光輝の書』でも、セフィロートで構成される神の世界に思索をめぐらせることが中心的なテーマとなるため、メシアを実在する特定の個人と結びつけることはなく、神の象徴的な力の一部としてとらえる傾向が際立っている。

この解釈の方法はメシアの記号化と呼ぶことができ、カバラーの象徴主義と密接に関係している。セフィロート体系を神学の中心に置くカバリストは、メシアをセフィラーという記号のなかに封じ込めようとした。たとえば、セフィロート体系のなかで、理知のセフィラーは救済やヨベル年に加えてメシアを意味すると言われる。これは一週間を表す下位の七つのセフィロートが完成すると、その源泉となった三番目の理知に向かってすべてが回帰するからである。

そのときユダヤ人がメシアの手で贖われるだけでなく、神の世界も原初の状態に戻っていく。あるいは、永遠《ネツァハ》と栄光《ホード》の一対をダビデの子のメシアとヨセフの子のメシアと解釈することもあれば、根幹《イエソード》のセフィラーが天上の神と地上のユダヤ人をつないで聖なる流出を伝えることから、メシアのシンボルと考えられることもある。記号化が進むと、メシアは歴史から切り離されて人格を失うことになる。

『光輝の書』からその一例を挙げてみよう。異教徒の預言者バラムの託宣に込められた秘密を解釈する部分に、セフィロート体系内部の関係を解き明かすところがある。「私は岩山の頂上から眺め、丘から見渡した」（民数記23・9）という聖句が、メシアによる贖いの完成を暗示しているというのである。民数記の該当箇所で、預言者バラムが何ひとつ終末をほのめかすようなことは言っていないことを考えれば、その解釈には唐突な印象さえある。だが『光輝の書』の著者は、あえてこの聖句にメシアニズムを読み取ろうとした。

そのカバラー的な解釈では、まず私たちが読む聖書で「丘から」という単語にヘブライ文字の「ヴァヴ」（*vav*）が含まれていることが鍵になる。聖書のヘブライ語表記法では、この「ヴァヴ」は書かないのがふつうなのに、なぜあえて書かれているのだろうか。『光輝の書』の著者は、その理由にこそ救済論的な意味があるという。

「ヴァヴ」は壮麗《ティフエレット》のセフィラーを中心とする「短い顔《ゼイール・アンピン》」のことである。また、垂直な直線で表される「ヴァヴ」は「一者」とも呼ばれる。さらに天の「丘」と地の「丘」が、それぞれ理知《ビーナー》のセフィラーと王権《マルフート》のセフィラーを表しており、「ヴァヴ」はセフィロート体系のなかで王権から理知へとメシアの力を引き上げる媒介となる。こうしたことを念頭に置いて、次の一節を読んでみよう。

「丘から見渡した」というのは息子「メシア」に向かったということである。[…]優れた学塾では「丘」という言葉にヴァヴがない。[それよりも一段下の]天の学塾では「丘」にはヴァヴがある。ヴァヴは「一者」とそれの二つの側面をどちらも完成させる。(天の)「丘」は自分の息子を離れることも捨て去ることも決してないからである。ゆえに、ヴァヴはいつまでもそこに含まれる。「一者」、地の「丘」は息子を含んでいる。いつの日かメシア王がやって来るだろう。そのとき、天の「丘」はメシアを連れて、至高の生命に立たせるために自らの羽のなかに導く。その日、そこからダビデのメシアが現れるだろう。
(『光輝の書』第三巻203b)

つまり、最初メシアは不完全な状態で最下位の王権に位置していたが、贖いのときが来ると理知のセフィラーにまで引き上げられ、ダビデの子のメシアになる。理知は「母《インマー》」でもあるため、メシアの来臨は母鳥が巣のなかで雛を育み、そこから若鳥が飛び立つことに喩えてもよい。「丘から」という単語に「ヴァヴ」が含まれているのは、メシアがセフィロート体系の下方から上方へと上昇するからである。バラムがイスラエルの民を丘から見渡して感嘆したという話に、神のエネルギーのダイナミズムが暗示されているというのが『光輝の書』の解釈である。
　このように、メシアは歴史的な実在としてよりも、セフィロートの記号として語られることが多い。歴史への作用に言及する部分があるとしても、せいぜい伝統的なミドラシュ文学におけるメシア像を反映しているにすぎない。たとえば次の引用では、終末の日にメシアがパレスチナのガリラヤ地方に現れ、異教徒に戦いをしかける様子が描かれている。

　そのときメシア王が［…］ガリラヤの地で立ち上がる。彼がそこに出て行く日、全世界が震撼する。地上の人々は、誰もが洞窟や岩のなかに身を隠し、生き残れないのではないかと恐れる。このときのことは次のように書かれている。『主が立って大地を脅かすとき、主を恐れて、その威光の輝きのゆえに、彼らは岩の洞窟と塵の穴に入る』（イザヤ書２・19）。『主を恐れて』とは全世界の震撼であり、『その威光の輝き』とはメシアのことだ。『主が立って大地を脅かすとき』とは、その人（メシア）が立ち上がってガリラヤの地に姿を現すときのことだ。そこは聖地のなかでも最初に破壊された場所なので、メシアはまずそこに姿を現して全世界に戦いを引き起こす。

（『光輝の書』第二巻７ｂ）

こうした記述は『光輝の書』のなかでは非常に珍しく、しかも当時のユダヤ人に差し迫った現実を反映しているとは考えにくい。

ゾーハル文学のなかでも一四世紀に入って加えられたとされる「大きな集会《イドラー・ラッバー》」や「小さな集会《イドラー・ズーター》」、あるいは「光輝の修復《ティクネイ・ゾーハル》」では、別の形でメシアニズムの傾向が強く表れている。そこでは、『光輝の書』の主人公、シムオン・バル・ヨハイがメシアの役割を担う。彼は神にはたらきかける技法、テウルギアによって世界を支える義人として描かれるが、終末に現れる救済者というよりは、神の世界に調和をもたらすための鍵を握る人物である。『光輝の書』では祈りや戒律を通してセフィロート体系に訴えかけるため、そのなかで原初の調和を回復することこそが歴史の終わりの予兆となる。このときメシアはあくまでも記号として機能するだけで、現実の世界でユダヤ人に働きかけるような運動につながることはない。

アブラハム・アブーラフィアにおける預言者としてのメシア

アブラハム・アブーラフィアは『光輝の書』が書かれたのと同時期に活躍したが、彼のメシアニズムには記号化よりも神秘家としての特異な意識が表れている。アブーラフィアによると、メシアとは一方で神に由来する非人格的な力であり、他方で歴史に現れる救済者である。この両面性が彼のメシアニズムを特徴づけている。まず、メシアを非人格的な力とする発想は黙示的なメシアのイメージとは反対のものである。アブーラフィアがメシアと同一視するのは、「能動知性《セヘル・ハポーエル》」（*sekhel ha-po'el*）と呼ばれる神の流出である。これはもともとアリストテレスの『霊魂論《デ・アニマ》』第三巻で論じられる概念で、中世イスラーム哲学、およびユダヤ教やキリスト教の哲学のなかで重要な位置を占めた。神から自然界に降りてくる「能動知性」の働きは、媒介的に人間の認識を生み出す。つまり、「能動知性」に触れて人間はものを考えることができるとされた。

アブーラフィアによると、神秘家はこの「能動知性」を十全に受け入れて預言を得ることができる。ここにはアリストテレスの哲学を継承するマイモニデスの影響を見ることができる。マイモニデスによれば、「預言とは能動知性を媒介として神的な存在から送られてきた発出である」（『迷える者の手引き』第二三六章）。アブーラフィアはここに救済の概念を読み込んで、「第一に能動知性こそがメシアと呼ばれる」と飛躍してみせる。ただし、これは終末に現れる超越的な人格としてのメシアではない。伝統的な観点から見るならば、メシアニズムとは切り離せるはずのない歴史性が欠落している。それでも、アブーラフィアは神と密接に結びつき、完全な認識を得るための橋渡しにメシアの神聖な力が作用すると考えたのである。

それと同時に、超越的な聖性のゆえにユダヤ人を贖いへと導くことができるのもメシアであり、このメシアが歴史に現れる救世主だという。アブーラフィアの言葉を借りれば、「能動知性に触れて、異教徒が支配する離散の状態から（ユダヤ人を）導き出す人がメシアと呼ばれる」。

これはただちにユダヤ人の政治的独立を意味するわけではないが、彼が教皇ニコラス三世に謁見を試みたことを考えれば、実際に行動を起こそうとした可能性も否定できない。またアブーラフィアによると、「能動知性」を通して神との合一を果たすことで、いつ終末が訪れるか、どのようなことが地上に生じるかといった外的な事象を予測する知識も授けられる。

しかし、アブーラフィアにとっては自らの内面にメシアの状態を実現させることのほうが圧倒的に重要だった。「能動知性」によってもたらされる預言状態は極めて個人的な神秘体験であり、メシアは預言者のなかに人格化される。

預言者は必ずメシアと呼ばれる。なぜなら、預言者は至高の油を注がれるからだ。[…]メシアは二つの性質を備えていなければならない。ひとつはまず不思議な預言によって神から油を注がれること。もうひとつはいつでも彼を偉大な王として迎える人々と神によって聖なる人とされること。彼は海から海へと統治する。これはすべて、神の知性に結びつき、モーセ、ヨシュア、ダビデ、ソロモンと同じようにその力を受け入れるからである。[…]彼はまもなくこの時代に自らの姿を明らかにするだろう。

(MS Oxford 1605, 46b)

「能動知性」という非人格的な神由来の力、そしてそれによってユダヤ人を救済へ導く人物、いずれもアブーラフィアはメシアという言葉で表現する。さらに、物質的な人間の知恵もまたメシアと呼びうるという。つまり、「能動知性」が預言者の身体において活性化されると、人間の知恵そのものがメシアになる。アブーラフィアはこれが自分だけでなく、能力のある人々ならば到達できる境地だと考えた。つまり、理論的には特別な人間でなくてもメシアになれる可能性が眠っているということになる。

彼が考える救済は、異教徒からの政治的な解放でも、歴史における破局的な終末でもなく、神秘家が自己のなかに実現させるべき神との結びつきである。この強烈な意識がカバリストの神秘体験と深く関わっていることは間違いない。メシアを自称するカバリストは、他の人々には結ぶことのできない、神との親密で個人的な関係を通して救済者としての意識を育む。そのうえで、古くから伝わるメシア伝承に自らを当てはめ、メシアとしての正当性を主張してみせるのが一般的なケースである。

カバラーの歴史のなかで、何人ものカバリストがメシアと目されてきた。そのなかで、アブーラフィアはメシアの自覚を表明した最初の神秘家だった。マイモニデスの影響をはっきりと見て取れる点で個性的なだけではない。アブーラフィアの場合、メシアとは人間の霊魂に作用する神の知性の形態であり、神秘体験によって到達できる境地であった。哲学的な用語と神秘体験を組み合わせ、人間そのものに救済の可能性を見出したカバリストは彼のほかにはいない。

シャブタイ派のカバラーと善悪を超越するメシア

メシアの自覚に至ったカバリストは、アブラハム・アブーラフィアにはじまり、シュロモ・モルホ（一五〇〇～一五三二）、ハイム・ヴィタル、アシェル・レムライン（一六世紀）などが挙げられる。自ら公言することはなくても、ルーリア派の創始者イツハク・ルーリアやハバッド・ルバヴィッチのメナヘム・メンデル・シュネウルソンのように、死後になってメシアの可能性が指摘されるケースもあった。

しかし、一七世紀後半にメシアニズムの旋風を巻き起こしたシャブタイ・ツヴィほどユダヤ思想に拭いがたい痕跡を残したカバリストはいないだろう。ここではシャブタイ・ツヴィがイスラーム教に改宗したあとも彼の正しさを擁護し続けた預言者ガザのナタンを中心にして、シャブタイ派カバラーのメシアニズムを見ていくことにしよう。ナタンのメシアニズムの特徴は、シャブタイ・ツヴィが善悪を超越する救済者だと考えるところにある。シャブタイ・ツヴィはそれゆえに数々の冒瀆的な行為にふけり、ユダヤ教を捨てて悪の領域にまで足を踏み入れたとされる。

シャブタイ・ツヴィはカバラーの実践を通して、神を非常に身近な存在に感じていた。そのような神秘体験がメシアとしての自覚に結びついたという意味では、アブーラフィアのメシア観に近い。ところが、彼は啓示を受けて精神が高揚する一方で、抑鬱状態に苦しみ、自信を失うこともあった。その点では、神秘家としてのメシアの自覚が揺らぐこともあったようである。

それに対して、ナタンはシャブタイ・ツヴィが改宗するまえから彼の不安定な精神状態に気づき、それを悪の世界に堕ちて戦っていると解釈した。メシアが戦う悪はファラオ、蛇、外殻《ケリッパー》といったシンボルで描かれる。それに対して、悪に責め苛まれるメシアの霊魂は、義人ヨブ、あるいはファラオの僕《しもべ》にも喩えられる。ナタンは『大蛇論《デルーシュ・ハタニニーム》』(*Derush ha-Taninim*)のなかで、ヨブがファラオに仕える僕だったというタルムードの伝承に基づいて、メシアの霊魂の性質を次のように説明している。

> ヨブはメシア王であった。このことは「ヨブはファラオの僕の一人であった」(エルサレム・タルムード、ソーター篇二五b)と言われているとおりである。[…]すでに述べたように、[メシアの]霊魂が外殻の間に沈み込んでいたということである。[…]主は大いなる試みを彼(シャブタイ・ツヴィ)にもたらす。何度か高みに上ったあとで、彼は大いなる深淵に落ちる。すると、蛇たちが彼をだまして「お前の神はどこにいるのか」と、実のところは知恵もないのに大いなる証を聞き出そうとして彼を苦しめるのである。
>
> (Gershom Scholem, *Be-`Iqvot Mashiah*, 20-21.)

だがナタンによると、悪の領域に囚われたメシアが、いつまでもそこで苦悶し続けているわけではない。シャブタイ・ツヴィは信仰の力でそれを破壊するという。そしてここで驚くべきことに、ほかでもないシャブタイ・ツヴィこそがメシアであると同時に、イスラエルの民を苦しめたファラオ、あるいは「大いなる蛇」と呼ばれることが明らかになる。ゲマトリアの計算では、メシア（*MaSHiaH*）と蛇《ナハシュ》（*NaHaSH*）のヘブライ文字の数価は等しい。この偶然とも思われる一致が、善と悪の逆説的な同一性を証明するという。

彼（シャブタイ・ツヴィ）は信仰によって立っている。この他にも、すべての身体の部位で辛苦を味わっているが、こうした試みのためにヨブと呼ばれ、ファラオの僕と呼ばれるのである。ファラオはメシア王の真実の名である。〔…〕ファラオは大いなる大蛇と呼ばれ、エジプトのナイル川に潜んでいた。〔…〕それゆえ、彼は大いなる大蛇のファラオと呼ばれ、メシア王とは反対のエジプト王と呼ばれる。しかし、彼は蛇と呼ばれながらも、蛇のゲマトリアではメシアの数価と同じである。〔…〕見よ、この大いなる蛇の力を。それは聖なる蛇の外殻なのである。

（Ibid., 21.）

「外殻《ケリッパー》」は地上の悪を意味する言葉であり、「聖なる蛇の外殻」という言葉には、善悪の両面を兼ね備えるメシアのパラドックスがはっきりと刻まれている。シャブタイ・ツヴィの啓示体験と精神の苦悩は、このパラドックスのために生じたというのがナタンの解釈だった。

おそらくは、シャブタイ・ツヴィ自身にとってもナタンにとっても、イスラーム教への改宗はメシアに課された必然的な決断だったはずである。なぜなら、二人が生きたオスマン帝国におけるもっとも身近な異教徒はムスリムであり、彼らの信仰のなかにあえて身を投じることが、悪の世界を内部から突き崩す起爆剤になるはずだったからである。シャブタイ・ツヴィの改宗後も、ナタンはメシアこそがなしうる信仰の変転に隠された意味を説き続けた。たとえ彼が実際にユダヤ人の王として世界に君臨できなくても、メシアの霊魂は機が熟せば再び民族に贖いをもたらすはずである。それまでは、シャブタイ・ツヴィの力を信じ、カバラーの解釈にしたがって戒律と祈りの意味を探求することが信者に課せられた使命である。ナタンはそのように考えた。

ハシディズムのメシア観

シャブタイ派が引き起こした混乱がメシアに危険なイメージを与えてからというもの、カバラーのなかでメシアニズムが活発に論じられることはタブーになった。その時代、依然としてメシアに積極的な意義を見出した流れがあるとすれば、それはハシディズムだった。ただし、ハシディズムではカバラー的な解釈を伴いながらも、終末の暴力や破局とは無縁で、メシアが直接的に論じられることはほとんどない。むしろ、天地をつなぐ「世界の根幹《イェソード・オーラム》」（*yesod ʿolam*）と呼ばれる義人が人々の贖いの中心的な役割を担うと考えられた。あるいは個々のユダヤ人が救済への潜在性を秘めているとも言われた。

ハシディズムのなかで最初からメシアニズムが重要な意味を持っていたかどうかは、議論が分かれる。それでも、開祖イスラエル・バアル・シェム・トーヴの活動が、緩やかなメシアニズムに裏打ちされていた可能性は指摘しておかなければならない。一七五二年頃にバアル・シェム・トーヴが書いた書簡には、彼が霊魂を昇天させてメシアと面会したエピソードがつづられている。その神秘体験は一七四六年の秋に起こった。彼の霊魂が上昇してメシアの宮殿にたどり着いたとき、そこではメシアが古代のラビと律法を学んでいたという。この書簡は、弟子であるポロノエのヤアコヴ・ヨセフの『ヨセフは実を結ぶ若枝』（*Ben Porat Yosef*, 1781）のなかに収められている。

> 私（バアル・シェム・トーヴ）はメシアに尋ねた。「あなたはいつ［地上に］いらっしゃるのですか」。彼は答えた。「君の教えが広く知られ、世界に向けて明らかになり、私が君に教えたことが外に湧き出せばわかるだろう。［…］彼ら（ユダヤ人）が結合《イフード》を実践し、君と同じように［霊魂を］上昇させれば、外殻が壊れる。すると、望みの時と贖いがやってくるだろう」。私は驚いた。そして、そのようなことが成し遂げられる時の長さを考

えて、非常に悲しい気持ちになった。しかし、[…]三つの癒やしの言葉と三つの神の御名なら、学びやすいし、教えやすい。私の心は落ち着きを取り戻し、このくらいならば私の同世代にも到達できるはずだと考えた。私がやっているように、つまり霊魂を上昇させることによって、彼らも学び、私と同じようになれるだろう。

（ヤアコヴ・ヨセフ『ヨセフは実を結ぶ若枝』100a）

「望みの時」の訪れは長い時間を要すると言われ、バアル・シェム・トーヴはそのことに一度は落胆するが、「癒やしの言葉」や「神の御名」といった呪術的な方法で、人々が天との結びつきを得ることができると悟る。バアル・シェム・トーヴの教えを通じて、同じ世代の多くの人々が彼と同じように霊魂を天上に上昇させることができるということである。それが救いに直結するかどうかははっきりしないものの、少なくともそこへ向かう道筋には違いない。

実はこの書簡がハシディズムに大きな影響を与えた証拠はないが、その歴史に通底するおおまかなメシア観をあらかじめ言い当てているのは興味深い。ハシディズムでは、宗教的なカリスマが救済の役割を独占することはない。義人は欠くことのできない救済の媒介者だが、その救済は神と個々の人間の関係性から導かれると言われる。古典的な黙示文学に描かれる終末の破局は語られず、贖いは神によって人間の内面にもたらされる。これこそが、ハシディズムを理解する鍵となる神との「密着《デヴェクート》」である。わずかな事例を除いて、神とのつながりがメシアの自己意識に発展することはなく、あくまでも多くの人々に開かれた個人の救済である。ゲルショム・ショーレムは、それをシャブタイ派の失敗によって起こった「メシアニズムの無力化」と呼んだ。

バアル・シェム・トーヴは、ユダヤ人としての正しい行いと考え方を通じてすべての人が救われたとき、ようやく社会という大きな次元で救済がもたらされると考えた。次の言葉は、その見方を端的に表現している。

バアル・シェム・トーヴが「私の魂に近づき、そして贖ってください」（詩篇69・19）という一節のことで述べたように、それは悪しき思惑という捕囚から霊魂を解放するための個人の贖いに向けた祈りである。すべての人が個人の贖いを手にしたあとで、全体の贖いがもたらされ、ほどなく我々の時代にメシアが訪れるだろう。

（ゲダリヤ・ラビノビッツ『優美なる呼びかけ』43b）

救済はまず個人の霊魂の問題である。だが、全体の贖いという社会的な変革のためには、すべての人間が霊魂のレベルで救われるという大きな壁を乗り越えなければならない。メシアはその壁の向こうに待っているかもしれないが、救済へ向けた努力がすべての人々の責任になった途端に困難なものになる。

その一方で、カバラーにおいてメシアの問題が神の秘密と密接に関わっているように、ハシディズムにおいても誰がメシアなのかという問いが話題になることもある。だが、レッべが自らメシアを名乗るのではなく、神と人間の世界をつなぐ義人がメシアの性質を備えていると暗示されたり、あるレッべが死んだあとに彼がメシアだったのではないかと噂されたりするだけで、終末の逼迫感は希薄である。

たしかにシャブタイ・ツヴィによって引き起こされたメシアニズムの夢が泡沫に帰したあと、ハシディズムが栄えはじめた一八世紀は、まだ失敗の余韻が人々の心に残っていた時期である。そのようなときに、古典的な終末観にのっとってメシアを自称することなど人々の猜疑の目を集めるだけだったということもあるだろう。あるいは、近代のユダヤ教では贖いの方向がユダヤ人の歴史ではなく、個人の信仰の問題へと転換したという理由があることも間違いない。いずれにしても、メシアに関することは暗示的に語られるのがハシディズムの特徴である。

「メシア王万歳」と書かれたメナヘム・メンデル・シュネウルソンのポスター。標識の裏に貼られていることが多い。

それでも、ときには著名なレッべともなると、その人のメシア性が信奉者の心をつかむこともあった。たとえば、ブレスラフ・ハシディズムの創始者ラビ・ナフマンがそうである。彼は自分の書いた本が多くの人々に読まれ、その教えが受け入れられればメシアによる贖いが訪れると語ったが、自らメシアであると公言したことはなかった。ところが、特に二〇世紀後半になって現れたいくつかの新しいグループでは、ラビ・ナフマンのメシア性が盛んに話題になる。

その最たる例がイスラエル・オデッセル（一八八八？〜一九九四）率いるブレスラフ・ハシディズムの一派である。イスラエル・オデッセルはある日、本のページのあいだから「ナ・ナフ・ナフマ・ナフマン・メウマン」と書かれた紙片を見つけた。そして彼は「ナフマンはウマンから」というこのリズミカルなフレーズを、ラビ・ナフマンが天から授けてくれたメッセージであると理解した。彼の信奉者たちは師の志を継いで、贖いを早めるための呪術的なマントラとしてこのフレーズを唱えるようになった。

また、ハバッド・ルバヴィッチの七代目レッベ、メナヘム・メンデル・シュネウルソンも、死後にメシアだったのではないかと言われた。七代目のシュネウルソンを継ぐ八代目のレッベは現れていない。一部の信者は七が安息日とメシアによる贖いを象徴しており、シュネウルソンがメシアだったと信じている。シュネウルソン自身が公言することはなかったが、メシアが訪れるために自分がやるべきことは終えた、あとはあなたたちの行い次第であると期待感に満ちた言葉を残している。そのため、多くの信奉者が当時から彼がメシアではないかと考えていた。現在では過剰に期待を寄せないようにと、教団が過激な信奉者を牽制しているが、それでも依然としてメナヘム・メンデル・シュネウルソンのカリスマは強力である。そうした勢力が強い地域では、「メシア王万歳」、あるいは「メシアが来る」というインパクトのある見出しとともに、彼の写真を印刷したポスターをいたるところに見ることができる。

第9章　世界周期論

循環する時間と原初の時間

二〇世紀の比較宗教学を代表する研究者、ミルチャ・エリアーデ（一九〇七〜一九八六）は、『永劫回帰の神話』（*Le mythe de l'eternel retour*, 1949）のなかで、多くの伝統的な宗教に見られる円環的な時間について論じた。人間が生を営むこの地上の時間は、原初の神話的な時間の反復である。つまり、神話のなかで語られる聖なる時間という原型を、人間は宗教的な儀礼を通して何度もこの世界で再現する。周期的に同じところに戻ってくるので、これは直線よりも円形で表現するほうがふさわしい。その円環的な時間のなかで、世界は新しく生まれ変わる。

ユダヤ教では、歴史が世界の創造と終末という始点と終点で区切られた直線で捉えられる。やがて終末が訪れるなら時間は有限であり、世界創造はその有限性のなかで生じた出来事である。だが、一見して直線的な時間のなかにも周期がある。月や太陽の運行をもとにして、一ヶ月、あるいは一年というサイクルがあり、それは聖なる時間によって区切られる。聖なる時間は繰り返し何度も訪れ、宗教的な儀礼が俗なる時間に聖性を刻印する。いつか世界の歴史は終焉を迎えるはずなのに、このサイクルは永遠に続くかのように思える。エリアーデに従うなら、ユダヤの時間認識にも円環的な流れを見ることができるだろう。

ユダヤ教で基本となる時間のサイクルは週であり、安息日《シャバット》（*shabbat*）がそれをいっそう重要なものにする。神が世界創造に着手し、その仕事を終えたのが七日目である。それゆえに、人々は身体的にも社会的にも聖なる時間を複製し続けなければならず、それは十戒のひとつに定められている。「安息日を記憶に留め、それを聖なるものとせよ。六日間は働き、あらゆる仕事をせよ。七日目はお前の神、主の安息日である。どんな仕事もしてはならない。［…］主は六日間で天と地と海、そしてそのなかの万物をなし、七日目に休んだからである。ゆえに、主は安息日を祝福して聖なるものとしたのである」（出エジプト記20・8〜11）。神がイスラエルの民にこう命令したため、ユダヤ人にとって七が聖なる数字となり、七番目が聖なる区切りの時間となった。

キリスト教やイスラーム教も同じ創造神話を受け継いだが、なかでもユダヤ教は安息日に特別な意味を読み取った。安息日は喜びの日であるが、従わなければならない戒律や慣習が突出して多い。古代のラビたちの議論はシャバット篇としてタルムードの重要な一角を占めている。この聖なる時間は、「イスラエルの民が二週続けて安息日を守りさえすれば、すぐにでも贖われるだろう」（バビロニア・タルムード、シャバット篇118b）と言われているほど救済論的な意義を帯びている。つまり、世界創造に関わっていると同時に、終末の贖いをも象徴しているのである。

カバラーはこの濃密な時間を多彩な象徴表現で彩った。たとえば安息日は女王に喩えられる。また、神の女性的な要素として理解され、地上における神の臨在《シェヒナー》とも呼ばれる。この聖なる日にイスラエルの民のあいだに安息日の女王を迎え入れ、王である天の神と結びつける。そのとき、原初の無垢なる調和が一時的に回復されると考えられている。

世界周期論とパラダイムの相対化

一部のユダヤ思想には、循環する聖なる時間を宇宙の歴史とも呼べる規模で捉え直す考え方がある。おもに天文学に基づく理論は、一二世紀にアブラハム・バル・ヒヤ（一〇七〇?～一一三六?）やアブラハム・イブン・エズラ（一〇八九～一一六七?）に見られる。一方でカバラーの場合、その大きな時間概念は世界周期《シュミトート》（*shemittot*）と呼ばれた。世界の周期は七という数字に由来するが、週の七日よりもはるかに壮大な歴史観から生まれた理論で、一部のカバリストが一三世紀に唱えはじめた。スペインではエズラ・ベン・シュロモ、アズリエル・ベン・メナヘム、ナフマニデス、シュロモ・イブン・アドレートらが言及し、イタリアでもメナヘム・レカナティがこの教えについて論じている。ふつうユダヤ教では、世界の歴史が一度の創造と一度の終末を結ぶ一回的な出来事であるとされる。しかし、この世界周期論では歴史も神が創造したものであるとすれば、七という聖なる数字の原理に従って展開し、世界創造も七回起こるに違いないと考える。

世界周期論にはいくつかの形式があるが、代表的なものをまとめると次のようになる。まず創造と終末のあいだに七〇〇〇年の期間がある。七〇〇〇年という期間は創造の七日間と重ね合わせた数字なので、最初の六〇〇〇年が俗なる週日、最後の一〇〇〇年が聖なる安息日を表す。この最後の一〇〇〇年でメシアが現れ、世界は終末に向かって徐々に崩壊していくという。これがこの理論の基本となる部分である。

しかし、世界周期論はそれほど単純ではない。ひとつの世界が崩壊すると、今度は新しい世界が創造されるという。この循環は連鎖し、創造と終末で区切られた七〇〇〇年の期間が七度繰り返される。ここまでで四九〇〇〇年を数える。さらに最後の一〇〇〇年で、時間は究極の終焉へと向かい、最後にはすべてを生み出した神の内部に回収されることになる。すなわち、世界の始原、聖性の極限への回帰である。

ところで、世界周期に関する秘密はどこに隠されているのだろうか。カバリストは聖書やタルムードのなかにその秘密が暗示されており、世界史の法則はそれを読み解いたところにあるはずだと考えた。そこでまずもっとも根本となるのが、レビ記の記述である。シナイ山で神はモーセに、安息日の原理がイスラエルの民だけでなく、寄留民や農地にまで及ぶことを告げた。

六年間畑を耕したあと、七年目には土地を休ませなければならない。これが安息年である。さらに神は五〇年目の解放にまで言及する。「安息年を七度、すなわち七年を七度数えよ。七度の安息年は四九年になる。[…]そして、五〇年目を聖別し、全地の住民に自由を呼びかけよ。これはヨベルの年であり、お前たちは皆、自らの所有地に帰らなければならない」(レビ記25・8、10)。また「ヨベルの年には、農地は売った人、つまりその土地を所有していた人のもとに戻されなければならない」(レビ記27・24)とも言われている。

これら聖書の記述がもとになり、世界の歴史が七〇〇〇年続くという意見がタルムードに現れることになる。そこでは終末とメシアに関するラビたちの議論がつづられており、次のような二つの言葉がある。

タンナ・デベイ・エリヤフはこう教えている。「世界は六〇〇〇年存続する。最初の二〇〇〇年は混沌、次の二〇〇〇年は律法、次の二〇〇〇年がメシアの時代である」

(バビロニア・タルムード、サンヘドリン篇97a)

ラビ・カティーナは言った。「世界は六〇〇〇年間存続する。そして、一〇〇〇年で混沌となるだろう。『その日には、ただ主のみが高められる』(イザヤ書2・11)と書かれている」

(同97a)

六〇〇〇年という時間を三つに分割して、それぞれを「混沌」、「律法」、「メシア」の時代と位置付けている。メシアの時代とは救済に値する人々が救われるときのことを指している。それに加えて、七〇〇〇年という期間の終端に一〇〇〇年間の世界の崩壊が予言されている。

タルムードの該当箇所に詳しい解説はないが、世界周期論を説くカバリストのほとんどは、タルムードのこの箇所に依拠している。さらに創造の歴史を七〇〇〇年が七回続く大きな規模にまで拡大したところに、カバラーの世界周期論の独自性がある。そこに聖書のヨベル年の計算をあてはめれば、五〇〇〇〇年という歴史の時間が導き出される。

ヘブライ文字とセフィロートとの関係

世界周期論を知るにあたって、なによりも重要なのは『形状の書《テムーナー》』（*Sefer ha-Temunah*）である。比較的平易なヘブライ語で書かれているものの、内容を理解するのは難しい。出版されたとき、二人のミシュナのラビ、ネフニヤ・ベン・ハカナーとイシュマエル・ベン・エリシャの名前が添えられたが、明らかに中世の文体で書かれている。実際には写本が多く見つかった場所から推測して、一四世紀中頃のビザンツ帝国で書かれた可能性が高い。

『形状の書』のおもしろさは、この謎めいた素性ではなく、世界周期論と結びついたセフィロートとヘブライ文字の解釈にある。そもそも書名の「形状」というのは、ヘブライ文字の形を論じるところに由来する。世界の終わりに向けて七度繰り返す七〇〇〇年の時代は、それぞれひとつのセフィロートとひとつのヘブライ文字に対応していて、文字により時代の性質が異なっている。セフィロートについては、上位三つを除いた七つが対象となる。

それに加えて斬新なのが、神からモーセに与えられた律法がこの七〇〇〇年に限られた一時的なものでしかないという発想である。『形状の書』によると、律法はひとつの時代の価値観やパラダイムを決定し、「新しい律法」がそれぞれの時代でその都度イスラエルの民に与えられる。時代の性質に差があるのは、与えられた律法の読み方が異なるからだという。モーセ律法はそのひとつでしかない。この考え方には終末の時期を明確に指定する以上の危うさがある。なぜなら、潜在的にいくつもの律法があるとすれば、律法の絶対性も担保できなくなるからである。

それでは、私たちはどのような時代に生き、『形状の書』はこうした異なる時代の性質をどのように語っているのだろうか。『形状の書』によると、現在の時代、つまりモーセがシナイ山で現行の律法を授かった時代は、最初から数えて二番目の七〇〇〇年だという。ひとつ前の時代が最初の七〇〇〇年で、それははるか昔に終わってしまったことになる。最初の時代は第四のセフィラー、慈愛《ヘセド》で表され、かつ第四のヘブライ文字、「ダレット」（*dalet*）に相当していた。

ダレットは気高い文字である。［…］その世界周期においては、最初の身体と清浄かつ神聖な霊魂が光り輝いている。この世界周期はすべて慈愛の光のなかにある。［…］そこには蛇もいなければ、悪しき欲望もなく、ものを食べる必要もない。そして、罪を犯す者も罪業もない。

（『形状の書』37b）

一般的に慈愛のセフィラーは神の純粋で善なる性質を表している。『形状の書』でも、かつて慈愛の時代に生きた人間が、まさにその純粋性を体現していたと言われる。そうした純粋性と呼応するかのように、悪を象徴する蛇がいない。蛇がいなければ、人間は悪を犯すこともない。ものを食べる必要がないというのは、人間が永遠の命を持っていたことを意味しているのかもしれない。

慈愛の七〇〇〇年が終わると世界は一度崩壊し、次の七〇〇〇年、つまり私たちが生きている時代がはじまる。それは五番目の厳正《ゲヴーラー》のセフィラーの特徴を備えているという。ヘブライ文字でいうならば、同じく五番目の「へー」（*he*）である。

へーは凋落の世界を教える文字である。この世界では霊魂が穢れている。［…］文字は原初のように単純ではなく、複雑になる。［…］厳正は力を増して固くなり、離散は数を増して長くなる。生命は困難を極めて短くなり、［…］悪しき欲望が膨らみ強くなる。
（前掲書38b～39a）

慈愛の時代には原初の純粋性が世界を支配していたが、この時代になると神の厳格な裁きの性質が強くなり、人間はさまざまな困難を耐え忍ばなくてはならない。悪や罪にさいなまれるのも、人間の寿命が短くなったのも、戒律が人々を拘束するのも、すべて神の厳正が増大したからである。これは慈愛の時代に比べて、正反対の状態と考えることができる。

この世界を腐敗と堕落から守るために、慈愛の時代から遣わされた霊魂もあった。それはエノク、アブラハム、モーセに宿っていたが、彼らにしたところで歴史の原理に抗って根本的な救済をもたらすことはできなかった。次の時代が来るまでは、時間の経過を待つよりほかはないのである。

厳正の時代のあとは、セフィロート体系の中心を占める壮麗《ティフェレット》の時代がやってくることになっている。壮麗のセフィラーは六番目の位置を占め、ヘブライ文字も六番目の「ヴァヴ」（*vav*）である。垂直の一本線で描かれる文字であり、ヘブライ文字のなかでもっとも単純な形をしている。この時代、すべてのものが慈愛の時代に似た完全で純粋な様相を呈するとされる。

ヴァヴは［…］単純な形状であり、それはこの世界周期に対応している。［…］知識が地に満ち、[…]厳正において穢れたものは、その力の光のなかにあって裁きとは異なるものになる。霊魂転生も穢れもなければ、月が欠けることもない。[…]すべての人々が主を知っている。

（前掲書40a～41b）

これは慈愛のセフィラーが支配していたときのような安寧の時代の再来と言えるかもしれない。すべてのものごとが調和のなかにあり、律法は神聖な問題だけを扱うという。主に捧げる供犠は血なまぐさい動物の生贄ではなく、感謝と愛である。厳正の時代に人間の生死をつかさどる法則だった霊魂転生も、不完全性の象徴である欠けた月も存在しない。この様子はもっとも単純な形のヘブライ文字、「ヴァヴ」の反映でもある。

こうしてそのあともセフィラーごとの時代が続き、七〇〇〇年の期間が七回繰り返されると、最終的に森羅万象が理知《ビーナー》のセフィラーに戻っていくとされる。このセフィラーはカバラーの伝統で安息日、ヨベル年、母、メシアを象徴する。次の言葉には、これらの象徴が巧みに組み入れられていることがわかる。最後の一〇〇〇年に、人間の霊魂は究極の聖性へと回帰する。

そうして、霊魂は安息の場所へと帰っていく。イスラエルの売り払われた者たちは、長い離散のあいだ穢れのなかに住まわされたが、そこ（理知のセフィラー）で贖われることになる。［…］身体も霊魂も安息し、至高の身体のなかのすべての霊魂が途絶えてひとつの身体を満たす。母は息子たちとともにひとつになる。売り払われた者たちが贖われ、ヨベルになると、至高のメシアの日々であることがわかる。

（前掲書29b）

『形状の書』の著者は、終末とメシアの黙示的な伝承に関心を示さず、もっぱら終焉へと向かう宇宙のリズムを描こうとする。すべてが究極の聖性へ回収される前に訪れる「至高のメシアの日々」についても、具体的なことは何も語られていない。

では『形状の書』のなかで終末はどのように表現されるのだろうか。その答えは、神が時代ごとに「新しい律法」を授けることと関係している。世界の終わりには「新しい律法」が与えられ、時代のパラダイムが一変する。古い規範は失われ、人々は新しい規範に従って、現在とはまったく異なる価値観のもとに生きるようになる。

「シン」には３つの頭がある。『形状の書』によるとこれは不完全な形で、４つの頭を持つ「シン」があるという。

このことはヘブライ文字の「シン」（*shin*）をめぐる説明で明らかにされる。「シン」は最後から二つ目にあり、三つの線からなる櫛形の文字である。『形状の書』によると、私たちに馴染みのある三つの頭を持つ「シン」は本来の完全な状態ではないという。かつては四つの線で描かれる文字だったのが、現在では三つになっているからである。しかし、終末がくると、現在の文字の形が再び原初の形状を回復するという。

[本来の完全な形状ならば]シンは四つの頭を持つ文字であったが、現在は三つである。[…]シンは大いなる形状を持ち、装飾をまとっている。それは至高の装いであり、大いなる至高の力である。[…]将来、[三つの頭を持つシンが四つの頭を持つシンに]交代し、来るべき世界周期のために、そこで方形になるであろう。[…]したがって、天と地において、すべての被造物はすべての忌避すべきものと穢れを遠ざけ、[…]万物は統合されて至高の鞘に戻されることになる。

（前掲書61b～62a）

現行の律法はシナイ山でモーセを通して授与された。現在のユダヤ人が読む律法が書かれた二二種類の文字のうち、最後から二つ目の文字は不完全な「シン」である。しかしこれが原初の完全性を取り戻せば、あらゆるものは聖なる状態を回復して、「至高の鞘に戻される」。つまり、万物は究極の聖性へと回帰するのである。

『形状の書』のあとも、世界周期論は終末の秘密を語るために、しばしば用いられるようになる。たとえば、一五世紀に書かれた『不可思議の書《ブリアー》』や『カナーの書』、そしてシャブタイ派のカバラーにも現れる。特にシャブタイ派においては、ガザのナタンとその弟子たちが、シャブタイ・ツヴィがメシアとして現れた時代を世界周期論にしたがって解釈する。シャブタイ・ツヴィがイスラーム教に改宗し、クルアーンを聖典として選び取ったことは、メシアによる「新しい律法」の採用と考えられた。それまでのユダヤ教の戒律を守る必要はなく、まったく新しい時代が訪れたと確信する者もいた。結局、シャブタイ派の終末論はこの地上で実現しなかったのだが、ここで世界周期論が現実の問題として適用されたことに、この教義の危うさを見ることができるだろう。

イスマーイール派とシャブタイ派における反規範主義

最後に興味深い事実に触れておこう。カバラーの世界周期論とよく似た考え方が、イスマーイール派の世界周期の教義に出てくる。イスマーイール派といえば、九世紀末にイスラーム教のシーア派から興り、ファーティマ朝のイデオロギーを築いた教派である。のちには新プラトン主義を吸収して、独自の神学を構築した。その教義には、終末思想をはっきりと見ることができる。イスマーイール派においては、クルアーンの解釈が字義的な意味（ザーヒル）と内面的な秘義（バーティン）にわけられた。聖典の読みに隠された真実の層を見出そうとする点で、カバラーと同じ種類の神秘思想であることは間違いない。二〇世紀の偉大なイスラーム学者、シュロモ・ピネス（一九〇八〜一九九〇）がカバラーとの関係を指摘して以来、しばしば類似点が言及されてきた。

イスマーイール派でも世界の創造と終末という時間認識が基本になっているが、ここで重要なのはそのなかに七つの時代があると考えられている点である。それぞれの時代は預言者によってはじまり、そのあとに七人のイマームが現れる。七人目のイマームは次の時代の預言者となって、新しい法を説きはじめる。預言者の系譜はアダム、ノア、アブラハム、モーセ、イエスと続き、第六の時代に預言者ムハンマドが現れた。

イスマーイール派の教義によると、この時代の最後に現れるイマームは「立つ者《カーイム》」（*Qāim*）とも呼ばれる救世主《マフディー》（*Mahdī*）である。この終末的な人物は、第七の時代を統治するだけでなく、悪の天使イブリースがかつてアダムから聞き出した秘教を取り戻す。そして、世界は再びアダムの堕落以前の至福の状態に戻るといわれる。異なる性質のシャリーア（イスラーム法）が、それぞれの時代に生きる人々を支配し、それが終わると新しい預言者によって新しいシャリーアが導入されるという考え方は、『形状の書』に説かれる律法観に酷似している。

一〇〜一二世紀、イスマーイール派の教勢とファーティマ朝の勢力は、北アフリカから中東地域にまで及んだ。カタルーニャ地方で世界周期論が言及されるようになったのが一三世紀前半である。『形状の書』『形状の書』が書かれた場所は、一四世紀のビザンツ帝国だと推測されている。双方の世界周期論が似通っていることを考えれば、イスマーイール派の時間概念がカバラーに影響を及ぼしたか、あるいは双方の源泉となった別の思想が存在したと見ることができるかもしれないが、歴史的な証拠はまだ見つかっていない。

この種の終末論には破綻がつきものである。現実に終末が来ないかぎりは正しさを証明することはできず、世界の破局が訪れなければ、それは誤っていたことになるからである。実際に、イスマーイール派にしても、カバラーにしても、この世界周期論がきっかけになってメシア運動が起こって破綻している。イスマーイール派では、一一世紀末にニザール派と呼ばれる集団が終末論の傾向を強めた。そして、一一六四年にハサン二世(一一六四年没)がイラン北部で「大いなる復活」を宣言し、シャリーアの撤廃を命じた。ユダヤ教では、一六六五年にシャブタイ・ツヴィがメシアを名乗り、次々と戒律を破っては伝統的なユダヤ暦に変更を加えた。預言者ナタンは世界周期論に基づいて、この時代の終焉と新しい時代の到来を説いた。しかし、いずれのケースも救世主を名乗る人物が世界を救うことはなく、残された信奉者は救いのない現実と世界周期論とのすり合わせに悪戦苦闘することになる。シャブタイ・ツヴィがイスラーム教に改宗したあと、シャブタイ派の過激な反規範主義が影を潜めたのは、結局は新しい世界周期が訪れたと主張するほどの革新的な出来事が起こらなかったからである。

第10章　霊魂転生論

異教的な霊魂転生とその秘教性

人間が生命を終えたのち、身体が埋葬され、あるいは荼毘に付されたとしても、霊魂はそこを離れて次の身体へと生まれ変わる。こうした考え方は古今東西のさまざまな宗教に見られる。起源は定かでないが、古代のインドやギリシアの死生観がひとつの起源であると言われている。多くの場合、共通する考え方は、人間が生前に行った行為が霊魂に刻まれ、それが転生した身体の新しい人生を左右するというものである。この因果応報の倫理観のおかげで、罪を犯さず善行を積むことが来世のよりよい人生につながるという価値観が育まれる。さらには連鎖する生命をめぐる思想が、時を超えた人間の紐帯や歴史への眼差しにまで影響を及ぼす。そして、多くの成熟した宗教では、霊魂転生の究極的な目的は、無限に繰り返すかのように見えるこの循環を抜け出すことであるとされる。転生を繰り返すことが人間の不完全性の結果ならば、転生からの解放こそが選ばれた者に与えられる救いに違いない。

エルサレム旧市街にあるカライ派のシナゴーグ。8世紀にアナン・ベン・ダヴィドが建てたと伝えられる。エルサレムで最古のシナゴーグでもある。

インドでは紀元前八～六世紀頃、最初期のウパニシャッド哲学に霊魂転生論が現れる。そこにはすでにカルマによる来世の決定、応報思想、転生からの解放が見られる。ジャイナ教、ヒンドゥー教、仏教といったインドの宗教はこうした考え方を批判的に継承した。とりわけ仏教ではブッダの生き方を模範とし、輪廻から解放されて涅槃や解脱を得ることの重要性が説かれた。一方ギリシアでは紀元前六～五世紀頃、オルフェウス教、ピタゴラス主義、ソクラテスやプラトンの思想などで、身体の死に対する霊魂の不滅が説かれた。霊魂が新しい身体に宿るという発想が生まれるには、まず身体と霊魂が別のものであるという前提がなければならない。それは霊魂が身体に固有の形相であるとするアリストテレス的な考え方と区別される。

比較的古い時代のユダヤ教では、カライ派の開祖とされるアナン・ベン・ダヴィド（七一五？～七九五？）のように霊魂の生まれ変わりを説く者もいたが、これは決して公認の教義ではなかった。聖書にもタルムードにも書かれていないし、サアディア・ガオンなど多くの哲学者はそれを認めていない。基本的には中世を通じて、それぞれの時代のユダヤ思想を担う人々によって否定されてきた。そもそも霊魂が肉体を離れて転生するならば、最後の審判の日に起こる死者の復活がうまく説明できなくなる。いざというときに肉体に本来の霊魂がなければ、理論上は身体を伴って蘇ることができないはずである。また、中世ユダヤ哲学を育てたアリストテレス主義の影響も考えられる。アリストテレスは霊魂を人間の身体から分離することのできない固有の機能として捉え、霊魂の流動性を唱えるピタゴラス主義を批判した。この批判的な態度は一部のユダヤ人哲学者にも共有された。さらにはグノーシス主義的なマニ教、新プラトン主義、カタリ派、イスラーム教の極端派など、ユダヤ教の外部に霊魂転生の教えが見られることから、異教を連想させた可能性も考えられる。

生まれ変わりの霊魂観は禁じられなければ、自然と生まれてくるものである。そしてそれが禁じられていれば、逆に秘密の教えとしてあえて特別な位置を与えられるようになる。ゆえに多くの宗教と同様に、ユダヤ教でも霊魂転生論は神秘思想として扱われるようになった。ヘブライ語で霊魂転生を表す際には「回転」を意味する「ギルグール」(*gilgul*)という言葉が使われる。初期のカバラーでは「宿りの秘密」(*sod ha-ibbur*)などと呼ばれ、カバリストたちはあまり多くを語ろうとしない。その後、一六世紀になると、ツファットで盛んに扱われるようになり、「ギルグール」という言葉も定着する。ここではツファットまでの霊魂転生論をたどって、最後にアムステルダムの強制改宗者たちのあいだで救済を論じるときにどのように解釈されたかを見ていくことにしよう。

初期のカバラーの霊魂観

フランス南部でカバラーが形成されはじめた時期から、霊魂転生論はすでに議論の対象になっていた。ドイツ・ハシディズムでは扱われることがないため、カバラーを特徴付ける教義だったと言える。たとえば、『清明の書《バヒール》』は秘密の教えとして霊魂転生論に言及した最初期の例である。そこには正しい人がなぜ罰を受けなければならないのかが、前世の罪という観点から説明されている。

ラビ・ラフマイはこう言った。「モーセが偉大にして畏怖すべき［神の］御名を知りたいと願って、『どうかあなたの栄光を私にお示しになってください』(出エジプト記33・18)

と言った。義人にも報われる人と報われない人がいて、悪人にも報われる人と報われない人がいる。［モーセは］その理由が知りたかったからだと聞いたことがある。［…］義人にも報われる人と報われない人がいるのはどうしてだろうか。それは、その義人は過去に悪をなして今罰せられているからだ」

（『清明の書』第134～135節）

ラビ・ラフマイはイザヤ書5章で語られるぶどう畑の比喩を用いて、その悪の報いが何度も繰り返すと述べる。良いぶどうではなく野ぶどうが実ってしまった畑は、何度も引き抜いて植え替えられる。つまり、野ぶどうに喩えられる罪を犯した人間は何度も罰せられる。しかし、それはどれくらいの期間続くのだろうか。

ラビ・ラフマイは言った。「一〇〇〇世代だ。『神が命じられた言葉は一〇〇〇世代』（詩篇105・8）と書かれているからだ。九七四世代が欠けていると言われている。主は立って彼らを世代から世代へと植えられたのだ」

（同135節）

ラビ・ユダヤ教の伝承では、モーセはアダムから数えて二六代目である。ところが、詩篇には一〇〇〇世代目に律法が与えられると書かれているように読める。この矛盾はどのような意味を持つのだろうか。タルムードのラビたちは、神があまりにも悪人が多いことを事前に察知して、悪の世代を未来に移し替えたという。その結果、アダムの創造から二六世代目で律法を与えることになり、九七四世代分が早まったというのである。（バビロニア・タルムード、ハギガー篇13b～14a）。『清明の書』では、タルムードのこの解釈を踏まえて、悪人の霊魂がモーセの世代からさらに九七四世代生まれ変わりを続けると理解されている。

スペインのカバラーでも、このように悪の存在理由を説明するために霊魂転生の考え方が用いられたが、罪を犯した人はさらに三度生まれ変わって罪を償うという考え方が一般的である。あるいは、義人やメシアは人々を正しい方向に導くために何度でも転生するという意見もある。しかし、カタルーニャ地方のカバリストはほとんどがこの教義を受け入れているにもかかわらず、詳しい議論に踏み込むことはない。たとえば、ナフマニデスは『律法注解』や『ヨブ記注解』で霊魂転生について触れることはあっても、「大いなる秘密」を語ることはできないと言って足早に通り過ぎてしまう。

『光輝《ゾーハル》の書』では霊魂転生は必ずしも主要なテーマではないが、例外的に律法の秘密として取り上げられるところがある。それはロバに乗った老人が、二人のラビを相手にカバラー的な解釈を披露するくだりである。はじめは謎めいた言葉を投げかけてラビたちに馬鹿にされていた老人だったが、神の名について滔々とその真の意味を語り聞かせて彼らを圧倒した。そして今度は、サラがイサクを産んだあと、アブラハムに頼んで女奴隷ハガルとその息子のイシュマエルを追い出してくれと頼む場面の解釈をはじめる。聖書では、初めに子どもを産んだ側女のハガルに対して、正妻のサラが子どもを産んだあとに態度を翻す様子が描かれているが、実はそこにはまったく別の隠された意味があるという。それは罪のない乳飲み子がなぜ死んでしまうことがあるのかという問いにかかわる。罪を犯すこともできないほど幼い子どもが不運な死を遂げる理由はいったい何なのだろうか。

> 老人は『サラはアブラハムに向かって、この女奴隷とそいつの息子を追い出してくださいな、云々。「この女奴隷の息子を、私の息子イサクとともに継がせることなどできません」』（創世記21・10）という聖句で語りはじめた。二人のラビは、サラが家のなかから偶像崇拝を閉め出そうとしたのだと説明した。これについては、こう書かれている。『サラがお前に何を言っても、その声に耳を貸さねばならない』（創世記21・12）『人が自分の娘を「女奴隷に」売る』（出エジプト記21・7）とある。これは世界の悪しき所業によって転生する霊魂のことで、「女奴隷」とは悪しき転生のなかの反対領域《スィトラー・アフラー》のことである。
>
> （『光輝の書』第二巻96a）

ハガルを追い出すことが偶像崇拝の追放を意味するというラビの解釈は平凡である。老人によれば、そうではなく、ここでは霊魂（娘）を悪の領域（女奴隷）に引き渡すことが暗示されているという。通常文脈に即して「女奴隷として」と訳されるヘブライ語を、老人は文字通り「女奴隷に」と読む。では、その霊魂とは誰のことで、なぜ悪の領域にやられるのだろうか。老人は次のように説明する。

「苦しみを味わうあらゆる霊魂とは、誰のことだろうか。ここには秘密がある。それは小さな赤子の霊魂で、母親の滋養を吸っている。もしこの世界に残り続ければ、悪臭を放って酢のように匂いを放ってしまうことになる。主はそうご覧になると、芳香を放っているあいだに小さき者たちを集める。そして何をなさるのか。それを女奴隷に預けて、苦しませておかれる。その女奴隷がリリートである。［乳飲み子の］霊魂がその力に引き渡されると、リリートは喜んでそれを苦しませ、母親の滋養を吸っているときにこの世界から連れ出してしまう。

（同96a〜b）

つまり、霊魂とは幼児の霊魂のことで、そのまま生きていれば罪を犯してしまうことがわかっているとき、神はあえて命を奪い、女の悪魔リリートに一時的に預けるというのである。しかし、そもそも罪を犯していないのだから、この霊魂には最終的に神の慈悲がもたらされる。

『娘は男奴隷が出ていくように出ていくことはない』（出エジプト記21・7）。これはどういう意味か。霊魂が天秤を離れ、［悪の］領域が喜んでいるときに、主は霊魂を指して高貴な衣の印で封印してくださる。［…］すると霊魂は守護され、イスラエル（ユダヤ人）のところに運ばれるのだ。（同96ｂ）

その慈悲とは、再びユダヤ人の身体に生まれ変わることである。神は人間が犯す罪さえも予見し、霊魂転生を思いのままにコントロールすることができるというのである。『清明の書』と同じように、神は悪を事前に見抜くことができる。そして、ここでも罪のない人間がなぜ罰を受けるのかという問いに答えが与えられていることがわかる。

ハイム・ヴィタルの霊魂の系譜と修復

罪のない人間が不遇の運命に苦しまなければならないのはなぜかという問いは、霊魂の救済というより大きな問題につながる。カバラーの霊魂転生論は、一五～一六世紀以降、ユダヤ人の救済論のなかで重要な役割を果たすようになった。なかでもツファットにおける展開を無視することはできない。ルーリア派のカバラーといえば「無限《エイン・ソーフ》」の「収縮《ツィムツーム》」にはじまる創造論がよく知られているが、実際には霊魂転生論はそれに劣らぬほど盛んに語られていた。とりわけ、ハイム・ヴィタルはもっぱらこの教義を解説するために、『霊魂転生の門』（*Sha`ar ha-Gilgulim*）や『霊魂転生の書』（*Sefer ha-Gilgulim*）を著している。

ヴィタルの霊魂転生論の特徴は、古典カバラーには決して見られない、遠大な霊魂の系譜を描いてみせるところにある。ツファットのカバリストたちは、この世界の霊魂が原初の調和を失っていると考えるが、ヴィタルはその原因を「最初のアダム」（*Adam ha-Rishon*）にまでさかのぼって説き起こしていく。「最初のアダム」とは神が創造した人間のことで、神の最初の顕現である「原初の人間《アダム・カドモーン》」（*Adam Qadmon*）から生まれた原初的な存在である。エデンの園で知識の樹の実を食べてしまう前の「最初のアダム」は、地上のすべての人間の原型であり、天上の光に包まれていた。そして、その身体には霊魂の根源が含まれていた。ヴィタルによれば、それは理想の状態で調和を保っていたが、神の命令に背いたことで「最初のアダム」の霊魂は次々と分裂していったという。地上で転生している霊魂は、もともとは「最初の人間」に起源を持っている。ヴィタルはここで聖書に現れる人物が霊魂を受け継いでいくプロセスを延々と書きつづっていく。それはタルムードのラビから中世の名高いラビまで網羅する。これほどまでの詳細な霊魂の系譜はかつてないものだった。

聖書の神話的な物語は、やがてユダヤ人の歴史につながっていく。紀元七〇年、エルサレムの神殿は略奪され、ユダヤ人が聖地から追放されたあと、異教徒の支配に落ちた。このディアスポラはとりもなおさず、霊魂が不浄の「外殻《ケリッパー》」に囚われていることの現実における現れである。歴史のなかでユダヤ人に課せられた使命は、この地上の霊魂を分裂する前の原初の調和に返すことだとされる。ヴィタルはこれを「修復《ティクーン》」という言葉で説明する。「修復」には「容器の破裂」で地上に散らばった神の閃光を天上に返す意味もあるが、ここでは霊魂を本来の状態に戻すこととも重なってくる。そして、浄化を経て修復された「最初のアダム」は再び至高の光を身にまとう。歴史の究極的な意義は、黙示的な終末やメシアの世界統治ではなく、連綿と続く霊魂の系譜のなかで解き明かされる。

それでは、霊魂の「修復」はどのようにして実現されるのだろうか。ヴィタルはユダヤ人がしかるべく戒律を守ることによって霊魂を癒やすことができると考える。ところが、実際には六一三個あると言われる戒律をすべて守ることは、ハラハーに詳しいラビにさえ難しい。それゆえ、霊魂は身体の死をきっかけに次の身体に生まれ変わることで、前世で守りきれなかった戒律を徐々に成就していく。転生を繰り返しながら、すべてのユダヤ人がすべての戒律を満たしたときに、「最初のアダム」の霊魂が回復される。ヴィタルはこれこそが創造の歴史の完成のときであり、最終的な救済のときだと考えている。戒律を守ることが救済の条件になるという点では、彼の霊魂転生論はそれまでのものと変わりない。しかし、霊魂の出自を創造の原初から説き起こすことによって、霊魂転生論を壮大な創造論の重要な一部として捉え直し、歴史においてユダヤ人がたどった運命と贖いを結びつけたところにヴィタルの独創性が現れている。

ヴィタルに代表されるツファットの霊魂転生論は、カバリストの実際の生活のなかにまで反映されている。たとえば、安息日に魚を食べるという古くからの習慣には、霊魂の転生によって説明される秘密があるという。ルーリア派のカバリスト、ファノのアザルヤは、魚のなかに義人の霊魂が潜んでいることがあり、安息日に魚を食べることでそれを修復することができると述べている。

律法の人である義人たちでもまだ［魂の］練磨を必要としている。彼らの裁きは海の魚のなかにある。［…］それゆえ、選り抜かれた戒律では、安息日に、とりわけ三度目の食事のときに魚を食べることになっている。それ（安息日）はまさに望みの時である。そして、世界を見つめる天上に開かれた目は、睫毛を持たない魚の目に似ている。魚には清い魂が潜んでいる場合があり、それを聖なる状態に戻して、同時に優れた霊魂の神秘において上昇させることもできるのである。

（『ルーリアより伝わる悔い改めの修復』第一〇章）

つまり、安息日に魚を食べることでそこに宿っていた義人の霊魂が修復されるというのである。人間の霊魂が動物にまで生まれ変わるかという点については、カバリストのあいだでも意見が分かれていたが、ツファットのカバラーではおおむね認められている。「天上に開かれた目」という言葉では、見開かれた魚の目から、安息日にだけ通じる天上と地上をつなぐ霊魂の通路がイメージされている。

このようにツファットのカバリストたちは、生活のあらゆる場面に霊魂転生の教えを持ち込む。古典期にはカバリストの生活を伝える資料が少なかったが、ツファットで書かれたたくさんの記録からは彼らの実践の様子を知ることができる。カバリストは修復のために必要な戒律の遵守を人々に教え、さまざまな生き物に生まれ変わった霊魂を見つけ出してしかるべき方法で天に返した。そうした彼らの姿は、世界中で見られる民間の霊能師を思わせる。実際にヴィタルをはじめとするツファットのカバリストが、霊魂の問題に通じた宗教者として人々の尊敬を集めた記録も数多く残されている。

強制改宗者の霊魂をめぐる議論

一七世紀になると、霊魂転生論は秘密の教えというよりは、ラビたちが救済の問題を論じる際の共通見解として広く用いられるようになった。霊魂転生を認めるかどうかで意見が分かれることもあったが、むしろそれを前提にして議論を交わすことが多かった。そのなかでもっとも興味深いのはアムステルダムでの論じられ方である。一七世紀のアムステルダムといえば、思想的にも経済的にもユダヤ人が繁栄を謳歌した土地である。一四九二年のスペイン追放後のユダヤ人が移り住んだ北部ネーデルランドでは、アントワープに次いで一五九〇年代からアムステルダムにユダヤ人共同体が形成されはじめ、おもにスファラディー系のラビが慣習や制度を導入した。そのなかで発展に大きく寄与したのがマラーノだった。ユダヤ人でありながらキリスト教徒としてこの地にやってきた人々が、再び父祖の伝統を取り戻そうとユダヤ教に改宗することもあった。そこで問題になったのが、一度ユダヤ教を捨てた者、あるいはその子孫に、救いの可能性があるかどうかということだった。つまり、やむを得ない改宗であったとしても、あるいはそのあとでユダヤ教に戻ってきたとしても、棄教の罪を償えない可能性が指摘されたのである。こうした議論のために霊魂転生論が持ち出されたとしても不思議はない。アムステルダムで出版された霊魂転生に関する書物の文献リストを作ると、著者のほとんどがマラーノ出身のラビであることからも、その関心の高さがうかがえる。

アムステルダムではマラーノの扱いについて盛んに議論されたが、そのなかでも有名な論争を紹介しておこう。それは主席ラビを務めていたイツハク・アボアブ・ダ・フォンセカ（一六〇五〜一六九三）とサウル・レヴィ・モルテイラ（一五九六?〜一六六〇）のあいだで交わされたものである。ポルトガルでマラーノの家庭に生まれたアボアブは、当時オランダの統治下にあったブラジルのレスィフェでアメリカ大陸初のラビを務め、バルーフ・スピノザに対する破門状の署名に名を連ねたことでも有名である。カバラーに関しては、ルーリア派のカバリスト、イスラエル・サルークの弟子であるヘレーラのアブラハム・コーヘンに教えを受けた。マラーノの出自を持つアボアブは、同じ境遇にある同胞の救いの可能性について寛容だった。彼によると、どれほど重い罪を犯しても、ユダヤ人でありさえすれば許される。霊魂転生論を正しく理解すれば、タルムードなどに見られる「永劫の罰」には新しい解釈が必要になり、マラーノにも救済の可能性が開かれなくてはならない。このアボアブの意見を多くのマラーノたちが支持したという。

こうした考え方に反駁したのがサウル・レヴィ・モルテイラであった。モルテイラはヴェネツィアに生まれたアシュケナズィー系のラビだった。彼はアムステルダムで「永劫の罰」を否定する人々が増えはじめたことを懸念し、一六三六年、この問題についてヴェネツィアのラビ法廷に判断を求めた。その質問状のなかで、モルテイラは霊魂転生論がカバラーに由来する誤った思想であると非難している。また、当時の状況を次のようにも述べている。

「「永劫の罰」に値する罪があるにもかかわらず、」それを信じない若者たちがいる。彼らに従う者たちが私に不満をぶつけてくるため、我々の信仰において無欠の教義が異論を招いていることを憤りをもって認めねばならない。この信仰は我々の父祖、預言者、タンナイーム、アモライームの賢者たちから継承され、疑いの余地もなく最近の人々からも支持されているものである。

ヴェネツィアのラビたちは、アボアブに対してあまりに寛容な万人救済説を捨てて事態を沈静化させるよう求めた。この一連の動きに対してアボアブは『生命の霊魂《ニシュマット・ハイム》』（*Nishmat Ḥayyim*）を著し、聖書やタルムードばかりでなく、さまざまなカバリストの霊魂転生論を参考にしながら、「永劫の罰」という概念の誤りを論理的に指摘している。永遠に罰せられるということはなく、改宗者であってもユダヤ教に立ち返れば霊魂の修復が可能だというのが彼の立場だった。『生命の霊魂』が著されたあとの論争の行方はわかっていない。だが、そこからはユダヤ人としてのアイデンティティに危うさを感じていたマラーノが切実に救いを求めていたことがうかがえる。

第11章　律法と戒律

ラビ・ユダヤ教と律法の二重構造

カバラーはユダヤ教の伝統に深く根差している。中世ユダヤ哲学についても同じことが言えるが、聖書やタルムードを合理的に解釈するよりも、アガダー文学や戒律に深く立ち入って神の啓示を探求するという点では、カバラーのほうがユダヤの固有性に大きく傾いている。カバラー文献が哲学者たちの用いたアラビア語ではなく、聖書やタルムードと同じヘブライ語やアラム語で書かれたことからもそれがわかる。実際に、カバリストたちはカバラーをユダヤ教の伝統との連続性において捉えていた。ユダ・リーベスはこうしたカバラーのユダヤ性を厳密に表現するために、「ユダヤ教の神秘主義」という一般的な言葉よりも、あえて「神秘的なユダヤ教」という言葉を用いている。つまり、カバラーは神秘主義のユダヤ的な形態ではなく、ユダヤ教そのものだということである。

しかし、カバラーがあくまでもユダヤ教の枠組みのなかにあるという見方をすれば、キリスト教カバラーやニューエイジのカバラーをそのカテゴリーから排除することになってしまう。本書はそうした外部の流れも広い枠組みでカバラーと捉える。しかし、同時にユダヤ教に固有の概念がこの神秘主義を形成してきたという事実も強調しておきたい。ユダヤ教を深く理解することなく、カバラーを知ることはできないのである。ここではその固有性の一例として律法《トーラー》(*Torah*)について扱うことにする。カバラーと律法の関係を論じる前に、まずユダヤ教の律法に対する考え方からはじめてみよう。

ユダヤ教の聖書は、律法、預言者、諸書に分けられる。テクストとしての律法は創世記、出エジプト記、レビ記、民数記、申命記からなり、天地創造からモーセが息をひきとるところまでが語られている。これらの五つの文書は背表紙で綴じた本の形にもなるが、シナゴーグでは儀式で用いるために祭司や王のように豪華に飾り立てられて、律法の巻物として聖櫃《せいひつ》に収められている。一般的に「トーラー」あるいは「セフェル・トーラー」と呼ばれるのはこの巻物のことである。

ただし、ユダヤ教の伝承で律法というときは、神がイスラエルの民に与えた「教え」という意味が中心になる。モーセはエジプトの隷属からイスラエルの民を解放したあと、荒野をさまようなか、シナイ山で神から律法を授かった。ところが、金の仔牛を造って偶像崇拝に耽る民に対する怒りのあまり、一度はモーセ自身が律法の石版を叩き割ってしまう。その後、再び神の言葉は二枚の石版に書き留められた(出エジプト記32・19、34・1)。これが「成文律法」(*Torah*

Shebikhtav）である。それと対になる形で、モーセは「成文律法」のほかにも神から口頭で言葉を授けられた。こちらは「口伝律法」（*Torah Shebe'alpeh*）と呼ばれ、代々口伝えに受け継がれて、ミシュナとタルムードのなかでラビたちの議論として文書化されたという。したがって、「成文律法」と「口伝律法」はシナイ啓示の双璧をなす。ラビを権威の中心とするユダヤ教では、律法、ミシュナ、タルムードを学び続けることが神の教えの真髄を正しく理解することにつながると考えられている。

モーセがシナイ山で神から律法を授かった考古学的な証拠はない。そもそもモーセが実在した根拠を学術的に論じることにも限界がある。しかも、ある時期に律法が定式化、あるいは文書化されたのは間違いないとしても、「口伝律法」なるものが同時に存在していたとは考えられない。ミシュナのアヴォート篇に描かれる「口伝律法」の系譜では、神殿に仕える祭司の権威は問題にされず、シナイ啓示はもっぱらラビが受け継ぐことになる。したがって、「口伝律法」については、紀元七〇年にエルサレム神殿が破壊されたあと、ミシュナが編纂される過程でラビの正統性をモーセと結びつけるために作られた伝説と見ていいだろう。つまり、「成文律法」と「口伝律法」という律法の二重構造は、ラビ・ユダヤ教が作り出した自己正当化のレトリックなのである。八世紀頃に現れたカライ派のように、ラビの権威を否定したユダヤ教もあるとはいえ、カバラーも現代のあらゆる形態のユダヤ教も、ほとんどは律法の二重構造のうえに成り立っている。

口伝律法としてのカバラーと解釈の深層

カバリストはこの律法の二重構造という考え方をうまく利用して、もうひとつの新しいアプローチを導入した。それは、まだテクストとして書かれていない教えが残されているという考え方だった。「成文律法」に書かれていないことを補足する神の言葉を、同じ「口伝律法」でも、律法の秘密と捉え直したのである。カバラーが生まれた一二世紀、「口伝律法」はすでにタルムードとして権威化されていた。この事実を考えれば、律法に書かれていない真実の姿があると主張することは、それを超える「口伝律法」の存在をほのめかすことだったとも言える。

神殿崩壊後のラビ・ユダヤ教と同じように、カバラーの根幹もこの律法の二重構造にある。これを抜きにしてカバラーを理解することはできない。もちろん、タルムードやミドラシュといった古来のラビ文学も欠かせない。しかし、どれだけ斬新なアイデアで創造の秘密を説いていても、どれだけ大胆に神の存在に迫っていても、ユダヤの神秘家はいつも必ず律法という概念に戻ってくる。なぜなら、書かれた律法のなかにこそ真理があり、それを探り当てることができるのは、律法の一言一句に通じた賢者だけだと信じられているからである。

ほとんどのカバリストやカバラー研究者は、キリスト教徒のカバリストやニューエイジの著作家をカバラーの傍流と見なす。つまり、そうした人々が考え出したカバラーにはいかなる意味でも正統性がないと考える。その理由のひとつは、カバラーのユダヤ的な律法観が切り捨てられているからである。ルネサンスの人文主義者もニューエイジャーも、カバリストがユダヤ教の律法に内在する本質をめぐって秘教を練り上げてきたことを問題にしない。書かれたことと書かれなかったことのコントラストがカバラーを生み出したのだから、律法の二重構造を抜きにしてカバラーを論じることはできない。それにもかかわらず、彼らは神秘や精神性を強調し、ユダヤ人の生活と実践を支える律法を問題にしないのである。

律法が二重構造を持っているという考え方は、律法に秘密の本質があるという前提に基づいている。その前提がカバラー文学でどのように描かれているのかを見てみよう。再び光を当てるのは、『光輝の書《ゾーハル》』に登場するロバに乗った老人である。秘密の知恵に通じた老人は、二人のラビに語りかけるなかで、律法を塔に幽閉された乙女に喩える。乙女はイスラエルの罪によって捕囚の憂き目を見る律法の擬人化である。そして、なんとか彼女をそこから助け出そうとする人こそ、律法の秘密を見通すカバリストであると説く。老人は感極まって、二人のラビに熱く語りかける。

この世界の住人はすっかり心が乱れてしまっている。律法の真実の道が見えていない。律法は毎日泣きながら呼びかけてくれているのに、それでも顔を上げようとしないのだ。律法の言葉は一瞬の間だけ部屋から出て、すぐに隠れてしまう。たしかにそうだ。だが、部屋から出てきてすぐに隠れてしまっても、自分のことをわかってくれる人のためにそうしているのだ。これは宮殿のなかにこっそりと姿を隠している容貌麗しい乙女のようなものだ。この娘には人知れず好きな男がいる。男も娘が好きなものだから、いつもきょろきょろしながら門のところを通っていくのだ。

（『光輝の書』第二巻99ａ）

律法の秘密がときどき顔をのぞかせるのは、もっぱら真理を探し求めるカバリストのためである。そこには互いに魅かれ合う愛がなければならない。『光輝の書』が一三世紀のスペインで書かれたことを考えれば、ここにトゥルバドゥールの恋愛叙情詩に似た響きが感じられるのも不思議ではない。老人は続ける。

男にはわかっている。自分を目覚めさせようと、愛のゆえに娘がほんのつかの間でも姿を現してくれることを。［…］娘は宮殿から顔を出し、それとない素振りで男を誘う。そしてすぐさま宮殿のなかにひっこんで隠れてしまうのだ。男のほかに、そこにいる人は誰も気づいていない。男の心と魂は娘に向かう。こうして律法は姿を現したり隠れたりしながら、愛おしそうに愛する男に近づいて、その人の愛を目覚めさせるのだ。

（同）

このあとロバに乗った老人は、律法がカバリストに徐々に秘密の姿をあらわにしていく様子を語る。はじめは恥じ入るように緞帳《どんちょう》の陰に隠れていた乙女も、しだいに薄布の裏から語りかけるところまで来て、とうとう何ひとつ隠すことなく男と結ばれる。

この箇所で問題になっているのは、律法の真の意味を探求することだけでなく、その意味が段階的な解釈をもっていることである。聖書に多様な解釈があることは、なにもカバラーだけが主張していることではない。ある古いミドラシュには、「律法は七〇の顔を持つ」（創世記ラッバー13・15）と書かれている。つまり、ひとつのことがらにおびただしい数の解釈がありうる。それに対して、一三世紀後半、カスティリア地方のカバラーでは律法には四つの解釈の層があるとされ、多様性よりも深みが重んじられる。一般的には、表面的な解釈から順に、字義通りの解釈（*Pshat*）、比喩的な解釈（*Remez*）、訓育的な解釈（*Drashah*）、秘密の解釈（*Sod*）と深まっていく。律法を書かれたまま言葉の意味どおりに読んでいる限りでは、それは表面的な解釈でしかない。ミドラシュを通じて物語の広がりを理解し、比喩が暗示する本当の意味を知ることで、いつかはその奥にある秘密の教えにたどり着くことができる。これら四つの解釈のそれぞれの頭文字を取って並べると、楽園を意味する「パルデス」（*PaRDeS*）と読める。律法の秘密の階層を降りていくことは、とりもなおさず解釈の楽園に分け入ることである。

ロバに乗った賢者は律法に解釈の深層があることをたとえ話で教えている。それに加えて、カバリストが律法をどのように見ているかが、彼の言葉からおのずとはっきりしてくる。それは書かれた正典としての聖書、つまりシナイ山でモーセが神から託され、現在までユダヤ人が読み継いできた律法が、神の言葉のひとつの現れにすぎないという考え方である。老人が言う「律法の真実の道」という言葉は、律法にまったく別の様相、しかも本来の姿に限りなく近い様相があることを暗示している。

二つの律法と律法の相対化

『光輝の書』をさらに読み進めていくと、モーセ律法が天から降りてきた律法の仮の姿だと明かされるところがある。つまり、モーセ律法はある種の方便にすぎない。あまりの神々しさに人々が打ちのめされないように、霊魂のごとき真実の律法は、この世界にふさわしい身体と衣をまとったというのである。

> 律法が特別な物語を生み出すとき、物語の意味はそれだけにとどまることなく、天のことがらや至高の秘密にまで広がっていく。[…] 律法が降りてきたとき、この世界の衣をまとわなければ世界は耐えられなかっただろう。ゆえに、律法の物語は律法の衣である。[…] その衣の価値は身体にあり、身体の価値は霊魂にある。同じように律法には身体がある。律法の戒律は身体と呼ばれる。[…] この身体はこの世界の物語という衣に包まれ

> ている。愚か者は律法の物語の衣ばかりを見ていて、それ以上のことを知らないし、衣の下にあるものを見ることもない。［…］至高の王の僕である賢者は魂だけを見る。それは万物の基礎、真実の律法なのだ。
>
> （『光輝の書』第三巻152a）

別の言葉で言うならば、真実の律法という原初の神の言葉には、もともと私たちが知っているような戒律も物語もなかった。だが、そのままではこの世界に住む人間が理解することはできないので、身体として戒律を、衣として物語を取り入れた。実はモーセ律法とは、物質的な形を取った神の言葉だったというわけである。

これと似た考え方が、一四世紀はじめに書かれた『光輝の修復《ティクネー・ゾーハル》』にも出てくる。こちらはシナイ啓示よりもはるか昔、創造の原初からすでに律法が存在したと説く。私たちが手にしているモーセ律法は「創造の律法」（*Oraita de-Briah*）と呼ばれるのに対して、それは「発散の律法」（*Oraita de-Atzilut*）と呼ばれ、物質的なモーセ律法を超越して圧倒的に神聖な領域に属している。

> 創造の律法と発散の律法［という二つの律法］がある。創造の律法については、「主は［その御業の前に］道の始めとして私を作ってくださった」（箴言8・22）とある。発散の律法については、「主の律法は完全である」（詩篇19・8）、「あなたの神、主とともにあっ

て完全な者でなければならない」(申命記18・13)とある。[…]ここから発散の律法が、天に昇る主の律法だとわかるのだ。

(『光輝の修復』4b)

つまり、現在この世界にある「創造の律法」は神が天地創造のときに「道の始め」として作ったもので、実はそれよりも次元の高い「発散の律法」と呼ばれる完全な律法が存在するというのである。

律法がこの世界よりもさきに創造されていたという考え方は、カバラー以前にもあった。タルムードには、「世界が創造される前に、七つのものが創造された。それらは、律法、改悛、エデンの園、地獄、栄光の玉座、神殿、メシアの御名である」(『バビロニア・タルムード』ベサヒーム篇54a)と書かれている。だが、モーセがシナイ山で授かったものも律法だとしたら、それはいったい何だったのか。この問いを突き詰めていったとき、カバリストは律法が二つあるという結論にいたった。この発想の転換は一見すれば大胆に見えるかもしれないが、すでに述べたように、ラビ・ユダヤ教特有の律法の二重構造説の変奏である。

ところが、カバリストはこの伝統的な考え方をただ焼き直すだけでは気が済まなかった。『光輝の修復』の著者は、終末にメシアが訪れることにより、「善悪の知識の樹」が支配する現在の律法が撤廃されて新しい時代がやってくると告げる。この時代、戒律はもはやユダヤ人を束縛しなくなり、「生命の樹」に喩えられる「発散の律法」によって、世界に調和がもたらされる。つまり、二つの律法は単純に解釈の位相が異なることだけでなく、まったく新しい世界が存在することを示唆している。しかも、新しい律法は未来に属しているという。

モーセ律法が唯一の神の言葉ではなく、それよりも高貴な律法、あるいは純粋な神の言葉があるという考え方は、カバラーのなかに広く認めることができる。これをひとことで律法の相対化と言ってもいいだろう。そして、この律法の相対化を極限まで推し進めたものが世界周期《シュミトート》論だった。世界周期論の代表的な著作、『形状の書《テムーナー》』には、このことについていくつかの異なる意見が混在しているが、そのひとつは次のようなものである。現在、私たちは気づいていないが、実はシナイ山での「律法授与のとき、文字がひとつ欠けていた」（『形状の書』61ｂ）。この隠れた文字は数千年後に訪れる次の世界周期で明らかになる。

このことは何を意味しているのだろうか。モーセがシナイ山で神から受け取った律法は、間違いなく二二個のヘブライ文字で書かれていたはずである。イスラエルの民をめぐる物語も彼らに課せられた戒律も、すべては私たちが知っているとおりだった。ところが、いつの日か見えない文字が浮かび上がってくると、律法はすっかり別のものに書き換えられて、新しい意味を帯びる。それは未来に与えられる楽園の律法である。『光輝の修復』と同様、『形状の書』によると、この世界で禁止されていることはすべて許され、人間は戒律に縛られる必要もなくなる。「地上で禁じられていたことが、天上では許される」（同62ａ）もし世界周期論のとおりに考えるならば、律法は二重構造どころではない。次の時代には私たちがまったく予測もできないような新しい価値観が世界を支配するが、その後も世界の歴史において律法は繰り返し七度も与えられることになる。

モーセ律法の廃絶とシャブタイ派の反規範主義

『光輝の修復』や『形状の書』に見られる極端な律法の相対化は、世界のパラダイムを理論として論じている限りでは、ただ歴史の彼岸に広がる解放の夢を語っているにすぎない。ところが、新しい時代に新しい律法が与えられるという革命的なアイデアがこの地上で実現されるとき、ユダヤ教の枠組みは律法の二重構造に耐えられなくなってくる。その最たる例がシャブタイ派のカバラーである。『光輝の修復』は一六世紀のツファットで重要な文献と見られていたが、新たな「発散の律法」を手にしていると宣言するようなカバリストはいなかった。ところが、一七世紀後半のシャブタイ派思想においては、シャブタイ・ツヴィをメシアと信じることによって「生命の樹」の領域に入ることができる、つまり新しい律法が支配する世界に生きることができると考える人々が実際に現れた。そうした大胆な発想のおかげで、彼らは伝統的なユダヤ教の戒律や慣習を変更せよというシャブタイ・ツヴィの命令を理解することができた。メシアによって救われた人々は、まったく新しい価値観で世界を見ようとした。この自称メシアがイスラーム教に改宗し、一部の信者がそのあとを追ったことを思い起こせば、律法の相対化が進んでユダヤ教という枠組みが崩れる様子がありありと目に浮かぶ。

シャブタイ派のカバリストが『光輝の修復』と『形状の書』を読んでいたことはよく知られている。とりわけ預言者を称したガザのナタンは「生命の樹」と「善悪の知識の樹」をはっきりと区別して、「生命の樹」の領域に立つシャブタイ・ツヴィはユダヤ教の律法を超越するメシアであると言い放つ。そして、彼を信じる人々が救われるとき、シャブタイ・ツヴィによって新しい律法が与えられると予言した。これは明らかに『光輝の修復』のメシア観を引き継いだ考え方である。実際にナタンの弟子、アブラハム・ペレツは『光輝の修復』を注釈しながら、この考え方をこうはっきりと表現する。

将来において世界が外殻の残滓から修復されるとき、もちろん［律法の］衣はいらなくなる。これが秘密の教えである。［…］そのとき、律法は「鷲のごとく若返る」（詩篇103・5）。［…］メシア王は我らの師モーセ［の霊魂転生］であり、いかなる被造物でもなく、まさにそのお方によってそれは成し遂げられる。［…］主は座して新たな律法を説かれる。それは将来メシア王から与えられるものである。

（『アブラハムの盾』34 a）

世界は「外殻の残滓」と呼ばれる悪の要素で汚されているため、修復《ティクーン》と呼ばれる精錬を経なければならない。言い換えるなら、『光輝の書』のたとえにあったとおり、今のところ律法はこの世界にふさわしい衣を着ているが、来たるべきメシアの時代にはそれは取り払われ、新しい律法としてもたらされる。ナタンや彼の弟子たちは、その時代がすでに到来したとは考えていない。だが、実際にシャブタイ・ツヴィに従ってイスラーム教に改宗した信者がいたことを考えると、「生命の樹」に到達したと確信した人々が一部にいたことは間違いない。そしてのちに彼らはドンメと呼ばれ、ユダヤ人からもムスリムからも特異なグループと見なされることになる。

ラビ・ユダヤ教がラビの権威を正当化するために考え出した律法の二重構造は、古典カバラーのなかで新たな意味を与えられた。律法に意味の深層があるということなら、まだテクストの解釈の域を出るものではない。それでも、この考え方がまったく別の律法の存在をほのめかしはじめたとき、そこには危うい思想が芽生えつつあった。タルムードにはこのような言葉がある。「四つの事柄について目を凝らそうとする者は、この世界に生まれるべきではなかった。それらは、すなわち天上のこと、地下のこと、未来のこと、過去のことである」（バビロニア・タルムード、ハギガー篇11ｂ）。古代のラビたちはこの世界の外側に目を向ける危険性を知っていたのかもしれない。しかし皮肉なことに、彼らが用いた律法の二重構造が遠い引き金となって、シャブタイ派の反規範主義的なカバラーに行き着いたのである。

第12章　ヘブライ語とヘブライ文字

ユダヤ教とヘブライ語

言葉に霊が宿り、言葉こそが信仰の本質を体現するという考え方は、広く世界の宗教を見渡せば、まったく珍しいものではない。そもそも聖書の世界創造は神の言葉とともに展開する。神は言葉によって創造を進め、生まれたものを命名した。「神が『光りあれ』と言うと、光が生まれた」（創世記1・3）。「神は『水のなかに蒼穹があれ。水と水が分かれよ』と言った。するとそのようになった。神は蒼穹を天と呼んだ」（同1・6〜7）。「神は『天の下の水はひとつの場所に集まって、陸が見えるようになれ』と言った。するとそのようになった。神はその陸を大地と呼んだ。それから水を集めて海と呼んだ」（同1・9〜10）。神が作り出した人間の最初の行為も名前をつけることだった。獣や鳥に名前を与えたあと、自らの肋骨で作られた女を目にして彼はこう述べる。「これは私の骨から出た骨。私の肉から出た肉。男から取られたのだから、これは女と名付けられる」（同2・23）。創造とは言葉で名付ける行為である。

ラビ・ユダヤ教では言葉が神と人間をつなぐと考えられた。かつてエルサレムに神殿があり、犠牲を捧げる儀式によって人間が神に罪の贖いを乞い、感謝の気持ちを伝えることができた時代があった。その後、神殿破壊によって家畜を燃やす煙による神とのつながりがなくなると、ラビたちは祈りと律法の学習が犠牲に取って代わったと考えはじめた。それは血や肉が燃えて出る煙ではなく、言葉である。ゆえに祈禱や祝禱、律法やタルムードの学習は、シナゴーグの儀式だけでなく、個人の生活のあらゆるところに聖性をもたらす。もちろんそれはヘブライ語を中心にしているが、なにも音声だけに力が込められているわけではない。書かれた文字も含めて、ヘブライ語そのものが聖なる言語であると信じられてきた。

ヘブライ語は近代になってシオニズム（ユダヤ人の民族主義）の盛り上がりによって復活するまでは、日常生活で使われない死んだ言語だったと言われることがある。だが、それは厳密には正しくない。たしかに古代ヘブライ語は一世紀頃から多くの人々が読んで意味を理解することができなくなり、当時パレスチナで支配的だったアラム語やギリシア語に取って代わっていった。イエスはヘブライ語ではなく、アラム語を話していたと考えられている。ミシュナはまだヘブライ語だが、ミシュナについて論じたグマラがアラム語で書かれていることを考えると、三世紀以降は宗教的な議論からもヘブライ語が消えていたことがわかる。

しかし、聖書がアラム語、ギリシア語、シリア語、そしてのちにはアラビア語に翻訳されても、シナゴーグの儀式で用いる律法はヘブライ語で書かれた。それはこの言語でイスラエルの聖なる歴史が語られ、預言者が神の言葉を取り次いだからである。ヘブライ語は人々の宗教生活の欠かせない一部であり続けてきた。

聖書がヘブライ語で書かれているという事実は、ひとまとまりの書物を神聖視するだけでなく、ヘブライ文字に向けられた信念を徹底することにもつながった。戒律によれば、律法の巻物、テフィリーンやメズーザーの聖句は、必ずソーフェル・スタム（*sofer stam*）と呼ばれる専門の書記によってヘブライ文字で書かれなければならない。一文字でも書き損じてしまえば、その文書の効力は失われる。だからこそ、厳密な戒律が存在し、書記としてのしかるべき知識と訓練が要求される。こうして書き上げられた聖書の文言は、もはやただの文章ではない。それゆえ、シナゴーグの聖櫃に安置された律法の巻物は、多くの飾りをまとって崇められ、それを構成するヘブライ文字は呪術的な力を備えると信じられている。

ヘブライ文字の神秘主義

ユダヤ神秘思想ではヘブライ文字の力がますます強調されるようになる。カバリストの想像力の源泉となった『形成の書《イェツィラー》』は、三二本の知恵の道と呼ばれる世界の構成要素について語っている。それは一〇個のセフィロート、および二二個のヘブライ文字からなる。特に文字とその音は、創造の際に神が世界を規定するときに用いた。神は神聖四文字《テトラグラマトン》（ＹＨＶＨ）を組み替えながら天地と四方を封印したという。

一〇個の無存在のセフィロート。

第一は生ける神の霊。諸世界の生命の御名は褒め称えられる。音声、霊、言葉。それは聖なる霊である。[…]

(神は)単純なものから三個の文字を明らかにされた。三個の母字、アレフ、メム、シンの秘密によって。その偉大なる御名によってそれらを定め、そして六個の端を封印された。

第五、上方を封印して上を見上げた。YHVによって封印した。

第六、下方を封印して下を見下ろした。HYVによって封印した。

第七、東を封印して前方を眺めた。VYHによって封印した。

第八、西を封印して後方を眺めた。VHYによって封印した。

第九、南を封印して右を眺めた。YVHによって封印した。

第一〇、北を封印して左を眺めた。HVYによって封印した。

(『形成の書』1・9、12〜13)

『形成の書』ではヘブライ語の音に霊的な力が備わっていることがいたるところで強調される。特に神の名前を構成する文字は創造に関わる特別な役割を果たす。

カバリストもヘブライ語の創造における働きについて語る。『光輝の書《ゾーハル》』の序論では、「はじめに神は天と地を創造した」(創世記1・1)という聖句の解釈が列挙されるが、そのなかに興味深いものがある。それはなぜ聖書の始まりの文字が「アレフ」(*alef*)ではなく「ベイト」(*beit*)なのかという問いに答える形で書かれている。その問いとは、本来ならアルファベットの最初の文字「アレフ」を起点にして語られはじめるべきではなかったのかというものである。「アレフ」はセフィロート体系では王冠《ケテル》のセフィラーに対応し、ゲマトリアの数価では一を表す万物の根源である。それなのに、なぜ「はじめに(*Bereshit*)・創造した(*Bara*)・神は(*Elohim*)・天と地を(***Et ha-Shamaim ve Et ha-Aretz***)」という聖句は、二番目の文字「ベイト」ではじめられたのだろうか。

『光輝の書』はラビ・ハムヌーナ・サヴァ(二世紀)の教えを次のように伝えている。

[創世記の冒頭では]あとに来るはずの文字が[最初に]ある。そして、ベイトのあとにベイトが続いている。つまり、『はじめに』(*Bereshit*)のあとに、『創造した』(*Bara*)が来ている。そして、アレフのあとにアレフが続いている。つまり、『神』(*Elohim*)のあとに、『を』(*Et*)が来ている。

その理由はこうだ。主が世界を創造されようと欲したとき、文字は隠されていた。世界創造の二〇〇〇年前、主は享楽のうちに文字を思惟した。世界を創造しようとしたとき、終わりから順にすべての文字が主の前に現れた。

まずは［アルファベットの最後の文字］タヴ（*tav*）が入ってきて言った。「世界の主よ、私で世界を創造してくだされば幸いです。私はあなたの封印である真実《エメット》（*emet*）を終わらせることができるのですから。［…］」主は答えた。「お前はふさわしいように見える。しかし、創造をはじめるには向かないな」

（『光輝の書』第一巻２ｂ）

こうして、ヘブライ語のアルファベットが最後から最初に向かって順番に神の前に現れては、世界創造を自分ではじめるべきだと訴えかける。たとえば、「タヴ」（*Tav*）が「真実」（*emeT*）という言葉の最後の文字であるという理由で自分を売り込んだように、次々と神に申し出る。ところが、神はそれぞれの文字の聖なる特性を認めながらも、さまざまな理由をつけては世界創造をはじめるには向かないと断っていく。

二番目の文字「ベイト」が出てきたところで、神は突然この文字にすべてを委ねる。

ベイトが入ってきて言った。「世界の主よ、私で世界を創造してくだされば幸いです。天上でも地上でも、あなたは私によって祝福《ブラハー》（*Berakhah*）されているのですから」。主は答えた。「よし、お前を使って世界を創造しよう。お前こそが創造の先駆けとなるのだ」

［ところが］アレフは入ってこなかった。主は呼びかけた。「アレフよ、アレフよ、どうして他の文字たちのように私のところに入ってこないのだ」。アレフは答えた。「世界の主よ、なぜなら私は他の文字がことごとく何も得られぬまま、あなたのところを去っていくのを見ていたからです。こんな私に何ができるでしょうか。それに、あなたはベイトに立派な贈り物を差し上げました。ご自分が召使いにあげた贈り物を、別の者にあげるなどとは、立派な王様のなさることではありません」

主はこう答えた。「アレフよ、アレフよ、私はベイトで世界を創造したが、代わりにお前をすべての文字の最初のものとしよう。お前がいるからこそ、私は唯一のものとなれるのだ」

（『光輝の書』第一巻3a～b）

こうして、「アレフ」はアルファベットの最初の文字となり、一の数価を持つようになった。そして、創世記の冒頭でも「ベイト」に次いで二番目の位置を占めることができた。これはただの擬人的な物語ではない。むしろ、言語が世界創造の礎であり、それがヘブライ文字によってしかなしえないというカバラーの根本原理を説いているのである。

そして、ヘブライ文字に込められたこの創造の力を神のものだけに限らないところに、呪術的なカバラーが生まれる。ユダ・アルボティーニー（一五一九没）はヘブライ文字の呪術的な力を秘密の知恵と見なし、それによって自然に変化を加えることができると考えていた。

二二個の文字、その結合と入れ替えによって天使が創造され、あらゆる生物が作られた。自然にはものを熱くする火があり、ものを冷ます水があるように、自然にはあらゆる種類の生物を作る文字がある。［…］ベツァレルは天地創造に用いられた文字の結合を知っていた。いつの世代の預言者も義人も、文字の結合と入れ替えと移動によって奇跡と不可思議なことを行い、創造の秩序に変化を与えていた。「ラヴァが人間を創り出してラビ・ゼイーラのところに使いに遣った」（バビロニア・タルムード、サンヘドリン篇65ｂ）と我々のタルムードに書かれているように。

（『上昇の階梯の書』11ａ）

ベツァレルとは、イスラエルの民がエジプトを出て放浪しているあいだに幕屋や契約の箱の作成に携わった職人である。出エジプト記には書かれていないが、アルボティィーニーはベツァレルがヘブライ文字の結合によって幕屋や契約の箱を作ったことを示唆している。またその根拠は、ゴーレム伝承のもとになったタルムードの逸話にも見出されるという。「義人は望めば世界を創造することもできる」と考えたラヴァ（三〜四世紀）は、ある日、土で人間を作ってラビ・ゼイーラのところに向かわせる。ところが口のきけない人間を不審に思ったゼイーラに見破られて、塵になってしまうという話である。タルムードには詳しく書かれていないが、アルボティーニーはラヴァのゴーレムにもヘブライ文字が関係していたと考えている。このようにカバリストのなかには、文字の秘密を知る者には神と同じような創造の力があると考える者たちもいた。

子音と母音

ヘブライ語とカバラーの関係は、文字だけで語ることはできない。言語の力には、書かれた文字以外に音声の呪術的な作用というものがある。このことはカバラーにおけるヘブライ語にも当てはまる。つまり、ヘブライ語で書かれた文字や文章は、特にそれが聖句や祝禱であれば、発音することによって文字を超えた力を備えるようになるということである。

二二個のヘブライ文字はすべて子音である。たとえば現代ヘブライ語では、通常の文章はすべてこの子音だけでつづられる。読みに曖昧さが生じるとき、リズムを重んじる詩を書くとき、あるいは初学者が読むものにはヘブライ文字に母音記号が添えられるが、ふつうはそれがなくても読むことができる。これは日本人が振り仮名を振っていなくても、複数の読みを持つ漢字を読み分けられるのと似ているかもしれない。私たちはいくつかの読み方の可能性があっても、経験的に正しく読むことができる。

律法の巻物には母音記号がついていない。本来なら正確な発音が求められるにもかかわらず、律法の巻物はなぜ子音だけでつづられているのだろうか。カバリストはそこには読みやすさではなく、特別な理由があるという。世界が創造される前、原初の律法は現在のように分節されていなかった。すなわち、もともと律法のヘブライ語には単語と単語のあいだの区切りもなく、母音もなかった。世界の構成要素は、確定された意味も持たず、分節のないまとまりだった。それが、世界が創造され最初の人間が罪を犯すと、いくつもの単語へと分断されて母音が付けられた。こうして、世界は分節された物質的な形を持つようになったというのである。それはモーセがシナイ山で授かった律法の原型となるものである。律法の巻物が母音のないヘブライ語で書かれるのは、できるだけ原初の姿のままに書かれなければならないとされたからである。

とはいえ、母音記号は必ずしも現世的で否定的な意味を負っているだけではない。たとえ書かれていなくても、母音がなければヘブライ語を読むことはできない。とりわけシナゴーグで聖書を朗読するとき、声を出して読むことは欠かせない儀礼として受け継がれてきた。ゆえに、母音は子音で書かれた律法に生命を吹き込むとも言われた。『清明の書《バヒール》』には「すべての母音記号は丸い形をしている。子音は四角の形である。母音は生命であり、子音はそれによって成り立つ」(『清明の書』第116節)と書かれている。

ただし、この考え方はカバラーに特有のものとも言えない。中世に論じられたヘブライ語の文法論においても、律法の子音のなかに母音があり、それは人間の身体のなかに生命が宿っている状態に似ているとされる。また、『清明の書』以外で初めてこの比喩が現れるのは、ユダ・ハレヴィの『クザーリーの書』である。しばしば母音と似た役割を持つ四つの子音、「アレフ」、「ヘー」、「ヴァヴ」、「ヨッド」について論じるなかで、ユダ・ハレヴィはこれらの文字が子音という身体の内部に宿る生命であると述べる（『クザーリーの書』4・3）。『クザーリーの書』はもともとアラビア語で書かれた書物であるが、これがヘブライ語に翻訳されたのは一一六七年、フランス南部のリュネルだった。まさに『清明の書』がまとめられた時代と地域に一致する。

ヘブライ文字の子音と母音記号の問題は、特に神秘体験を重視するカバリストによって論じられるようになった。たとえば、一三世紀のアブラハム・アブーラフィアは、七二の神の名前や神聖四文字を唱えながら、脱我状態に入る際の母音の役割を論じている。たとえば、ヘブライ語の最初の文字「アレフ」と神聖四文字のひとつを組み合わせ、そこに五種類の母音を付して発音する。もともとその聖性のゆえに、発音を禁じられた神聖四文字は、さまざまに入れ替えられ、組み替えられる。アブーラフィアによると、神秘家はこうして神の本質に近づくことができるという。

ゲマトリアによる隠れた結びつきの発見

カバラーにおけるヘブライ文字の重要性は、二二個のアルファベットが世界を構成し、母音がそこに生命を与えて言葉が力を帯びるというところにとどまらない。ヘブライ文字は、二二個がそれぞれ数価をもっている。つまり、ひとつの文字がひとつの数字に対応しているということである。たとえば、表に示してあるように、「アレフ」は一、「ベイト」は二に相当する。もっとも大きな数字は最後の「タヴ」の四〇〇であるが、組み合わせ次第でさらに大きな数字まで表現することができる。

この文字と数字の対応関係によって、単語を数字で表現することができる。たとえば、神聖四文字のＹＨＶＨは二六の数価を持つ［＝10＋5＋6＋5］。このようなシステムをゲマトリアと呼ぶ。通俗的な現代カバラーで、しばしばゲマトリアを使って人の運命を占ってみせることがあるが、ユダヤ教の伝統的なカバラーで、そのような方法は使われない。しかも、注意しなければならないのは、ゲマトリアがカバラーだけに見られる考え方ではなく、つねにカバラーのなかで重要だったわけでもないということである。

そもそも文字と数字を結びつけるゲマトリアと同様の考え方は、バビロニア地方やヘレニズム文化圏にも見られたものである。もっとも古いものでは、サルゴン二世（紀元前七二七～七〇七）の碑文にまでさかのぼることができるという。あるいはギリシア語の古代魔術文献やグノーシス主義文献にも、天使の名前を数字に置き換えて、同じ数価の天使と関連づけるという記述が見られる。ユダヤ人が彼らと同じ地域に暮らしていたことを考えれば、かなり古い時代にヘブライ文字のゲマトリアが採用されたとしても不思議ではない。

ゲマトリア対照表

1	アレフ	א	
2	ベイト	ב	*b, v*
3	ギメル	ג	*g*
4	ダレット	ד	*d*
5	ヘー	ה	*h*
6	ヴァヴ	ו	*v*
7	ザイン	ז	*z*
8	ヘット	ח	*ḥ*
9	テット	ט	*t*
10	ヨッド	י	*y*
20	カフ	ך כ	*k, kh*
30	ラメッド	ל	*l*
40	メム	ם מ	*m*
50	ヌン	ן נ	*n*
60	サメフ	ס	*s*
70	アイン	ע	`
80	ペー	ף פ	*p, pf*
90	ツァディ	ץ צ	*tz*
100	コフ	ק	*q*
200	レーシュ	ר	*r*
300	シン、スィン	ש	*sh, s*
400	タヴ	ת	*t*

実際にゲマトリアはカバラー以前から知られていた。たとえば、タルムードではラビ・ヒヤ（二〜三世紀）の格言のなかに、次のようなゲマトリアを使った話が伝わっている。「ワインに酔っていても考えがはっきりしている人は、七〇人の長老にも劣らぬ力を備えている。なぜなら、「ワイン《ヤイン》」（*YaYiN*）の数価は七〇であり、「秘密《ソード》」（*SOD*）の数価と同じだからである。だからワインが入ると、秘密が出て行く」（バビロニア・タルムード、エルヴィーン篇65ａ）。七〇人の長老というのは、神がモーセに命じて集めさせたイスラエルの賢者のことである（民数記11・16）。「ワイン」も「秘密」も単語の数価が七〇であることから、知恵のある人はワインで酔っても、深い言葉が口から出るということを教えている。

ユダヤ神秘主義の伝統においても、初期のカバラーと同時期に起こったドイツ・ハシディズムの時代からゲマトリアは頻繁に用いられていた。もっとも有名なのはヴォルムスのエルアザルである。彼は祈禱の意味とその正確な唱え方について書き残しているが、その議論はゲマトリアをもとにしている。さらに、聖書の注解にもこの方法を応用し、神の玉座《メルカヴァー》や天使の秘密にまで論及している。

ところが、意外にもゲマトリアに関して、ドイツ・ハシディズムの神秘的な解釈はカバラーに大きな影響を与えることはなかった。初期のカバリストはほとんどゲマトリアを用いることがない。『光輝の書』でも、それほど重要な解釈にかかわることはない。この時代でもっともよくこのゲマトリアを用いたのは、アブラハム・アブーラフィアだった。この点でも、彼の神秘へのアプローチはスペインのカバラーと異なっていると言える。アブーラフィアは新しい律法の真理を見出すために、ゲマトリアによる言葉の関連付けが欠かせないと考えた。この解釈方法は彼の弟子たちにも受け継がれていく。たとえば、アブーラフィアの弟子、ヨセフ・ジカティラは『胡桃の園《ギナット・エゴズ》の書』（*Sefer Ginat Egoz*）のなかでゲマトリアをカバラーの根本として扱っている。

ヨセフ・ジカティラ『胡桃の園』(1615年)。ゲマトリアや神の名の並べ替えについて論じている。

第13章　呪術とテウルギア

呪術をめぐるあいまいな態度

ユダヤ教と呪術の関係は複雑に入り組んでおり、整然と分類したり、歴史を追って論じたりすることが難しい。厳しく禁じられることもあれば、生活のなかに定着していることもある。こちらのラビがたしなめても、あちらのラビがまじないに興じているといったことも珍しくない。だが、こうした呪術に対するあいまいな態度はユダヤ教に限って見られるものではない。幸運を願い、病魔を退け、死者と語り、他人を呪う。こうした欲求を、合理的な思考を飛び越えてかなえようとする営みは、むしろ人間の普遍的な衝動である。いくら固く手枷をはめたところで、人間を呪術から引き離すことはできない。そして呪術は一歩踏み込めば、悪しき魔術にもなる。

聖書には呪術を禁じた有名な一節がある。「あなたの間に、自分の息子、娘に火の中を通らせる者、占い師、卜者、易者、呪術師、呪文を唱える者、口寄せ、霊媒、死者に伺いを立てる者などがいてはならない。これらのことを行う者をすべて、主はいとわれる」（申命記18・10～11）。これは新共同訳聖書の翻訳だが、ここに出てくる呪術や魔術に類するヘブライ語には外国語起源の言葉もあり、意味の細かな違いは必ずしもはっきりしない。いずれにしてもまじない全般への嫌悪を見て取ることができる。

そうかと思えば、イスラエルの民の指導者であり、ラビ・ユダヤ教における賢者の原像でもあるモーセが、先陣を切って呪術を勧めることもある。それは毎年三月から四月に祝う過越祭《ペサハ》（*Pesah*）の起源となったエジプト脱出のシーンに描かれている。イスラエルの民をエジプトから導き出す前夜、モーセはそれぞれの家の柱と鴨居に子羊の血を塗れという神の命令を伝える。誰もが寝静まった夜の闇のなか、神がエジプト人の初子の息の根を止めてまわるとき、誤って殺されないための目印だった。あまりに聖なる力は、ときに人を殺してしまうこともあるため、子羊の血を塗ることでそれを避けようとした。これは明らかに呪術的な解決方法である。

中世になると、イスラーム文化圏で花開いた哲学の思考法を取り入れるユダヤ人が現れた。当時の合理精神を体現した中世ユダヤ哲学は、呪術を警戒した。理性に従ってユダヤ法を実践し、普遍的な倫理の涵養を目指そうとするとき、効果が証明されていないまじないは何の役にも立たないと考えられたのである。エジプトのカイロで活躍したマイモニデスも、呪術や迷信を厳しく非難した哲学者だった。それでも呪術の効果について語るとき、マイモニデスはふとこう漏らしている。「効果が証明されていれば、護符を身につけて外出してもよい。効果が証明された護符とは何か。三人癒やしたことのある護符、あるいは他の護符で三人癒やしたことのある人が作った護符のことである」(『ミシュネー・トーラー』、シャバット篇19・14)。ただ禁じるだけでは人々の間から呪術がなくなることはない。それならば、その効果を意識させるほうが合理的な考え方に導きやすい。マイモニデスには、そうした教育的な意図があったのかもしれない。

同じころ、地中海をはさんだフランス南部では、カバラーの伝統が形成されつつあった。カバリストは人間の罪に由来するとして悪しき魔術を忌避した。たとえば、『光輝の書《ゾーハル》』では、アダムとイヴが神の命令に背いて、善悪の知識の木の実を食べてしまったことが呪術の始まりとされている。禁じられた木の実を食べると、「二人の目は開いて、裸であることがわかった。そこで、無花果の葉をつなぎ合わせて腰巻きを作った」(創世記3・7)この聖句を、『光輝の書』では、ラビ・ヒヤとラビ・ヨセが次のように解釈している。

ラビ・ヒヤは言った。[…]「二人は知識を得て悪を知りはじめると、『裸であることがわかった』。というのも、自分たちを包む至高の光を失ったからだ。至高の光は離れ去って、二人は裸になったのだ。『無花果の葉をつなぎ合わせた』。二人は実を食べた木の陰に隠れることを覚えた[…]」。『腰巻きを作った』という一節について、ラビ・ヨセはこう言った。「この世界を知ってそれに執着すると、二人はこの世界が木の葉によって動いているとわかったのだ。だから、足場を作ってこの世界で自らを守り、あらゆる種類の魔術を見つけ出した。二人は木の葉をまとって身を守ったのである」

（『光輝の書』第一巻36ｂ）

ラビ・ヨセの解釈によれば、無花果の葉は魔術を象徴している。人間がそれを知ったきっかけは、神が禁じた善悪の知識の木の実を食べてしまったことにあった。ここには知識にはらむ人間の宿業がほのめかされている。

『光輝の書』が書かれたのと同じ時代を生きたアブラハム・アブーラフィアは、みだりに神の名を使って呪術を行うことを非難している。アブーラフィアが得意とする実践カバラーの技法は、文字の組み替えや呼吸法を伴う神の名の操作に通じていることが求められる。しかし、それは誰にでも開かれた知恵ではなく、啓示を受けて脱我状態で神に近づくことのできるカバリストにのみ許された技法である。したがって、しかるべき準備を経ずに神の名を用いることは、犯してはならないタブーとされる。アブーラフィアは決して呪術の効果を否定しているわけではない。むしろ、神の名には不思議な力があるからこそ、不適切な使い方を非難しているのである。

不純な動機で用いるまじないは、アブーラフィアだけでなく、カバラー全般で禁じられている。「異教の知恵」あるいは「東方の知恵」などと呼ばれるいわゆる黒魔術は、実践カバラーの文献で言及されることはあっても、実際にそれを使うことは許されていない。なぜなら、魔術に訴えれば悪の「外殻《ケリッパー》」の世界から不浄な霊が招かれて、敬虔なユダヤ人の聖なる霊魂と混じり合ってしまうからである。

それにもかかわらず、カバリストが呪術師の役割を果たした事例は、数え上げればきりがないほど多い。彼らは神の名に備わる不思議な力に通じ、占星術や天使論を学び、悪魔を退け病人を癒やすために護符を作った。ごく簡単なまじないよりも、むしろ特別な知識を必要とする呪術に携わった事例が多い。実際に、一六世紀のツファットでは、カバリストが悪魔祓いや交霊を行った記録が数多く残されている。許された呪術と悪しき魔術の境界がどこにあるのかは、ほとんどの場合はっきりしないが、こうしたことは彼らが神の名を正しく使うことができるという前提のもとに行われていた。

ここでは、呪術のタイプとして典型的なテウルギアと護符を取り上げることにしよう。前者は呪術的な行為のなかでももっとも神聖なものとされ、後者は祈願成就や魔除けを求める人々のために書かれたものである。さらに、カバリストが呪術に携わったことからユダヤ教の外部にもそのイメージが伝わった事例にも触れておこう。それはしばしばカバラーとまったく関係のないものだったが、カバラーの呪術的な性質を物語る文書として有名になることもあった。

神の世界を修復するテウルギア

カバリストは地上で守られるいかなる戒律や儀礼も、天上の神の世界に影響を及ぼすと考えている。ゆえに怠惰や破戒はセフィロート体系の調和を断ち切ってしまうことにつながる。その一方で、宗教的な行いの隠された意味を知っているならば、的確に調和を回復させることができるとも考える。おもに自然に作用を及ぼす呪術に対して、このように人間が神の世界に働きかけることをテウルギア（*theurgia*）と呼ぶ。日本語では神働術と訳されることもある。カバラーのテウルギアは、多くの場合、祈りや戒律を守ることによる働きかけである。神の名は天上の神の身体、つまりセフィロート体系そのものであり、祈りが上昇してそこに作用すると考えられる。

ここで言う神の名は、ヘブライ文字の神聖四文字《テトラグラマトン》、YHVHで表記され、「ヨッド」（Y）が知恵《ホフマー》、最初の「ヘー」（H）が理知《ビーナー》、「ヴァヴ」（V）が壮麗《ティフェレット》、最後の「ヘー」（H）が臨在《シェヒナー》のセフィラーを表している。つまり、神秘に通じた人間の祈りは天に届いて、神の名とともにセフィロート体系の調和を回復させる力を備えている。こうしたテウルギアを、カバリストは地上の出来事に作用を及ぼそうとする呪術や魔術とは明確に区別する。悪しき魔術がアダムとエヴァの原罪によって生まれたとすれば、テウルギアは聖なる技法だと言えるだろう。

『光輝の書』でラビ・シムオン・バル・ヨハイは、祈りの力と神の世界の調和について次のように説いている。

人間の身体と霊魂は、祈りによって修復されて完全になる。祈りは修復の言葉である。〔…〕最初の修復は自らの修復。清められるように、戒律と清浄によって修復され、犠牲と焼き尽くす捧げ物によって修復されねばならない。第二の修復は、創造の御業によるこの世界の存在の修復。ひとつひとつの御業のために主を祝福する。〔…〕第三の修復は、天上の世界の修復。力強き天の群勢とともに。〔…〕第四の修復は祈りによる修復。聖なる御名の秘密によって修復される。

（『光輝の書』第二巻215b～216a）

すなわち、修復には四つの段階がある。人間自身の修復、地上の修復、天上の修復、そして神の名からなるセフィロート体系の修復のことである。しかもここではもっとも重要な修復が祈りによる「聖なる御名」、つまり神聖四文字の調和を回復し維持することだと考えられている。

この発想の原型は、ラビ・ユダヤ教の祈りと律法学習の解釈にある。エルサレムに神殿と祭儀が存在したころ、祭司の役割は欠かせないものだった。彼らは犠牲として家畜を焼いて、天に昇る煙と香りで神に訴えかけていた。しかし、神殿が失われると、祭司に取って代わったラビはもはや犠牲を捧げることができないならば、祈り律法を学ぶことこそが神とつながるすべだと考えるようになった。カバラーのテウルギアは、ラビ・ユダヤ教的な神へのアプローチを神秘的に解釈したものである。

しかし、テウルギアがどれだけ天を指向していても、やはり呪術と背中合わせだったことは否めない。一八世紀、東欧のユダヤ思想を席巻したハシディズムでは、カバラーから多くの概念が取り入れられた。そのなかには、このセフィロート体系とテウルギアの技法も含まれていた。だがハシディズムのレッベたちは、そこに人間が果たす役割を強調するようになった。神秘家の視点が、神から人間に移っていったとも言える。

ハシディズムの祈りは、基本的にルーリア派のカバラーの神学と祈禱に多くを負っている。しかし、それは忠実に踏襲したというわけでは決してなかった。ルーリア派が人間の精神作用と神の世界のつながりに重きを置いたのに対して、ハシディズムでは祈りの精神性よりも音声の側面が強調された。声を出して唱えるという身体的な振る舞いは呪術の基本である。カバラーが宗教的なエリートによる営みだったのに対して、ハシディズムが大衆を巻き込んだ現象だったことを考えれば、緻密な精神の技法よりも、音としての祈りが神と人間をつなぐと考えられるようになったのも不思議ではない。

義人と呼ばれるハシディズムのレッベも、もちろん神との関係を重視する。だが、『光輝の書』のテウルギアと異なり、その方向性はむしろ天から地上へと方向を変える。そして、その神に対する関係は「密着《デヴェクート》」と呼ばれ、この交流によって義人は神の世界から聖なる光の流出をこの地上に媒介することができると考えられた。

たとえば、あるレッベによると、神と義人のそうした関係は非常に密接なものであり、どちらも「一者」と呼ばれる。そして、義人自身が神と密着して神聖四文字を完成させるという。

〔神に対する義人の「密着」は〕そのお方（神）の近くへと入っていくようなものである。そして、一者《エハッド》と呼ばれる義人が、一者と呼ばれる主に密着するとき、一者は二度繰り返されて、〔「一者」という言葉の数価が一三なので〕ゲマトリアが二六になる。これは神聖四文字の数価と同じであり、その完成をも意味する。〔…〕〔義人は〕神聖四文字のなかに入り主に密着して、そこから優れた流出を引き出してくるのである。

（モシェ・エリアクム・ベリアー『モーセの理知』8b）

義人が地上のユダヤ人共同体の中心であることを考えれば、引き出された神の光の流出はそこに属する人々に伝えられることになる。すなわち、天上の世界で神と密着していても、そこで終わるのではなく、義人の使命はあくまで地上にその恵みをもたらすことだとされる。ハシディズムでは、特殊な能力を備えた義人が神の力を地上にもたらす役割を担う。そのような意味では、ルネサンスの呪術師とよく似ているかもしれない。しかし、ハシディズムのレッベが共同体の崇敬を集める宗教的カリスマだったという点は顕著な特徴である。彼らのあいだにはユダヤ人の伝統的な結びつきがあった。ハシディズムのテウルギアは、そうした環境のなかに現れた神と人間の関係をめぐる解釈だったと言える。

呪術と護符

カバリストがより日常生活に根ざしたところで呪術と関わることもあった。ユダヤ教には古くから魔除けの文化がある。ヘブライ語の呪術的な文言が書かれた器が遺跡から発見されることは珍しくない。また、戸口の右側の柱に取り付けるメズーザーと呼ばれる聖句箱も、祈禱のときに男性が着用するテフィリーンと呼ばれる装具も、古くはそうした呪術的な性格の強いものだったと考えられている。メズーザーやテフィリーンには、聖書の一節を書き記した小さな羊皮紙が入っており、聖書の言葉を魔除けとして用いた名残が見られる。

さらにはっきりと護符の役割を果たすものも存在する。たとえば、「目の文字《クタヴ・エイナイム》」(*ktav 'einaim*) と呼ばれる文字で書かれた魔

『天使ラズィエルの書』より安産の護符。犬や鳥のような生き物は悪魔。

除けである。それはふつうのヘブライ文字のアルファベットと異なり、直線や曲線とその両端を飾る小さな円で書かれ、決まった形式がないこともあって解読できないものも多い。この特殊なアルファベットでヘブライ語の護符が書かれるようになった経緯ははっきりしないが、紀元一世紀頃のギリシア語やアラム語の護符で使われていた呪術用の文字が起源になっていると考えられている。

カバリストがこのような文字や聖句を使って護符の作成を生業にすることは珍しくなかった。カバラーがユダヤ思想のなかに登場してから、呪術や悪魔学を扱ったのがもっぱらカバリストだったことを考えればそれも不思議ではないだろう。彼らは共同体の人々から依頼を受けて、邪視除けから病気の治癒まで目的に応じて護符を書いた。

たとえば、次の文言は『天使ラズィエルの書』（*Sefer Raziel*）のなかに収められた有名な安産の護符である。そこには次のように書かれている。

最初のエヴァよ、私はお前を召喚しよう。お前を創り出したお方の御名において。お前のためにそのお方が遣わせた天使、海の島々の天使の面々の名において。お前は彼らの名前を見出した場所で、名前を持つ者たちに誓いを立てた。お前も陣営の天使と奉仕の天使も産婦に対して危害を加えることはないと。それゆえ、その名前でここに記された封印によって、お前も陣営の天使と奉仕の天使もともに喜ばせよう。彼らが産婦に対しても生まれた子どもに対しても、その名前の力で危害を加えることはないように。昼も夜も、食べ物も飲み物も、頭も心も、二四八の身体部位にも三六五の身体の腱にも。これらの封印によって、私はお前も陣営の天使と奉仕の天使も喜ばせる。

（『天使ラズィエルの書』57b）

ここで「最初のエヴァ」と呼ばれているのは女の悪魔、リリート（*Lilit*）のことである。古いミドラシュには、エヴァが創造される前に本当はリリートという名の「最初のエヴァ」が創造されていたという伝承がある（『創世記ラッバー』22・7）。つまりそうした伝承を受けて、この護符のなかでは、リリートをはじめとする悪しき天使たちが産婦に危害を加えないようにと力を封じているのである。

ほかにも、他人にかけられた魔術を払い落とすことができるという護符もある。ここには魔術師に対する呪詛の言葉が、聖書の引用から長々とつづられている。

魔術を取り消すときはこう言え。「女の魔術師を生かしておいてはならない」（出エジプト記22・17）。魔術を行わない女は生かしておく。魔術を行う女を生かしておいてはならない。魔術を行う女が生を得ることはない。「お前たちは何者でもなく、お前たちの行いは取るに足らない。お前たちを選ぶ者は憎まれる」（イザヤ書41・24）。「主はサタンに言われた。『サタン、主はお前を叱責する。エルサレムを選んだ主はお前を叱責する。この者は火から取り出した燃える枝ではないか』と」(ゼカリヤ書3・2)。[…]「主はお前を守ってくださる。主はお前の右手で陰となってくださる」(詩篇121・5)。「主はお前が出て行くときも戻ってくるときも守りたまう」(同121・8)。[…]一息に書いたこれらの聖句を恐れている人の寝床の上に吊るしなさい。

(MS New York Public Library, Heb. 190. p.103.)

こうした護符は聖句の引用、さまざまな神の名、ダビデの星、メノラーなどとともに書かれ、カバラーの思想がはっきりと現れることはほとんどない。それでも天使や悪魔のことを知り尽くしていたのがカバリストだったことを考えれば、彼らが一般の人々とつながる接点が護符にあったというのは興味深い。

ユダヤ教以外の呪術書への影響

中世にはユダヤ教やカバラーに由来するとされる呪術書がいくつも書かれた。ここでいう呪術とは、人々の生活に根ざしたものや悪意に基づくものではなく、神の世界や自然の法則を把握し操作するための高等な技法のことである。たとえば、一四~一五世紀には『ソロモンの鍵』

（*Clavicula Salomonis*）というタイトルで数々の書物が著され、そこにはソロモン王の時代から密かに伝わる呪術が収められていると信じられた。実際には古代の著作ではなく、ヨーロッパで作成されて様々な言語に翻訳されたものである。たしかに『ソロモンの鍵』には、ヨーロッパの呪術伝統やアラブ世界の錬金術だけでなく、カバラーの影響を指摘することができる。しかし、それは同じ時期のカバリストがヘブライ語で書いた書物の内容とはかけ離れている。

キリスト教文化圏において、カバラーが形を変えながら呪術のなかに採用されたのは、おもに一四〜一六世紀だった。ルネサンスの人文主義が呼び起こした「古代神学《プリスカ・テオロギア》」への憧れが大きく影響している。イタリア北部では、キリスト教の真理と普遍性を証明するために、知識人たちが宗教の枠組みを超えて、古代の知恵を学ぼうとした。どんな宗教もさかのぼれば無垢なる知の源流に行き当たるに違いない。あるいは、キリスト教が生まれるずっと以前から続く知の伝統のなかに、すでにその正当性を実証する兆しがあるに違いないと信じられたのである。

フランセス・イェイツ（一八九九〜一九八一）が述べたように、古代ギリシア人も中世ヨーロッパの思想家も呪術を哲学や神学より劣ったものと見なしたが、「ルネサンスの呪術師」（*Renaissance Magus*）はそうした因習を覆した。この時代には、キリスト教に改宗したユダヤ人、フラヴィウス・ミトリダテスに教えを受けたジョヴァンニ・ピコ・デラ・ミランドラのほかに、ヨハネス・ロイヒリンやジョルダーノ・ブルーノといった有名なキリスト教徒のカバリストが出ている。彼らがカバラーの呪術的な側面を強調したため、ユダヤ教の外部ではそのようなイ

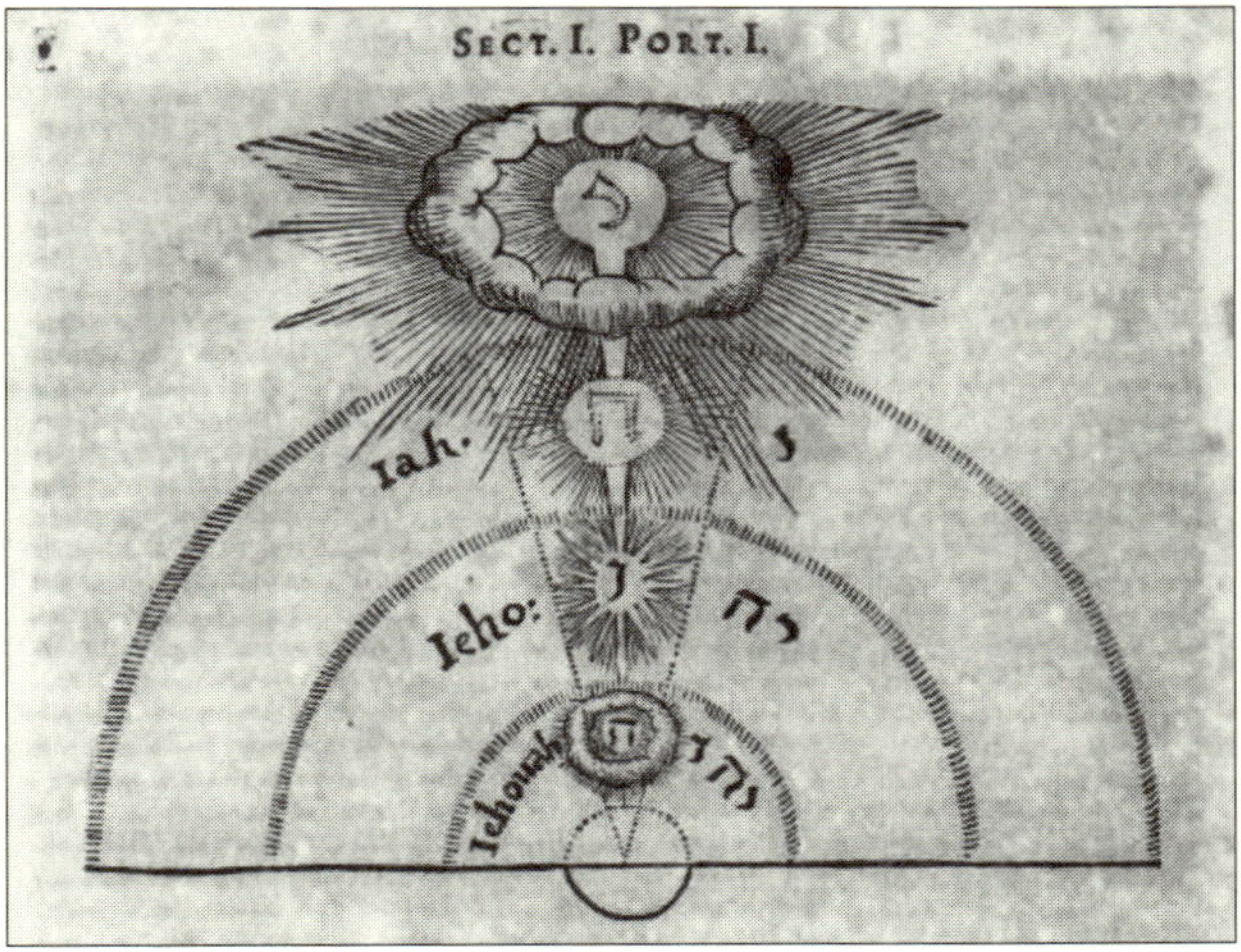

ロバート・フラッド『両宇宙誌』第2巻（1617年）より。もっとも神聖なYから地上に向かってH、V、Hの順に神聖四文字が展開する。

メージが強くなっていった。実際に、ハインリヒ・コルネリウス・アグリッパの『隠秘哲学』（*De Occulta Philosophia libri III*, 1531-1533）やロバート・フラッドの『両宇宙誌』（*Utriusque Cosmi ... Historia*, 1617）など、ルネサンス的な手法で呪術とカバラーの結びつきを強調する書物が数多く書かれた。

近代になってからも、カバラーはオカルティストの想像力をかきたて続けた。『アブラメリンの聖なる呪術の書』（*The Book of the Sacred Magic of Abramelin*, 1898）はロンドンで出版された呪術書である。「黄金の夜明け団」の創設者の一人、マグレガー・メイザースが一八世紀のフランス語写本を英訳したもので、アレイスター・クローリーも呪術の実践に用いたと言われる有名な書物である。原本は一五世紀にヴォルムスのユダヤ人でアブラハムというカバリストによって書かれたとされているが、学術的に論証されているわけではない。たしかに、この呪術書の著者はヘブライ語をよく知っていたようだが、聖書の解釈方法などから判断して、ユダヤ教のカバラー文学と直接的な関係を主張するのは難しい。

この種の理解では、テウルギアをはじめとするカバラーの呪術的な部分だけが切り出され、ハラハーの神秘的な解釈にはまったく関心が向けられない。とはいえ、カバラーがこのようなイメージをまとって、ルネサンスや近代オカルティズムの呪術書で新たな意味を帯びるようになったことは、カバラーの非ユダヤ的な影響を考えるうえで重要な事実である。

第14章　預言と啓示

神の啓示を伝える預言者

聖書には「律法」と「諸書」のあいだに「預言者」と呼ばれる文書群がある。ヨシュア記、士師記、サムエル記、列王記、イザヤ書、エレミヤ書、エゼキエル書、ホセア書、ヨエル書、アモス書、オバデヤ書、ヨナ書、ミカ書、ナホム書、ハバクク書、ゼファニヤ書、ハガイ書、ゼカリヤ書、マラキ書である。古代イスラエルの歴史では、預言者《ネヴィイーム》と呼ばれる人々が神の啓示を受けて、ときに民を正しい道へ導き、ときに為政者や祭司をいさめた。ほとんどの「預言者」の文書は、そうした使命を担う人物の名前を冠している。

古代イスラエルにおいては、政治的秩序をつかさどる王と宗教的伝統を担う祭司が社会の基本構造を支える権力だった。いずれも世襲で、王はダビデにはじまり、祭司はアロンにまでさかのぼる。聖書に登場する預言者たちは、しばしば王や祭司と近い関係を持ちながら、権力者に対して批判的な態度をとる。この大胆な役割は、制度的な権力を通さずに神の言葉を直接聞く能力によって説得力を帯びた。神殿に捧げる犠牲の煙も外界から隔絶された至聖所もいらない。身ひとつで神と対峙することができるのが、古代イスラエルの預言者の伝統だった。

誰が預言者に含まれるのかという問題にはさまざまな意見がある。聖書で最初に言及されるのはアブラハムである（創世記20・7）。タルムードには冒頭に列挙した「預言者」に出てくる人物だけでなく、四八人の男の預言者と七人の女の預言者がいたという伝承まである（バビロニア・タルムード、メギラー篇14ａ）。とりわけラビ・ユダヤ教が重視するのはモーセである。イスラエルの民が約束の地に入る前に、モーセを偲んで「それからというもの、イスラエルにはモーセのような預言者は現れなかった」（申命記34・10）と言われる。モーセの預言者としての役割はそれほど大きかった。ラビ・ユダヤ教はこの預言者としてのモーセ像を継承した。つまり、モーセはラビの系譜の祖となるだけでなく、神と対面してその言葉をイスラエルの民に伝えることができる預言者の理想像でもあった（民数記12・２〜８）。

だがそれは預言者の伝統が現在まで続いているということではない。預言《ネヴーアー》がいつ途絶えたのかという問いがある。神の言葉が最後に地上にもたらされた時代はいつなのだろうか。タルムードでは、ハガイ、ゼカリヤ、マラキが死んだときに、聖霊がイスラエルを離れたとされる（バビロニア・タルムード、ソーター篇48ｂ）。つまり、最後の預言者はマラキである。キリスト教ではこの伝承を踏襲にもとづいて、洗礼者ヨハネとイエスの来臨を最後に暗示したのがマラキだと考えることがある。イスラーム教ではムハンマドこそがその時代の預言者だということになっている。いずれの宗教においても、預言者は新しい神の啓示をもたらし、新しい時代の幕開けを象徴する人物である。

聖書に名を連ねる預言者たちは、権力者に対してユダヤ人の取るべき行動を指南しただけではない。一見すると彼らの役割は非常に政治的な傾向が強いが、私たちが見逃してはならないのは、彼らの神秘家としての能力である。預言者の言葉が正しい忠告であり、イスラエルの民の運命を見通していることを保証するのは、権力や制度を媒介とせず、神の啓示が直接くだっているからである。このような預言者の原像は、王や祭司がいなくなった時代の神秘家のインスピレーションをかきたてた。実際にモーセやエリヤやエゼキエルは、メルカヴァー神秘主義文献のなかで神秘家としてしばしば中心的な役割を果たす。そこではミシュナのラビたちも天を遍歴する神秘家として描かれ、聖書の預言者とともに神の秘密について語り合う。メルカヴァー神秘主義に携わった人々は、途絶えたはずの預言者の伝統を文学的な形式で復活させた。神秘家たちの精神的な遍歴として表現されながら、おそらくは神の啓示にたどり着くための道程を暗示していたかもしれない。一二～一三世紀のドイツ・ハシディズムも、神秘体験という点では際立っている。メルカヴァー神秘主義と同じように、神の名を唱えることが秘密の技法として伝えられていた。それは父祖アブラハムから続き、一部の賢者だけに明かされる知恵だと考えられた。

こうした預言と啓示に重きを置く伝統は、カバラーのなかにも受け継がれていった。それが最初にはっきりと現れるのは、一三世紀に活躍したアブラハム・アブーラフィアの預言カバラーである。それは同時代の『光輝《ゾーハル》の書』のようなセフィロート体系が中心となるカバラーとは大きく異なる。つまり、神秘家が神の世界を知り、人間の行為との結びつきを論じるカバラーとは一線を画していた。預言カバラーのように人間の内在的な力を強調する傾向は、アブーフラフィアのほかにも、ツファットのカバラー、シャブタイ派にも見られる。ここではそのなかからいくつかに光を当てることにしよう。

アブラハム・アブーラフィアの預言カバラー

アブーラフィアのカバラーは、同時代の『光輝の書』の教義とはずいぶん異なっている。『光輝の書』では神の身体を表現するセフィロート体系をめぐる議論、あるいは戒律や祈りを通して神の世界に働きかけるテウルギアが中心的な話題だった。そこではマクロコスモスとしての神とミクロコスモスとしての人間の照応関係が基本原理となる。ゆえに『光輝の書』に現れるラビたちは、いわゆる神秘体験を追求するよりも、天と地を結ぶ神の秘密の知恵について論じ合い、律法のなかの戒律や物語の裏に潜む本当の意味を探求する。それに対して、アブーラフィアはセフィロート体系を神の複数性を認める危うい思想として遠ざけ、律法の秘教的な解釈には強い関心を示さなかった。

それでは、アブーラフィアのカバラーの基軸は何だったのだろうか。それは預言と啓示の体験である。しかも、彼はそれをメルカヴァー神秘主義のように物語として描くのでもなく、一回限りの偶然の出来事として記録するのでもない。彼が書き残したのは、定められたテクニックとその方法論である。つまり、そこに書かれていることを忠実に再現することができれば、彼と同じように神に迫る体験を味わうことができる。このような神秘体験やテクニックを重視したカバラーは、当時まだ少数派だった。おそらくは、律法を学ぶことで知識を共有するよりも、色を見たり、声を出したり、音を聞いたり、呼吸を操作したり、身体を動かしたりする技法は、容易に我流に走って危うい過ちを犯してしまうと危惧されたのかもしれない。

アブーラフィアは、自らの技法を「預言カバラー」(*ha-qabbalah ha-nevuit*)、あるいは「主の御名のカバラー」(*qabbalat ha-shemot*)と呼んだ。「主の御名」とは神聖四文字《テトラグラマトン》や七二個の神名といったさまざまな神の呼称のことである。それらを定められた呼吸法に従って身体を動かしながら唱えることで、意識の変容を体験することができるという。

[神聖四文字のうちの]それぞれの文字を選び、長い吸気の動きに合わせてそれを動かさなければならない。耐えられるだけ一呼吸を長くするために、二つの文字のあいだで息をついではならない。[…][息を吐くときは]それぞれの文字に二度呼気が入るまで、すべての文字で同じことを続ける。一度は文字の母音を唱えるとき、もう一度は文字のあ

いだに休みを入れるときである。

（『神名の鍵の書』MS JTS 1897, 86b-87a）

この種の呼吸法を実践すれば、身体だけでなく精神状態にまで変化が生じることは容易に想像ができる。預言カバラーにおける東洋思想の影響を強調するモシェ・イデルは、スペインにいたころのアブーラフィアの師がバルーフ・トーガルミーという名前だったことに触れて、瞑想の技法がスーフィズムに由来する可能性を指摘する。「トーガルマー」（*Togarmah*）とは中世のヘブライ語ではトルコを指す。実際にアブーラフィアはイスラエルの地まで旅したこともあり、そのときにスーフィズムから何らかの影響を受けた可能性があるという。

アブーラフィアによると、そのような実践を行うときには、しかるべき環境を整えることも必要だという。まずは戒律にのっとって身体を清く保つこと、それから夜の静寂のなかで神の名を唱えることである。

七二個の神の御名を唱えようとするとき、すでに述べた備えを整えたあとに、特別な「神の」御名の秘密を唱えるために、特別な部屋のなかにこもらなければならない。声を出す生き物からは離れて独りにならなくてはならない。

（『熱情の書』MS JTS 1801, 9a）

預言カバラーにおいては、文字の操作と呼吸と心身の浄化を経たあとで、天から啓示を得て神秘的な恍惚にたどり着くことが目的である。アブーラフィアによると、それは「連結の知恵」《ホフマット・ツェルーフ》(*hokhmat tzeruf*)であるという。「ツェルーフ」というヘブライ語が「連結」だけでなく「浄化」を意味することを考えれば、文字の連結だけでなく、精神の浄化をも含む技法だったことがわかる。彼はその状態を自らの意識を神に「密着」《デヴェクート》させると表現した。神はただ思索や瞑想の対象になるだけでなく、より直接的かつ身体的な接触のイメージで捉えられる。

さらに神は一人の人間の姿をとって現れることもある。

神は私に新しい幻視を見せてくださった。それは新しい聖霊で、新しい御名であった。[…]私は西の方角から大群とともに一人の人がやってくるのを目にした。[…]その人の顔を見たとき、私は驚愕した。身体のなかで心はおののいた。[…]その人は私が大変怖がって、強い畏怖を感じているのをご覧になって、口を開いて語りかけてきた。そして、私の口を開いて語らせた。私はその人の言葉に従って答え、その言葉のなかで私は『別の人間になった』(サムエル記上10・6)。

(『文字の書』イェリネック版八一～八二頁)

預言状態で発せられる言葉には特殊な力がこめられている。アブーラフィアによると、それは新しい人間に生まれ変わるほど自己の存在を変容させるものだという。

こうした技法には、当時の主流派と大きな隔たりがあった。スペインのおもだったカバリストが、祈りや戒律の実践によってセフィロートに調和をもたらそうとしたのに対して、アブーラフィアは預言者としての人間の力を重視した。個人の体験に重きが置かれるという点で、彼の預言カバラーは独特の表現を開拓した。

ヨセフ・カロのマギード体験

カバラーにおける神秘体験は、アブラハム・アブーラフィア以降の時代に重要性を増す。とりわけ、一五世紀の終わりから一六世紀にかけて、個人の体験に関わるカバラーの言説が一部のカバリストのあいだで盛んに取り上げられるようになった。一五世紀後半では、スペインでヨセフ・デラ・レイナによって書かれた『返答者《メシーヴ》の書』(*Sefer ha-Meshiv*) が知られている。これは『光輝の書』に見られるようなセフィロート体系をめぐる神学とは明らかに異なる、啓示、魔術、終末、メシアを扱った書物である。また、アブーラフィアの著作が初めて印刷されたのは一五五六年であり、この時代、啓示と体験への関心が明らかに高まっていたことがわかる。

このような現象が目立ってくるのは、イベリア半島を追放されオスマン帝国の地中海側に移住したカバリストたちの記録である。啓示の声を伝える天使は、一般的に「伝達者《マギード》」（*maggid*）と呼ばれる。そうした体験を記録に残したカバリストとして、まっさきに挙げられるのがサロニカのヨセフ・タイタツァク（一四七七〜一五四五）である。タイタツァクに「伝達者」が降りていたことはよく知られており、ヨセフ・デラ・レイナと同じグループに属していたとも考えられている。

一五三〇年頃、イベリア半島から逃れてきたカバリストはツファットに集まりはじめた。ツファットで発展するカバラーのなかで、神の知恵に触れることができるカバリストの力は、律法の秘密を描写できるかどうかだけでなく、特殊な精神状態で天使や死者の声を聞くことができるかどうかでも判断される。ツファットのカバラーにおいては、このタイプの記録が一気に増え、神秘家の実践の様子をはっきりと知ることができるようになる。

タイタツァクのもとで学び、のちにツファットに移り住んだヨセフ・カロもそのようなカバリストの一人である。自らの神秘体験をつづった『正しい言葉を語る者《マギード・メイシャリーム》』で、彼は「伝達者」との対話を日記のような形式で記録している。カロの「伝達者」は漠然とした声などではなく、ユダヤ教の正典ミシュナである。おそらく、律法の巻物以外の正典が擬人化される事例はこれが唯一だろう。「伝達者」としてのミシュナがカロのもとを訪れるのは、天の声を聞くのにふさわしい深夜から早朝にかけて、彼がミシュナを学んでいるときである。

カロは「伝達者」の言葉を自らの口を通して周囲に伝えることもあった。しかも、それは脱我状態で語られる異言だった。彼とともに学んだシュロモ・アルカベッツは、書簡のなかで次のように書き記している。

私たちはミシュナのなかから二篇を学んだ。すると、創造主が私たちを打ち、その義人（ヨセフ・カロ）の口から声が聞こえてきた。［…］それははっきりと発音された大きな声だった。その場にいた誰もがその声を聞いたが、何を言っているのかは理解できなかった。非常に心地よい声で、徐々に力強くなっていった。［…］その声は私たちに向けて語りはじめた。「選ばれし友よ、あなたたちに平安がありますように。［…］今晩、私を飾り立てようと決めたあなたたちに、この世でも来る世でも幸いがありますように。何年もの間、慰める者もなく、私の頭は下を向いたままでした。地に投げ出されて、排泄物の山にしがみついていました。あなたたちは私の冠をもとに戻してくれたのです。［…］私はミシュナ、子どもを叱る母であり、あなたたちと語らうためにやってきました。［…］」私たちは自らの耳でこの言葉を聞いた。［…］そして、大いなる喜びを味わい感涙にむせび泣いた。私たちの罪がもたらした臨在《シェヒナー》の苦しみを耳にして、彼女の声は懇願する病人のように聞こえたからである。

（『正しい言葉を語る者《マギード・メイシャリーム》』序文）

ここではミシュナは神の女性的な性質である臨在に喩えられている。カロはあたかも霊媒のようにミシュナの言葉を伝えている。律法、ミシュナ、タルムード、『光輝の書』などの聖典の学習は、地上にとどまる臨在のセフィラーを天上に返して神の世界の調和を回復させることにつながる。

不世出の義人としてツファットで多くの弟子を集めたカロに対して、ミシュナはさらにおのれに厳しく振舞うよう求めることもあった。それはワインを余分に飲んだことを非難し、あるいは肉食を控えるように忠告するような、戒律や生活規範に密接に関係するものだった。たとえば、カロの「伝達者」はこう告げる。

> 肉を多く摂りすぎると魂を傷つけるので控えなければなりません。ワインについても、それがどれほど有害で、どれほど魂に傷を負わせるかわかっていないのではありませんか。こうしたものから身を遠ざけるよう気を配りなさい。[…] もしあなたが行いを改めるのであれば、霊魂転生の秘密を明らかにしましょう。あなたの友人や親類の前世を教えましょう。不可思議なことを目にして驚くことでしょう。[…] 力を尽くして苦行に励み、祈りとミシュナの学習のときに頭のなかに入ってくる思念をすべて焼き尽くしなさい。
>
> （同1a）

霊魂の系譜を知ることができるのは、秘密を極めたカバリストだけである。そして、カロはただ神秘体験を目的としていたわけではなく、敬虔なユダヤ人として自らを正しく律することを重視していた。これはツファットのカバラーの特徴でもある。祈りや戒律や学習といった、あらゆる日常の行為に神秘的な意味が細かくはりめぐらされ、それを極めることで神秘体験に至ることができる。カロのミシュナはまさにそうした宗教的な行為が擬人化されたものと言えるだろう。

ハイム・ヴィタルの交霊術

「伝達者」の声を聞いたのはヨセフ・カロだけではない。彼の仲間であったシュロモ・アルカベッツやモシェ・コルドヴェロも「伝達者」の訪問を受けたことで知られている。そして、この伝統はルーリア派のカバラーにもはっきりと見て取ることができる。なかでも有名なのが、イツハク・ルーリアの教えを継承し、多くの著作を残したハイム・ヴィタルである。彼は創造論やセフィロートをめぐる神学といった理論的なカバラーに通じていただけでなく、霊媒として特異な能力も備えていた。

ヴィタルは自らが行った交霊術について多くの記録を残している。当時、ツファットではカバリストたちが町の外に広がる原野を歩きながら、タルムードの時代のラビの墓を発見するという実践が盛んに行われた。もちろん、考古学的な発見などではなく、彼らの霊的な力によって架空の墓を見つけ出すのである。カバリストにしてみれば、ガリラヤ地方は古代のラビたちの霊魂に出会える格好の土地だったのだろう。ヴィタルの交霊術も、そうした場所で行われた。

カロの「伝達者」が義人にふさわしい生活を心がければ霊魂転生の秘密を教えると告げたように、ヴィタルの交霊術においても、霊魂転生論が非常に重要な位置を占めている。交霊術は「結合《イフード》」（*yihud*）と呼ばれるが、それはカバリストの身体に宿る霊魂と深い縁をもつ古代のラビの霊魂とつながることを意味する。こ

ツファットに近いメロン山にあるシムオン・バル・ヨハイの墓。タリートをまとって祈る男性。

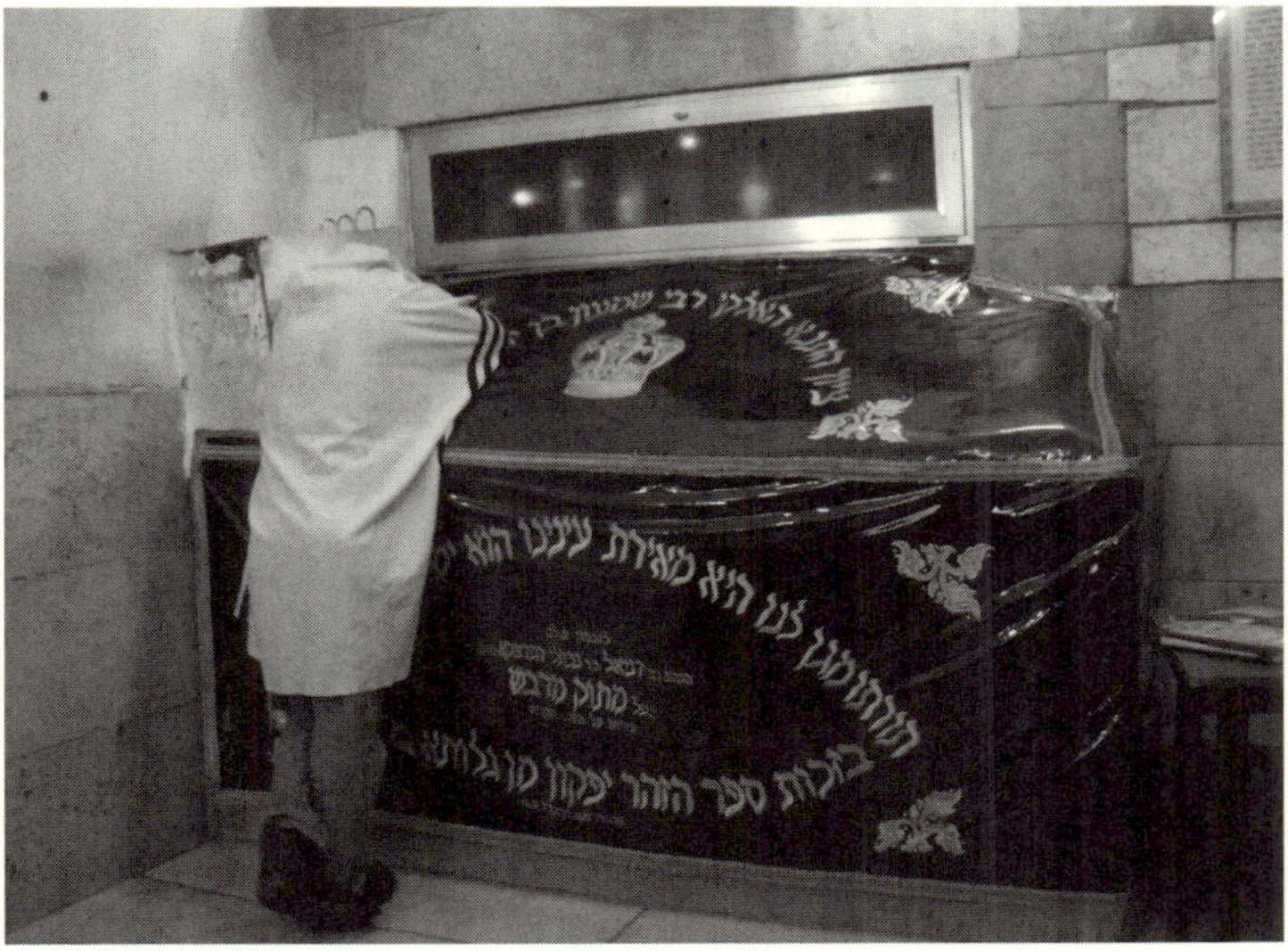

のつながりというのが彼らの前世の霊魂であり、霊的な結びつきが強いほど、啓示は重要なものになっていく。また、啓示を受けることで、律法の意味が開陳され、自らの霊魂の傷を修復するための方法を知ることができる。

ヴィタルの場合、それに加えて、交霊術にメシア論的な意味を帯びてくるところが特徴的である。イツハク・ルーリアの亡きあと、弟子たちは実はルーリアこそがメシアだったのではないかと考えるようになっていた。しかし、ユダヤ人の悔い改めが十分でなく、時が満ちていないため、ルーリアはメシアとして世界を贖うことができなかったと語られることもあった。そうなると問題は、メシアの霊魂が今度は誰に受け継がれるかということである。弟子のヴィタルは、この点に驚くほどの執着を見せる。決してあからさまにメシアを自称することはなかったが、自分がルーリアからメシアの霊魂を備えていることを保証されたと主張することも珍しくない。

ここで引用するバビロニアのアモライームの一人、ラビ・アバイエ（三〜四世紀）との交霊を語った逸話はヴィタルのそうした自負を裏付けている。

五三三一年エルール月の一日［西暦一五七一年九月一日］、師［ルーリア］は私をアバイエとラヴァの（墓所がある）洞穴に遣わした。そこで私はアバイエの墓に身を投げ出した。まず、聖なる老いたるお方の口と鼻の結合を行うと、私は眠りに襲われた。そして、目を覚ましたが、何も見えなかった。そのあと、再びアバイエの墓に身を投げ出し、師が自ら書き記された結合を行った。神聖四文字と我が主の文字を結びつけて組み合わせていると、思考が混乱してそれらを結びつけていられなくなったので考えるのをやめた。

（『幻視の書』ファイエルシュタイン版一五八頁）

ヴィタルは交霊術をはじめるにあたって、身体を墓の上に投げ出し、周囲を漂うラビ・アバイエの霊魂と交わろうとしている。それに加えて、ここでは神の名前を構成する文字を組み換えることで、ラビ・アバイエとの「結合」を促進していることが分かる。

このあとヴィタルは身体に異常をきたし、脱我状態のなかで自らの口を通して異言を語りはじめる。それは他ならぬラビ・アバイエによって与えられた啓示であった。

そのあと私の四肢は畏れと身震いに襲われた。手も震え、唇も激しく震えて突然に素早く動いた。あたかも舌と唇の間に声があるようで、一〇〇回以上も凄まじい速さで「何を言うのか、何を言うのか」と発したのである。自分の身体と唇が動かないように抑えようとしたが、まったく黙らせることはできなかった。そのとき、知恵について尋ねようという考えが浮かんだ。すると、声が口と舌から溢れ出して「知恵が、知恵が」と二〇回以上も言った。そして何度も「知恵と見識が」と繰り返し、「ラビ・アキヴァが持っていたような知恵と見識が天から汝に与えられる」と口をついた。さらに「ラビ・アキヴァ以上のもの、しかも、ラビ・イェイヴァ・サヴァに並ぶものでありながら、それ以上のものである。汝に平安を。天から平安を授かるであろう」という言葉を発した。

（同一五八～一五九頁）

神の名称を唱える技法を通して、ヴィタルは自らの霊魂の高みがラビ・アキヴァに比肩するという確信を得た。ラビ・アキヴァは彼の霊魂転生論のなかでメシアの霊魂を継承した人物として頻繁に登場する。さらに、ラビ・アバイエもメシアの霊魂の系譜に連なると考えられている。ヴィタルはこのようにして自分がメシアの霊魂を継承していると主張したのである。

とはいっても、彼は遠く離れたユダヤ人共同体に影響を及ぼすわけでもなければ、終末が迫りくると説いて回ったわけでもなかった。当時のカバリストの考え方では、メシアの役割はユダヤ人を敬虔な信仰に導き入れて、世界に律法の秘密を伝えることだった。そこには破局的な世界の終わりを見ることはできない。その代わりに、ユダヤ人にとっての理想の世界を作るのが、義人としてのメシアの仕事だとみなされていた。

ヴィタルの活動はその仕事を成し得たと評価するにはあまりにも閉鎖的だったが、預言がこのような形でメシアニズムと結びついたことは興味深い。なぜなら、彼の死後、半世紀も経たないうちに起こったシャブタイ派のメシアニズムは、特にその発生段階で預言者を称する人々が大きな役割を果たしたからである。

預言者運動としての初期シャブタイ派

シャブタイ派思想は『光輝の書』やルーリア派のカバラーの伝統に独自のメシアニズムを読み込むことで展開した。その一方で、メシアを名乗ったシャブタイ・ツヴィがイスラーム教に改宗する前、一六六五年から一年あまりの間、多くのユダヤ人が彼に熱い期待を寄せた時期があった。この時期のシャブタイ派は、思想としての奥深さよりも、ユダヤ教の敬虔主義が一気に高まったところに注目しなければならない。人々はユダヤ人が悔い改め、神の閃光と霊魂の「修復《ティクーン》」を進めれば、メシア来臨を早めることができると考えた。ツファットのカバラーでもよく語られたメシアニズムの定型句である。その定型句にのっとって敬虔なメシア信仰を巧みにかきたてたのが、ガザのナタンだった。彼は書簡でシャブタイ・ツヴィがメシアとして立ち上がったことを伝え、「修復の祈り」を書いて悔い改めを呼びかけた。

初期のシャブタイ派を語るうえで、こうしたナタンのプロパガンダは極めて重要である。そして、その効果を高めたもうひとつの要素があったことを見逃すことはできない。それが預言である。ナタンが預言者と呼ばれたのは、まさに彼が神の啓示、つまり預言によってシャブタイ・ツヴィの正当性を証明しようとしたからだ。つまり、彼の神秘体験がメシアニズムの原動力になっていたのである。

特に一六六五年の七週祭《シャヴオート》の前夜（五月一九日の夜）にナタンが経験した預言は、シャブタイ派の大きな流れを方向づけるものだった。シナイ山の律法授与を記念する七週祭は聖霊が降る絶好の時期であることはよく知られており、新約聖書のペンテコステにも共通性を見ることができる（使徒行伝2・1〜42）。シャブタイ・ツヴィは極度の抑鬱状態にあって同席していなかったが、この夜ナタンが何人かのラビと歌を歌っていた。そのとき、ナタンはふと意識を失うと、周囲の者たちに悔い改めの忠告をはじめたという。そして、彼は最後に次のような言葉を三度繰り返した。「我が友、ナタンの言葉に耳を傾けよ。我が友、シャブタイ・ツヴィに耳を傾けよ」。彼自身は意識を取り戻しても、発言を覚えていなかった。だが、この預言がきっかけになって、五月三一日、シャブタイ・ツヴィはみずからメシアであると宣言し、その知らせが各地にもたらされたのだった。

ナタンの預言的な傾向に影響を与えたのは、おそらく一六世紀のカバラーである。ナタンの父親エリシャ・ハイム・アシュケナズィーはヨセフ・カロの『正しい言葉を語る者』の手稿を印刷所に持ち込んだ初めての人物であり、同じく「伝達者」で有名なヨセフ・タイタツァクの天啓に関する文書も所持していたことが知られている。ナタンはのちにタイタツァクの言葉をシャブタイ・ツヴィの棄教と結びつけている。

我々の師、ラビ・タイタツァクの「伝達者」の言葉を記した手稿に、さらにこう書いてあった。賢者たちが「ダビデの息子は王国が異端に傾いたときにやって来る」と言ったのは、天の王国のことである。将来、臨在《シェヒナー》はイシュマエル人（ムスリム）の服を着ることになるだろう。

（Ms. Oxford 2571）

この文脈で神の臨在はシャブタイ・ツヴィの象徴であり、彼がイスラーム教に改宗することがタイタツァクの書いた文書に予言されていたと述べているのである。その真偽は定かでないが、メシアに関する予知が「伝達者」の啓示に帰されている点で、預言に大きな意義が与えられていたことがわかる。

一方、ナタンの預言とはまったく無関係のところでも、シャブタイ派には預言がつきまとう。とりわけ初期の段階では、カバリストでもない無学の人々が天の啓示を受けて預言したという証言が多く見られる。初期の信者、レイブ・ベン・オゼルは次のような記録を残している。

これはシャブタイ・ツヴィへの大いなる信仰のゆえに起こった、まったく尋常ではない、不可思議な出来事のひとつである。五四二六年のテベット月（一六六五年一二月頃）、それはいたるところで起こった。スミルナと呼ばれるイズミルで、コンスタンティノープルで、アドリアノープルで、そしてサロニカで。何百何千という預言者が立ち上がったのだ。男も女も、少年も少女も、ほんの幼い子どもでさえも。彼らは皆、聖なる言葉（ヘブライ語）とゾーハルの言葉（アラム語）で預言した。ヘブライ語の文字も、ゾーハルの言葉も知らなかったのに。

（『シャブタイ・ツヴィ言行録』27a）

シャブタイ・ツヴィがイスラーム教に改宗してからは、このような一般のユダヤ人の預言は影をひそめる。メシア来臨の知らせを大げさに伝えるための誇張表現だったのか、あるいはある種の集団パニックだったのかは定かではない。いずれにしても、発生当初はシャブタイ派という現象が、神から与えられた預言によってシャブタイ・ツヴィのメシアとしての正当性を語る動きであったことは間違いない。

このあとも、ガザのナタンだけでなく、何人ものシャブタイ派のカバリストたちが天啓によってシャブタイ・ツヴィの使命を知るという体験をする。なかでもパドヴァのモシェ・ハイム・ルツァトは、「伝達者」による預言体験を記録したカバリストである。今日では一八世紀の偉大なラビとして受け入れられているが、当時からシャブタイ派のカバラーとの類似性を指摘され、異端の嫌疑をかけられていた。シャブタイ派思想における彼の位置付けは必ずしもはっきりしないが、ルツァト自身がメシアの霊魂を継承していると考えていたことは間違いない。結果として、彼は有力なユダヤ人の家系を出自に持っていたにもかかわらず、故郷のパドヴァを追われ、放浪の末にアッコで客死した。預言とメシアニズムが結びついたシャブタイ派という現象の、悲劇的な結末のひとつである。

おわりに

本書が目指したのはカバラーの歴史と思想を網羅的に描くことだった。そして、冒頭で述べたように、私のアプローチに特徴があるとすれば、カバラーの歴史記述に現代の展開を含めること、そしてカバラーの脱神秘化を図ることだった。最後にもう一度この二点の重要性を強調しておきたい。

すでに何度か繰り返したように、カバラーの歴史はシャブタイ派やハシディズムで終わったわけではなく、今日その広がりは超正統派のユダヤ人からニューエイジの流れをくむ非ユダヤ人にまで及んでいる。さらにカバラーの学術的研究も現代の展開の一側面として言及されなければならないだろう。ゲルショム・ショーレムはあえて同時代の出来事に言及することを避けたが、私たちはカバラーがこの時代においてかつてないほどの多彩な展開を見せている事実から目を背けるわけにはいかない。

たしかにカバラーの歴史は一二世紀にさかのぼり、ユダヤ教の伝統的な固有性のなかで育まれてきた。しかし、私は現代においてなおも影響力を持ち続け、ユダヤ教の内部から形を変えて外部に波及していくところにこそ、カバラーの思想としての威力があると思う。カバラーにはもともと伝統を重んじる精神だけでなく、新しい発想を認める柔軟性が同居している。言い換えるならば、カバラーはいつも太古の正統性を装いながら、それぞれの時代の思想家にインスピレーションを与えてきた。現代に起こっていることは、その新しい局面である。それを正確に評価するためには、カバラーの歴史を振り返ったうえで、現代カバラーの思想史的な意味を考えなくてはならない。明らかにすべき問題の多さは、中世のカバラーに劣らない。本書の記述は十分なものではないかもしれないが、少なくともその答えに向かういくつかの道標を立てることはできたと考えている。

もう一つのねらいであるカバラーの脱神秘化は、必ずしもカバラーに真理を見出す立場を否定するものではないが、まったく反対の視点であると言える。本書では便宜的に神秘や秘密という言葉を用いたが、カバラーを単一の古代的な伝統であるとする見方も、人間精神の普遍的な構造に光をあてるとする見方も適切ではないという前提に立った。

カバリストは語りえぬ神秘を語らざるを得ないという逆説的なジレンマを抱えている。汗牛充棟たるカバラー文学の蓄積やカバリストと名乗る多種多様な人々の系譜は、すべてこのパラドックスの延長線上にある。彼らが神秘と呼ぶものが本当に同じものであるかどうかは誰にも証明できず、たしかなのは神秘をめぐって語られる言葉が多岐に渡るということだけである。

私が神秘そのものの実在について論及しなかったのは、カバラーのおもしろさが神秘の所在ではなく、歴史とともに変化する思想の多様性とダイナミズムにあると考えるからである。仮に神秘の核のようなものが存在したとしても、そこにたどり着くための隘路はすでに古びた書籍の山とカバリストの墓標で埋め尽くされているに違いない。カバラー研究の醍醐味は、そのことを認めたうえで、この現象を千変万化するユダヤ人の思想的な営為として描き、同一性のなかに多様性を、伝統のなかに新しい流れを発見することである。

最後にカバラーをさらに詳しく知りたい読者のために、参考文献について触れておきたい。本書には脚注をつけなかった。それは本書が研究書というよりは、一般的に受け入れられている見解に基づいた概説書の性格が強いからである。先行研究を私の視点からまとめ直した部分があるとはいえ、新事実の発見や問題の解決となるような内容は含まれていない。だから、あえて脚注に紙幅を割くことを選ばなかった。その代わりに、日本語で書かれた信頼の置ける資料と比較的入手しやすい英語文献の一覧を巻末に掲載しておく。それらに当たれば、本書で論じた多くのことが書かれている。また執筆にあたっては、ヘブライ語で書かれた論文や研究書も参照したが、その文献一覧は割愛する。

筆を擱くにあたって、本書の刊行のためにお世話になった方々に心からのお礼を申し上げたい。大学院時代、恩師である市川裕先生がゲルショム・ショーレムの著作を勧めてくださらなければ、私はカバラーに関心を持つことがなかっただろう。具体的な研究計画も乏しいまま大学院に進学した私を、先生はいつも優しく導いてくだった。先生の指導のもと博士論文を執筆するなかで学んだことは、本書のなかに結実している。原稿を推敲する際に、友人である梅澤俊雄、山中岳彦の両氏には有益な助言をいただいた。出版を勧めてくださった原書房の大西奈己さんはいつも私を温かく励ましてくださった。入門書として企画されたにもかかわらず、つい力が入って専門的になっていき、しかも脱稿が半年も延びてしまった。ご心配をおかけしたことをお詫びしなければならない。こうした方々の激励と援助がなければ、本書が世に出ることはなかっただろう。この場を借りて重ねて感謝申し上げたい。

二〇一五年九月二九日　エルサレム、ゲルショム・ショーレム図書室にて

山本伸一

用語解説

アラム語

セム語族のなかでもヘブライ語にもっとも近い言語のひとつ。紀元前六世紀頃から中東で広く話された。紀元前三〇〇年頃からユダヤ文学のなかに現れはじめ、徐々にユダヤ人の生活言語として定着した。ヘブライ語聖書も多くの人々に理解できるようにアラム語に翻訳された。ミシュナはヘブライ語だが、グマラはアラム語で書かれている。『光輝《ゾーハル》の書』がタルムードに倣ってアラム語で書かれたため、カバラー文学におけるアラム語の重要性が高まった。カバラーの専門用語にアラム語が多いのはそのためである。

安息日（シャバット）

金曜日の日没から土曜日の日没までを指す。神が六日にわたって世界を創造したあと、七日目に休息したことにちなんであらゆる家事や労働を控える。安息日を記憶に留め、聖なる日とすることは神によって命じられた（出エジプト記二〇・八）。カバラーでは象徴的に解釈され、臨在のセフィラーが安息日に相当し、乙女や女王にも喩えられる。金曜の夕方に安息日を迎える儀式が行われると、神の調和が一時的に回復し、ユダヤ人のあいだに救済の原型が示される。

外殻（ケリッパー）

地上の悪や物質的な存在を象徴する概念。複数形は「ケリッポート」。『光輝の書』では世界が崩壊した際に生じた「発散の樹」の皮に喩えられる。ルーリア派のカバラーでは、創造の過程で四つの世界が崩れると、最下層の造形世界が外殻のなかに落ちるとされる。あるいは容器の破壊によって、神の閃光も外殻に紛れ込んでしまう。外殻の根源ははじめから神の光のなかに存在し、それを浄化するために容器の破壊が起こったとも言われる。悪のはびこる外殻から神の閃光を解放するのがカバリストの仕事である。

学塾（イェシヴァー）

座ることを意味する語根 *YShB* からできた言葉で、タルムードの学習をとおして、聖書やその他のラビ文学を学ぶ場所。学塾の起源はミシュナを学び、タルムードを編纂した三～五世紀に遡る。その後六世紀にバビロニアのスーラやプンペディータで制度として確立し、現代に至るまで続いている。カバラーは一二世紀後半にフランス南部で学塾を営むラビたちの思想に起源を持つ。一六世紀以降、ツファットやエルサレムではカバリストが学塾を開く場合、カバラーが実践されることがあった。

カライ派

八～九世紀にバビロニアで生まれたユダヤ教の一派。アナン・ベン・ダヴィドが開祖とされるが、実際には初期の形成過程はよくわかっていない。一〇世紀頃にはユダヤ人人口の四割を占め、エルサレムではさらにその割合が多かったとも言われる。聖書解釈の伝統に基づくラビ・ユダヤ教の権威を認めず、聖書に書かれている戒律の優位性を重視する。ラビ・ユダヤ教の一形態であるカバラーとの直接的な接点は知られていない。

啓蒙主義（ハスカラー）

一七七〇～八〇年代にヨーロッパで広がったユダヤ人の啓蒙主義は「ハスカラー」と呼ばれる。背景にはヨーロッパの啓蒙主義だけでなく、一七四〇年代からドイツ、ポーランド、リトアニアで世俗教育を望むユダヤ人が増えたことがある。モーゼス・メンデルスゾーンはハスカラーの広がりを決定付けた人物。近代化に対応できる合理的で新しいユダヤ教とユダヤ人のあり方を提示した。ハシディズムと対立し、カバラーをユダヤ教から排除しようとした。一九世紀の「ユダヤ教の科学」の歴史家たちにはその傾向が強い。その一方で、カバラーに学術的な視線を向けるようになったのは啓蒙主義的な知的探究によるところが大きい。

ゲマトリア

二二個のヘブライ文字は一から四〇〇までの数に対応している。単語を数字に置き換えることをゲマトリアと呼ぶ。語源はギリシア語で幾何学を意味するゲオメトリア。ギリシア文字やアラビア文字でも同じように文字が数字に対応している。ヘブライ語の場合、カバラーに特有のものではなく、遅くてもミシュナの時代にさかのぼる。カバラーにおけるゲマトリアの基本的な考え方は、ふたつの単語が同じ数価ならば両者の本質が同じだというもの。異なる言葉に隠された関連があると考えることから、カバラーの聖書解釈ではもっとも基本的な方法になる。

ゴーレム

もともとは創造の途上にある不定形な人間の存在を意味した（詩篇139・16）。カバラー文学においては、土などから人間の形を作り、そこにカバリストが生命を吹き込んだもの。ゴーレムの原型はすでにタルムードのなかに現れている（バビロニア・タルムード、サンヘドリン篇65b）。ゴーレムの額には「真実《エメット》」（*emet*）の三文字が刻まれている。カバリストがこの生き物から生命を奪うとき、最初の文字、「アレフ」を消して「死《メット》」（*met*）にすると、ゴーレムはもとの土塊に戻ってしまう。カバラーの呪術的な側面をよく表しているが、実際にはそれほど主要な位置を占めるわけではなく、一九世紀以降の文学的創作によって有名になった。

シャブタイ派

シャブタイ・ツヴィをメシアであると信じる人々。シャブタイ・ツヴィがイスラーム教に改宗したために、多くの人々は離れていった。だが、ガザのナタンやアブラハム・カルドーゾなどのカバリストが書いた文書が読まれ続けた。イスラームに改宗したのはサロニカの一部の信者であり、信仰を隠しながらユダヤ教のラビとして活動した者も多かった。一七世紀には、戒律に縛られないメシアを論じる反規範主義が大きな問題となった。一八世紀に入ると、セフィロート体系に基づいて神の複数性を強調する神学が現れ、反対派の激しい非難を浴びた。

修復（ティクーン）

崩壊した神の世界の修復、あるいは創造の過程で地上に落ちた神の閃光をもとの調和状態に戻すことを指す。神の世界が傷を負っているという考え方が前提になっている。人間の霊魂に用いる場合は、過去の霊魂転生で戒律を守らなかった霊魂を癒やすことを意味する。「最初のアダム」に由来する人間の霊魂は、霊魂転生を経ながら修復されて徐々に原初の状態に戻っていくとされる。ルーリア派のカバラー以降、セフィロートの世界や人間の霊魂を修復する祈りの式文を指すようになった。

神聖四文字（テトラグラマトン）

神の名のひとつ。四つのヘブライ文字ＹＨＶＨで表される。ヤハウェやエホバなどと表記されるのは、ＹＨＶＨに母音を当てたキリスト教の読み方。ユダヤ教ではみだりに口にすることは許されず、エルサレムに神殿があった時代、大祭司のみが贖罪日に神殿の至聖所のなかで唱えることができた。ふつうは神の「御名《ハシェム》」、あるいは「我が主《アドナイ》」と発音される。カバラーでは、ＹＨＶＨがそれぞれ知恵、理知、壮麗、臨在のセフィロートであり、四つの文字そのものが神の身体を構成しているとされる。預言者カバラーでは、文字を並べ替えて発音するときに用いられる。

新プラトン主義

プラトン哲学を独自の理解によって継承した人々によって生み出された形而上学。三～六世紀に栄え、中世の哲学や神秘主義に及ぼした影響は大きい。特に「一者」と呼ばれる神を起源とし、「知性」と「霊魂」が展開する流出論は、新プラトン主義を取り入れたユダヤ人哲学者を経由して、セフィロート体系の連鎖構造に反映されたと考えられている。ただし、新プラトン主義の流出論では神的存在が連鎖の頂点をなすのに対して、セフィロート体系はその全体が神そのものである。

神名

神聖四文字のほかにも神の呼称はいくつかある。カバラーで代表的なものは「無限《エイン・ソーフ》」。ほかにも四二文字の神名や七二個の神名がよく言及される。四二文字の神名は、AHYH YHVH ADNY HVYHのアルファベットをそれぞれ文字通りに読んだもの。合計の文字数が四二になる。七二個の神名は、モーセが海を開くシーンの聖句（出エジプト記14・19～21）から文字を組み合わせて作ったもの。この三節はそれぞれ七二文字で書かれており、一文字ずつ取ると三文字の神名が七二個できる。神の名前は古くから呪術的な目的で用いられ、その証拠はタルムードや考古学的資料にも見られる。

精神集中（カヴァナー）

カバリストの神秘体験は、セフィロートを瞑想し、神の名を唱えることによって得られる。このとき、異言、自動筆記、生理的異変、意識の変容などが起こる。「精神集中」は特に瞑想を伴う祈りを指す。複数形は「カヴァノート」。初期のカバリストは一般的な祈りの定式を壊すことはなかったが、特にルーリア派のカバラー以降は特別な式文が書かれるようになった。その影響を受け、シャローム・シャラービーのもとで、「精神集中」の祈りはさらに複雑で長大なものになった。現在でもエルサレムのカバリストのあいだで実践されている。

セフィラー

神の属性を表す概念。複数形は「セフィロート」。一〇個のセフィロートが神の身体を構成すると考えられる。あるいは、樹木にも喩えられる。もっとも聖性の高いものから順に、王冠《ケテル》、知恵《ホフマー》、理知《ビーナー》、慈愛《ヘセド》、厳正《ゲヴーラー》、壮麗《ティフェレット》、永遠《ネツァハ》、栄光《ホード》、根幹《イェソード》、臨在《シェヒナー》。臨在が王権《マルフート》と呼ばれることがあるように、いくつもの異なる名称がある。神のエネルギーはセフィロート体系を上から下へ流れる。また、右側が善、左側が悪の傾向を持ち、中間に位置するセフィロートが双方の均衡を保っているとされる。この調和は地上の人間の罪によって乱されるが、祈りと戒律によってそれをもとに戻すのがカバリストの役割とされる。

タルムード

三〜五世紀ごろのラビたち（アモライーム）が行ったミシュナについての議論、見解、逸話を集めたアラム語の記録。グマラとも呼ぶ。あるいはミシュナとグマラを合わせてタルムードと見なすこともある。当時はユダヤ教の学問の中心地がパレスチナとバビロニアにあり、それぞれのタルムードが編纂された。「エルサレム・タルムード」は三五〇〜四〇〇年頃、「バビロニア・タルムード」は五〇〇年頃に現在の形になったと考えられている。ラビ・ユダヤ教の思想の基礎であり、カバリストもしばしば参照する。初期カバラー文献にはタルムードのラビが登場することが多い。『光輝の書』はアラム語で書かれ、イスラエルの地を舞台にしているなど、

「エルサレム・タルムード」をモチーフにしていることは明らかである。

中世ユダヤ哲学

ギリシア哲学を継承したイスラーム哲学は、ユダヤ人にも取り入れられた。神の啓示を理性によって理解し、アラビア語で著作するという特徴がある。九世紀のダウード・イブン・マルワーンや一〇世紀のサアディア・ガオンが、バビロニアでイスラーム教の神学、ムウタズィラ派の合理主義神学を採用した時代にはじまる。その後一一～一三世紀には、スペインでシュロモ・イブン・ガビロール、バフヤ・イブン・パクーダ、ユダ・ハレヴィ、エジプトでマイモニデスなどが活躍した。一般的に、カバラーでは理性による聖書解釈よりも神の啓示や象徴主義が中心になり、哲学とは異なる方法論を取る。

超正統派

現代のユダヤ教において、戒律や慣習を厳しく守る伝統的なグループの総称。そこに属するユダヤ人は「神を畏れる者」という意味で「ハレディー」と呼ばれる。一八世紀以降、アシュケナズィー系のユダヤ人のあいだで近代化が進み、それに呼応する形で宗教的な伝統が先鋭化した。ヴィルナのガオンの流れを汲むリトアニア派やバアル・シェム・トーヴにはじまるハシデイズムがある。スファラディー系の超正統派は、二〇世紀初頭のエルサレムで生まれた。現代のカバリストは超正統派に属するか、その背景を持つ者が多い。

ドイツ・ハシディズム

最初のカバリストたちがフランス南部に現れた一二～一三世紀頃、ラインラント地方で興った敬虔主義。ドイツ・ハシディズムの神秘家のほとんどは、イタリア北部から移住したカロニムス家の出身。殉教の心構えを説き、地上の生活に悲観的な立場をとることから、十字軍によるユダヤ人迫害が影を落としていると言われる。メルカヴァー神秘主義のテクストが頻繁に用いられ、『清明《バヒール》の書』への影響が明らか。中東の秘教伝統とカバラーをつなぐ位置にあると考えられる。

ハシディズム

現在のウクライナの西部、ポドリア地方で一八世紀後半にはじまった敬虔主義。イスラエル・バアル・シェム・トーヴが開祖とされ、弟子たちの活動によって一九世紀までに東欧全体に拡大した。義人《ツァディーク》あるいはレッベと呼ばれる指導者は一般のユダヤ人の崇敬を集めた。『光輝の書』やルーリア派のカバラーをもとにしているが、義人は神との密着を目指し、悪を善へ転換することができると考えるところに特徴がある。また、日常のあらゆるところに神の顕現を見出そうとする。ホロコースト以降は米国東海岸やイスラエルに中心が移り、若い世代で復興運動が起こった。

ハラハー

ユダヤ教の規範の総称。歩くことを意味する語根 *HLKh* からできた言葉。物語文学（アガダー）と対になる概念。ハラハーはモーセのシナイ啓示にさかのぼるとされ、その後の環境の変化に伴って付加や改変が行われてきた。カバラーがハラハーの対立概念だとする考え方は正しくない。ハラハーの真の意味に関する思弁と実践がカバラーであり、カバリストの多くはハラハーに通じたラビである。しかし、カバリストが神秘家としての体験を追求するなかで、ハラハーについて多くを語らない者や既存のハラハーよりも新しい精神性を強調する者が現れることもある。

ヘブライ語

聖書のほとんどすべてがヘブライ語で書かれており、ユダヤ教では聖なる言語と考えられている。二〇〇～四〇〇年頃に日常語として話されなくなり、二〇世紀になるまではおもに聖書朗読、ラビ文学、宗教詩、祈禱のなかで用いられてきた。カバラーでは神秘を語るための聖なる言語と考えられる。二二個のヘブライ文字はすべて子音。ヘー（H）、ヴァヴ（V）、ユッド（Y）の三個は母音として働くこともある。文字が世界のみならず、神をも形成するという発想は、多くのカバラー文献に共通している。実践においては、並べ替えと発音により特殊な意識状態にたどりつくことができる。

ミシュナ

おもに一～二世紀頃のラビたち（タンナイーム）の法的な見解を編纂した文書。ユダ・ハナスィー（二～三世紀）によって三世紀初頭にまとめられた。簡素な文体のヘブライ語で書かれている。ミシュナについてその後のラビたちが行った議論をグマラと呼ぶ。ユダヤ神秘主義文学には、ラビ・アキヴァ、イシュマエル・ベン・エリシャ、シムオン・バル・ヨハイ、ネフニヤ・ベン・ハカナーなど、何人ものミシュナのラビが登場する。律法と同様にミシュナはカバリストに欠かせないもので、深夜の儀式的な朗読と学習に用いられることもあった。

密着（デヴェクート）

中世のユダヤ教では、密着や結合を意味する語根 *DBQ* で神への献身を表すことがあった。カバラーでは特にそれが強調されたが、ほとんどのカバリストは神との合一にまで踏み込まない。むしろ、「密着」は精神的な次元で神に近づくという意味で用いられることが多い。ルーリア派では精神集中の祈りを通して到達する目標とされる。ハシディズムになるとさらに頻繁に使われ、「密着」は宗教生活の基本的な姿勢と考えられるようになる。

メルカヴァー神秘主義

古代の中東で発展した神の玉座と天の宮殿をモチーフにした神秘主義文学。神の身体、創造論、呪術、玉座と宮殿の幻視、天使の讃歌、天の遍歴を扱う。おそらくはタルムードの形成期と時を同じくして生まれたが、残された文書は限られている。神秘家のモデルとなるのは、ラビ・アキヴァやラビ・イシュマエルなど。神に向かって上昇するにもかかわらず、「玉座に降りる者たち《ヨールディ・メルカヴァー》」（*yordei merkavah*）と呼ばれる。イタリアやドイツを経由してフランス南部にもたらされ、カバラーの誕生に大きなインパクトを与えた。

ラビ

ユダヤ教の賢者の総称。「我が師」を意味する。単に「師」を意味するラヴとも。イディッシュ語ではレッベ。法や戒律の議論に携わる点で、第二神殿時代のパリサイ派の伝統を受け継ぐ。エルサレムの神殿が七〇年に破壊されたあとは、ミシュナやタルムードの編纂に関わった人々がユダヤ教の法的な権威を担うようになった。これを特にラビ・ユダヤ教と呼ぶ。ラビは各地のユダヤ人共同体で叙任され、ラビ法廷の裁判官や学塾の教師を務める。カバリストとして有名な人物は、ラビとしての十分な教育を受けているのがふつうである。特に一六世紀以降、カバラーの知識はラビの基本的な素養になった。

律法（トーラー）

ユダヤ教の聖書は律法、預言者、諸書によって構成される。律法はいわゆるモーセ五書（創世記、出エジプト記、レビ記、民数記、申命記）のこと。ラビの伝承ではこれを「成文律法」と呼び、モーセが口頭で受け取った神の言葉を「口伝律法」と呼ぶ。資格を有する書記によって書かれ、シナゴーグでは羊皮紙に書かれた巻物として正面の聖櫃のなかに収められている。魔除けの力があると考えられることもある。カバリストの聖書解釈は、多くが律法についてのものであり、創世記に隠された世界創造の秘密は特に重要である。また、カバラーこそがモーセに由来する「口伝律法」であるという考え方もある。

参考文献

【邦語参考文献】

ゲルショム・ショーレム『ユダヤ主義の本質』高尾利数訳、河出書房新社、一九七二年
ゲルショム・ショーレム『ユダヤ主義と西欧』高尾利数訳、河出書房新社、一九七三年
ゲルショム・ショーレム『ユダヤ神秘主義』高尾利数訳、河出書房新社、一九七五年
ゲルショム・ショーレム『カバラとその象徴的表現』小岸昭・岡部仁訳、法政大学出版局、一九八五年
ゲルショム・ショーレム『ユダヤ神秘主義：その主潮流』山下肇ほか訳、法政大学出版局、一九八五年
ゲルショム・ショーレム「初期カバラーにおける聖書の神とプロティノスの神の闘い」新藤英樹訳、エラノス叢書10『創造の形態学』平凡社、一九九〇年
ゲルショム・ショーレム「無からの創造と神の自己限定」市川裕訳、エラノス叢書6『一なるものと多なるもの』平凡社、一九九一年
ゲルショム・ショーレム「神の名とカバラーの言語理論」市川裕訳、エラノス叢書9『言葉と創造』平凡社、一九九五年
ゲルショム・ショーレム『錬金術とカバラ』徳永恂ほか訳、作品社、二〇〇一年
ゲルショム・ショーレム『サバタイ・ツヴィ伝：神秘のメシア』石丸昭二訳、法政大学出版局、二〇〇九年
ピンカス・ギラー『カバラー』中村圭志訳、講談社、二〇一四年
R・C・ムーサフ＝アンドリーセ『ユダヤ教聖典入門：トーラーからカバラーまで』市川裕訳、教文館、一九九〇年

山本伸一「カバラー」『図説ユダヤ教の歴史』河出書房新社、二〇一五年
ヨセフ・ダン「ユダヤ神秘主義：歴史的概観」市川裕訳、岩波講座東洋思想『ユダヤ思想2』岩波書店、一九八八年
ロラン・ゲッチェル『カバラ』田中義廣訳、白水社、一九九九年

【英語参考文献】

Cohen, Martin Samuel. *The Shi`ur Qomah: Texts and Recensions*. Tübingen: J.C.B. Mohr P. Siebeck, 1985.
Dan, Joseph. *Jewish Mysticism and Jewish Ethics*. 2nd ed. Northvale: Jason Aronson, 1986.
Idem. *Jewish Mysticism*, 4 vols. Northvale, NJ and London: Jason Aronson, 1998–1999.
Idem. *Kabbalah: A Very Short Introduction*. Oxford: Oxford University Press, 2006.
Fine, Lawrence (ed.), *Essential Papers on Kabbalah*. New York: New York University Press, 1995.
Idem. *Physician of the Soul, Healer of the Cosmos, Isaac Luria and His Kabbalistic Fellowship*. Stanford, Calif.: Stanford University Press, 2003.
Gikatilla, Joseph. *Gates of Light*. Translated by A. Weinstein. San Francisco: Harper Collins, 1994.
Giller, Pinchas. *Kabbalah: A Guide for the Perplexed*. London: Continuum, 2011.
Ginsburg, Elliot. *The Sabbath in the Classical Kabbalah*. Albany: State University of New York Press, 1989.
Goldish, Matt, ed. *Spirit Possession in Judaism: Cases and Contexts from the Middle Ages to the Present*. Detroit: Wayne State University Press, 2003.
Idem. *The Sabbatean Prophets*. Cambridge, Mass.: Harvard University Press, 2004.
Green, Arthur. *Tormented Master A Life of Rabbi Nahman of Bratslav*. University, Ala.: University of Alabama Press, 1979.
Gruenwald, Ithamar. *Apocalyptic and Merkavah Mysticism*. 2nd revised ed. Leiden: Brill, 2014.
Hallamish, Moshe. *An Introduction to the Kabbalah*. Translated by Ruth Bar-Ilan and Ora Wiskind-Elper. Albany, N.Y.: State

University of New York Press, 1999.

Huss, Boaz, ed. *Kabbalah and Contemporary Spiritual Revival*. Beer Sheva: Ben-Gurion University of the Negev Press, 2011.

Idel, Moshe. *Kabbalah: New Perspectives*. New Haven: Yale University Press, 1988.

Idem. *Studies in Ecstatic Kabbalah*. Albany: State University of New York Press, 1988.

Idem. *Hasidism: Between Ecstasy and Magic*. Albany: State University of New York Press, 1995

Idem. *Messianic Mystics*. New Haven: Yale University Press,1998.

Idem. *Ascensions on High In Jewish Mysticism: Pillars, Lines and Ladders*. Budapest: Central European University Press, 2005.

Idem. *Encyclopaedia Judaica*. 2nd ed. s.v. "Kabbalah." Detroit: Macmillan Reference USA, in association with Keter Publishing House, 2007.

Liebes, Yehuda. *Studies in Jewish Myth and Jewish Messianism*. Translated by Batya Stein. Albany: State University of New York Press, 1993.

Pachter, Mordechai. *Roots of Faith and Devequt: Studies in the History of Kabbalistic Ideas*. Los Angeles: Cherub Press, 2004.

Tishby, Isaiah and Lachower, Fischel. *The Wisdom of the Zohar, An Anthology of Texts*. 3 vols. Translated by David Godlstein. Oxford: Published for the Littman Library by Oxford University Press, 1991.

Schäfer, Peter. *Origins of Jewish Mysticism*. Tübingen: Mohr Siebeck, 2009.

Schäfer, Peter and Dan, Joseph, eds. *Gershom Scholem's Major Trends in Jewish Mysticism 50 Years After*. Tübingen: J.C.B. Mohr P. Siebeck, 1993.

Scholem, Gershom. *Major Trends in Jewish Mysticism*. Jerusalem: Schocken Publishing House, 1941.

Idem. *Sabbatai Sevi: The Mystical Messiah*. Translated by R. J. Zwi Werblowsky. London: Routledge & Kegan Paul, 1973.

Idem. *Kabbalah*. Jerusalem: Keter Publishing House, 1974.

Idem. *Origins of the Kabbalah*. Translated by A. Arkush. Edited by R. J. Zwi Werblowsky. New York: Schocken Books, 1987.

Idem. *On the Mystical Shape of the Godhead*. New York: Schocken Books, 1991.

Ruderman, David. *Kabbalah, Magic, and Science, The Cultural Universe of a Sixteenth-Century Jewish Physician*. Cambridge, Mass.: Harvard University Press, 1988.

Weiss, Joseph. *Studies in Eastern European Jewish Mysticism*. Edited by David Goldstein. Oxford: Published for the Littman Library by Oxford University Press, 1985.

Werblowsky, R. J. Zwi. *Joseph Karo: Lawyer and Mystic*. Philadelphia: Jewish Publication Society of America, 1977.

Wirszubski, Chaim. *Pico della Mirandola's Encounter with Jewish Mysticism*. Jerusalem: Israel Academy of Sciences and Humanities, 1989.

Wolfson, Elliot R. *Language, Eros, Being: Kabbalistic Hermeneutics and Poetic Imagination*. New York: Fordham University Press, 2005.

Jewish Mystical Autobiographies: Book of Visions and Book of Secret. Translated by Morris Faierstein. New York: Paulist Press, 1999.

The Zohar: Pritzker Edition, 9 vols. Edited by Daniel C. Matt. Stanford, Calif.: Stanford University Press, 2003–2016.

世界の神話 伝説図鑑

フィリップ・ウィルキンソン編
井辻朱美日本版監修
大山晶訳

古代ギリシャからヨーロッパ、アジア、アフリカ、南北アメリカ、オセアニアまで、世界中の神話物語をおよそ1500点の図版とともに魅せる百科図鑑。伝説の起源、主要な神々やキャラクター、物語のエッセンス、芸術に与えた影響など、読みやすいコラムとヴィジュアルで一覧できる！

定価 5800 円（税別）

総説《そうせつ》 カバラー

ユダヤ神秘主義《しんぴしゅぎ》の真相《しんそう》と歴史《れきし》

●

2015年12月1日　第1刷

著者……………山本伸一《やまもとしんいち》

装幀……………岡 孝治

発行者……………成瀬雅人

発行所……………株式会社原書房

〒160-0022 東京都新宿区新宿 1-25-13

電話・代表　03(3354)0685

http://www.harashobo.co.jp/

振替・00150-6-151594

印刷……………シナノ印刷株式会社

製本……………東京美術紙工協業組合

ISBN 978-4-562-05196-0, printed in Japan

◆著者
山本伸一（やまもとしんいち）
一九七九年生まれ。東京大学文学部卒業後、同大学院人文社会系研究科博士課程単位取得退学。「シャブタイ派思想における反規範主義の起源と展開」（二〇一一年）にて博士（文学）。ユダヤ思想史が専門。現在、日本学術振興会海外特別研究員としてバル・イラン大学に所属。

カバー画像
アタナシウス・キルヒャー『エジプトのオイディプス』（1652-55）より
写真（p.82, 83, 122, 141, 143, 149, 160, 250, 270, 343）
山本伸一撮影

索引

う

え

お

か

き

く

け

こ

さ

し

す

せ

そ

た

ち

つ

て

と

な

に

ね

の

は

ひ

ふ

へ

ほ

ま

み

む

め

も

や

ゆ

よ

ら

り

る

れ

ろ

わ